おとずれるもの

神の現れのことを「影向」といいます。いわば「かげ」で感じる。まさに面影の「影」のことです。
第4章「神仏習合の不思議」

僧形八幡神影向図

日本の神は一所に常住する神ではなく、ときおり訪れる来訪神です。折口信夫は「マレビト」とも名付けた。
第4章「神仏習合の不思議」

新野の雪祭り「さいほう」

おもかげとおもむき

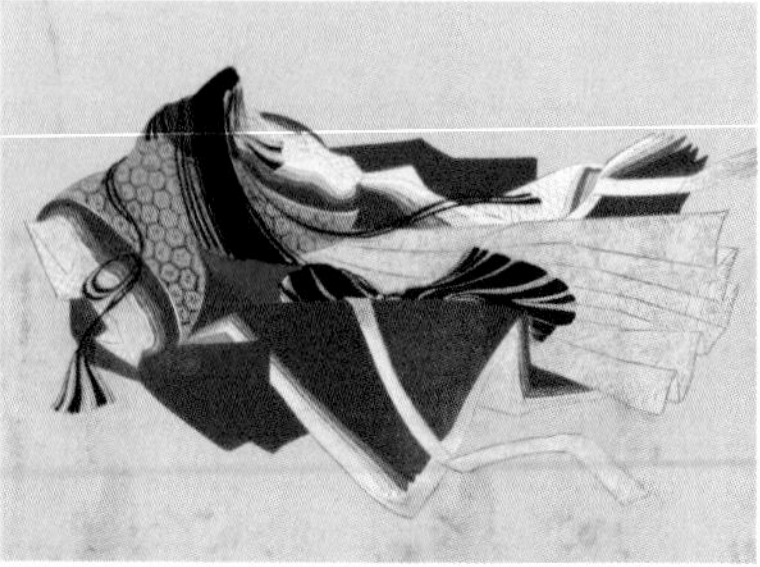

佐竹本三十六歌仙絵巻「小野小町」(模写)

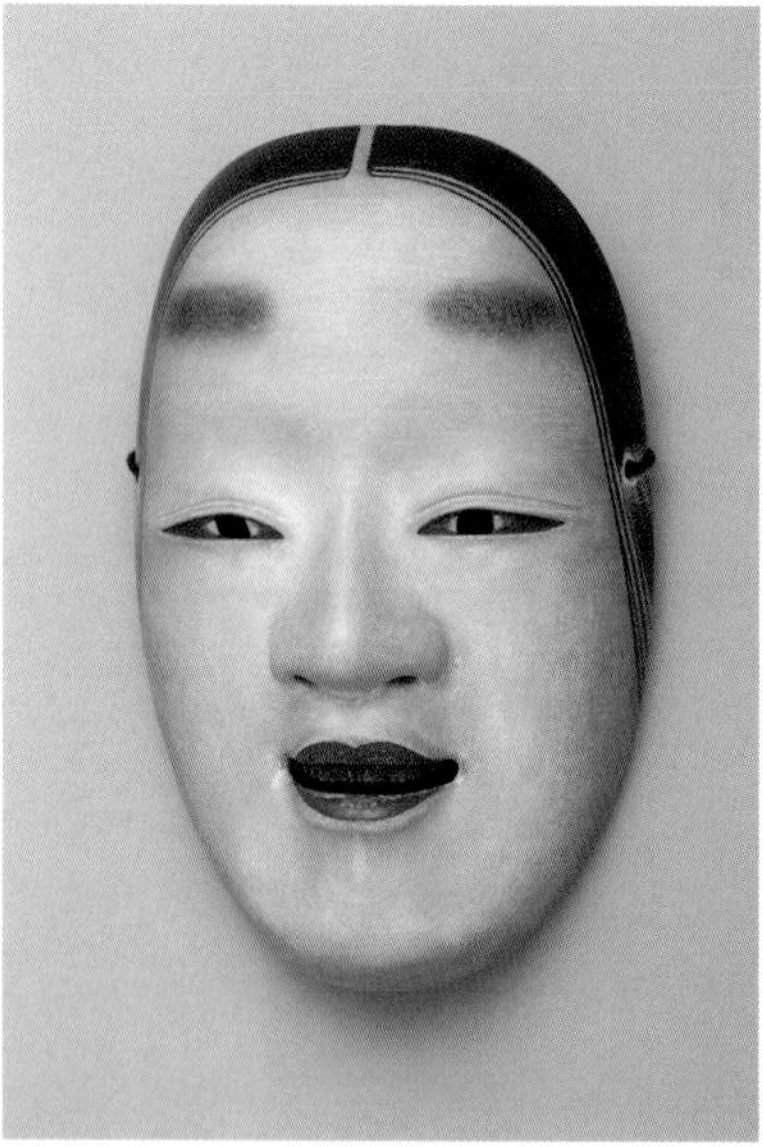

能面「孫次郎」　銘「おもかげ」

目の前にはない風景や人物が、あたかもそこにあるかのように浮かんで見える。
その事やその人のことを、「思えば見える」。
そういう面影です。

第1章「日本をどのように見るか」

「おも」がふうっと動いている。今日でも「おもむく」「おもむき」「おもしろい」という言葉が使われていますが、そこにも「おも」が動こうとするニュアンスがよく出ています。

初代長次郎黒樂茶碗　銘「面影」

誰が袖図屛風

うつして、うつろう

ウツロやウツリやウツロイは、そこに何もないと思えていたのに、何かが生じてくることです。無常を感じることによって、かえってそこから何かが移り出てくる。

第5章「ウツとウツツの世界」

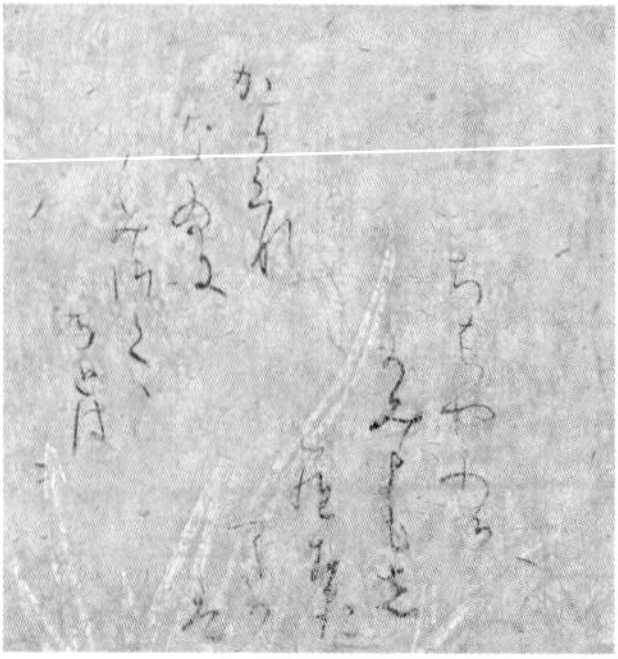
寸松庵色紙（伝貫之）

浦上玉堂「秋色半分図」

イサム・ノグチ「あかり」

日本という方法

おもかげの国・うつろいの国

松岡正剛

角川文庫
22351

目次

口絵掲載図版

「僧形八幡神影向図」（京都・仁和寺蔵）
新野の雪祭り（写真提供：南信州観光公社）
「佐竹本三十六歌仙絵巻」下巻、土屋秀禾模写（秋田県立図書館蔵）
能面「孫次郎」銘「おもかげ」（国立能楽堂蔵）
初代長次郎　黒樂茶碗　銘「面影」（樂美術館蔵）
「誰が袖図屏風」（根津美術館蔵）
「寸松庵色紙（ちはやふる）」（京都国立博物館蔵）
浦上玉堂「秋色半分図」（愛知県美術館木村定三コレクション）
イサム・ノグチ「あかり」（写真提供：モエレ沼公園）

第1章　日本をどのように見るか

日本人の自信？

ある大学の情報系の研究会で日韓関係の話題になったとき、明治初期に平壌《ピョンヤン》で清《しん》の一万の兵と日本が対峙《たいじ》していたという話をしたことがあります。何人かの情報数理系の教授たちが「そんなことがあったのか」と言うので、それで日清戦争が始まったという前後の事情を説明した。金玉均《キム・オッキュン》や東学党《とうがくとう》の乱の話です。ＩＴには強い先生方が日本の近代史には弱いのです。そのとき「なぜ西郷隆盛《さいごうたかもり》が征韓論を唱えたのかの説明がつかないかぎり、日本の近現代史は何も解けないですよ」といったことを口走りました。四半世紀ほど前のことです。

そのころからだったか、日本社会や日本文化についての解説や講演のようなものを依頼されることが頓《とみ》に多くなりました。松岡さんふうに思いがけない説明をしてくださいというのです。

思いがけないと言われても、どんな意外性が期待されているのかわからなかったのですが、いまふりかえるとそういう過分な要請がふえたきっかけは、バブル崩壊後、日本人がなんとなく自信を失っていたことにつながっていたように感じます。「失われた十年」（一九九〇年代のこと）の後遺症が続いていたのです。そして、自信を取り戻すにはどうしたらいいのかという問いがふえ、日本は本当は何かを勘違いしているのかということに戸惑う人も多くなってきた。そういう質問をうけるたび、いささか困りはてました。私もいまなお西郷が征韓論に追いこまれたことを簡潔に説明できないのですから——。

それでも、私にも多少は言いたいことがあります。だいたい自信といったって、日本人の自信とはどういうものなのか。バブル崩壊以前に日本人の自信があったとして、いったいそれは何だったのか。どうもよくわからない。それまでどんな自信があったのか。そんなものがあったのでしょうか。

たとえば敗戦をのりこえてついに経済大国になったことですか。高度成長したことですか。長寿のことですか。それとも教育力や小学生の学力やビジネスマンの勤勉の自慢？　海外から寄せられた七〇年代のジャパン・アズ・ナンバーワンの呼び声？　そういうものだとすれば、それらの結実はどんな出来事をともなったのか。自動車の販売力や半導体の生産力？　終身雇用制や日本的経営力？　父親の父親らしさがあったころのことや学校の先生の熱意が誇り高かったことですか。

もし、かつてのジャパン・アズ・ナンバーワン型の呼び声が自信につながっていたのだとすれば、それでわれわれは何を得たのでしょうか。ニューヨークのビルの所有？　たくさんの貯蓄高？　あるいは日米同盟の紐帯《ちゅうたい》のこと？

また逆に、自信を喪失したというのなら、それが最近のことなのかどうかも気になります。自信喪失は何にあらわれたのでしょうか。沖縄の基地移転に？　学級崩壊に？　オウム真理教事件に？　フリーターやおたくやニートに？　銀行のゼロ金利に？　リクルート事件やライブドアや村上《むらかみ》ファンドや偽装構造設計問題に？　夕張市《ゆうばり》の財政破綻《はたん》に？　それらが困ったことになり、かつてはあったらしい自信の喪失につながったというんでしょうか。

そうではない、のではないか。

田中角栄《たなかかくえい》もリクルートもオウムもライブドアも村上ファンドも、当初はメディアが挙《こぞ》って持ち上げていたはずで、そこには総じて無責任な見方はあったとしても、その前後で自信が募ったり、それが挫かれたりするような因果関係がおこっていたとは思えない。

いや、そもそも日本の自信って何なのでしょうか。高度成長や日米安保じゃないとしたら、もっと前からのものでしょうが、それは何ですか。明治維新で得たもの？ 徳川鎖国体制がしからしめたもの？ 芭蕉のサビや近松の浄瑠璃《じょうるり》？ 武士道みたいなもの？ 信長《のぶなが》らしさ？ 竜安寺の石庭？ それともずっとさかのぼって藤原道長の王朝文化や聖徳太子あたりにあったもの？ あるいは天皇制でしょうか。それなら、その自信はどういうものだったのか。説明してほしいものです。

私は、このような問答があるたびに、日本のよさやおもしろさというのは、必ずしも「自信」や「強さ」や「一貫性」にあるわけではないと話してきました。歴史のなかのどこかに強いナショナル・アイデンティティの軸の確立があったわけではなく、また数人の思想家や芸術家によって日本を代表するイデオロギーが確立されていたわけではないと思っているからです。

たとえば天皇制が日本システムを仕切っていた歴史なんて、実はないのです。武士道だって徳川初期と明治前期の所産です。森鷗外《もりおうがい》はそこを問うて『阿部一族』などに自刃《じじん》や諫死《かんし》や追腹《おいばら》の意味を綴《つづ》ったわけでした。そこに日本らしさの主語があるとは思えません。むしろさまざまな主張や突起や、その逆の凹《へこ》みや矛盾や、また多様性や相克性を経験しつつ、それらを組み合わせて乗り切ってきたところに日本社会や日本文化のよさやおもしろさがあるのではないか。

日本は多様なのです。たとえば「無常」や「バサラ」や「侘《わ》び」や「伊達《だて》」を、また人麻呂や一休や鶴屋南北や村上華岳《かがく》を、夢野久作や三島由紀夫やサザン・オールスターズや椎名林檎《しいなりんご》を、一様なアイデンティカルな文化や様式で説明することは無理だからです。そんなことをしたくもない。日本を主語的に語ろうとすることに限界があるのです。

そのようなことを前置きにして、それでは私が感じてきたことを語ってみたいと思います。とびとびにはなりますが、一応の順はつけました。

一途で、多様な国

日本はたしかに一途なところをもっているのですが、それとともにたいそう多様な歴史を歩んできました。日本は「一途《いちず》で多様な国」です。

信仰や宗教の面からみても、多神で多仏です。考えてみれば、日本には天皇制や王朝文化がずっと主流になっていたことなど、ないのです。天皇と将軍がいて、関白と執権がいて、仏教と神道と儒教と民間信仰が共存してきた。あとで説明してみますが、神と仏はかなり初期から習合していたのです。

信仰的なことばかりではない。社会制度だって一つの全国制度が支配していた例はきわめて少なかったと見るべきです。東の日本と西の日本はちがっているのです。江戸後期にいたるまで、東国では貫高《かんだか》制の金の決済が、西国では石高《こくだか》制の銀の決済がおこなわれていましたし、風土や習慣も異なるものが併存していた。東は水田優位社会が進行し、西は畑作優位社会が動いていたし、道具や言葉づかいも多様です。同じことをあらわすにしても、東国では「神主さん」「湯」「いろり」「ばか・りこう」「オトトイ」であって、西国では「禰宜《ねぎ》さん」「風呂《ふろ》」「かまど」「あほ・かしこ」「オトッイ」なのです。「ばか」と「あほ」、「りこう」と「かしこ」は必ずしも同じ意味合いではありません。

日本が単一民族国家だという説もとっくに崩れています。詳しくは慶応大学の小熊《おぐま》英二《えいじ》さんの『単一民族神話の起源』などを読まれるといいでしょうが、明治時代ですら、日本は多民族だと考えられていたのです。

日本はその本来の様相が多様なのです。古代このかた、日本は一義的ではなく多義的でした。信仰の面でも一神教的ではなくて、あきらかに多神多仏です。いっぱい神様や仏様がいる。たくさんの宗教的行事性がまじっている。結婚式は教会で、葬式はお寺でおこない、クリスマスと初詣《はつもうで》が一週間のあいだにあって、節分と建国記念日とバレンタイン・チョコと雛《ひな》祭りと春のお彼岸がたった一カ月ほどのあいだに踵《きびす》を接しているのです。

けれども、だからおもしろい。私はそう見ています。私はこのことをこれまでも『花鳥風月の科学』『日本流』『日本数寄』『山水思想』などに、それぞれ視点を変えて書いてきました。

こういう多様性や多義性はふつうに考えると、そのままでは混乱を招いたり、弱体になりすぎて他国の侵略を受けたり、どこかの属国になりかねないという心配もあるでしょう。しかし実際には、それでも日本は日本であることを、なんらかの理由でちゃんと保ってきました。矛盾だらけのようでいて、必ずしもそうでもないのです。

本書のずっとあとで説明しますが（第11章）、西田幾多郎《にしだきたろう》はそこを「絶対矛盾的自己同一」とさえ言ってのけました。「絶対矛盾的自己同一」だなんて、何を言っているのかわからないような言い回しですが、これは西田哲学がたっぷり時間をかけた指摘でした。矛盾や葛藤《かっとう》しあうものの組み合わせのなかに、それを弁証法のように止揚してしまうのではなく、それらを保持したまま自己同一性が生まれてきたんだということです。

私もそのように見たほうがいいと思うときが少なくない。ただし、もうちょっとわかりやすく説明できるだろうと感じてきたのです。

では、このような多様性や多義性や複雑性が機能していたのはなぜだったのか。本書では、私のこれまで感じてきたことに大筋をつけながら、この謎の一端を私なりにかいつまんで解明したいと思います。

これから書くことは、私の見方に初めて接する方々にとってはやや意外かもしれません。そういう点ではまさに〝思いがけない説明〟かもしれない。日本にはいくつもの独創的な「編集文化」があったということを伝えてみたいからです。

結論を先にいいますと、そのことを本書ではできるかぎり「日本の面影」というキーワードを挟みながら案内したいと思います（以下、漢字で「面影」と綴ったり、「おもかげ」と平仮名で表記したりします）。またそのために「うつろい」という見方を組み入れようと思います。

面影とは何か。「おもかげ」とは脳裡《のうり》に思い浮かぶプロフィールのことだと思ってください。イメージだとかイマジネーションと見てもいいところもありますが、やはりプロフィールのほうが正確です。なぜならそこには〝像〟が動いているからです。

一方、「うつろい」は文字通り、移ろっていくものをさします。時のうつろい、世のうつろいという、あのうつろいです。変化する当体というものがあるとすれば、それがうつろいです。

本書の前半では、この「おもかげ」と「うつろい」をキーワードにしながら、日本の社会文化の特色を歴史的な段階を追いながら浮き彫りにしていきますが、そのことを示していく前に、本書が『日本という方法』という風変わりなタイトルになっていることを、まず説明しておきます。

日本という方法

本書のタイトルは「日本の方法」ではなくて「日本という方法」です。

これはどういう意味かというと、一言でいえば、日本は「主題の国」というよりも「方法の国」だろうということです。普遍的な主題やグローバル・コンセプトを外にあわせて設定してもいいけれど、それを日本の全体にあてはめることに自信をもちすぎないほうが、ずっといいだろうということです。

さきほど少しだけあげておいたように、日本にはいろいろの特色が息づいています。一途で、多様です。その特色をとりあえずスタイルという点から見ると、たとえば和歌や俳句などの極度に短い詩歌のスタイルや、能や文人画や日本舞踊、あるいは禅庭や数寄屋《すきや》造りなどの、省略が効きすぎるほど効いた芸術芸能のスタイルがあります。これはさしずめ「静かな日本」のスタイルです。

その一方で、歌舞伎や日光東照宮の装飾や、あるいはお祭りの派手な山車《だし》のような、華麗で過剰な装飾もつくられてきました。これはいわば「賑《にぎ》やかな日本」です。前者が禅やワビ・サビにつながるとしたら、後者はバサラや風流《ふりゅう》踊りにつながります。前者がブルースっぽいとすれば、後者はロックぽいものです。弥生《やよい》的なものと縄文《じょうもん》的なものといってもいい。歌舞伎でいえば前者は和事《わごと》、後者は荒事《あらごと》でしょう。

和事と荒事といったって、歌舞伎が初めて表現したことではありません。日本人はずっと和魂《にぎたま》と荒魂《あらたま》という区別をもっていて、それらを使い分けてきた。両方がながらく息づいている。和魂はアマテラス的な魂、荒魂はスサノオ的な魂です。

いったいどちらの日本が本当の日本か、などということもありません。両方ともが日本です。前者は引き算をいかした日本ですし、後者は足し算をいかした日本です。また、一方は渋い日本で、他方は派手な日本です。室町《むろまち》時代には義満《よしみつ》の北山《きたやま》文化と義政《よしまさ》の東山《ひがしやま》文化の両方が目立ちますが、北山は派手な金閣《きんかく》に、東山は地味な銀閣《ぎんかく》に象徴されるように、それらはたいそう対比的でした。

このような特色にひとまず注目すると、日本は縄文・弥生的なものや金閣・銀閣的なものを対比的にくりかえしてきたのかとも思われます。美術史では、それを「黒と金」や「侘びと黄金」の対比として説明します。

対比といっても、必ずしも主題の対比をあらわしているのではありません。それどころか、ここにはこれらのスタイルをあらわすにあたって、共通の方法がひそんでいるともいえます。これもあとで説明しますが、日本はさまざまな主題があるとともに、それらを主語的ではなく述語的につなげていったのです（これを「二項同体」とか「述語的包摂」といいます。第11章で説明します）。そこにしだいに「日本という方法」が見えてくるのです。

日本の社会文化が多重的で多層的であることは、もともとは自然環境や風土に由来しています。アジア大陸の東端にあって、オホーツク海、日本海、東シナ海、太平洋にかこまれているという日本列島の地理風土上の位置が、多重性や多層性をもたらしていたのです。日本列島の地理風土上の位置が、いろいろな多重性や多層性をもたらしていたのです。

東アジアの風土は、大きくは北の落葉広葉樹林帯と南の常緑広葉樹林帯で構成されます。北がナラ林帯、南が照葉樹林です。その境い目のひとつはハルビンと瀋陽《しんよう》を結ぶ線のちょっと東にある。いわゆる満州《まんしゅう》です。日本列島もこれに応じて東北がナラ林帯に、西南が照葉樹林帯になっています。

ナラ林帯は、旧満州、沿海州《えんかいしゅう》、アムール川下流域、朝鮮半島の大半をへて日本の東北部につながります。植物学的な用語ではモンゴリナラ帯といいます。この帯域には内陸型と沿海型があって、内陸型（大陸的にはツングース型）ではクマ・シカ・トナカイなどの狩猟と若干の採集による生活が、前開きの皮衣、カンジキの使用、クマ祭りなどとともに展開します。沿岸型（大陸的にはギリヤーク型）はアザラシ・イルカ・サメ・サケ・マスなどの漁労を中心として、竪穴《たてあな》式住居で定住し、多くは聖なる魚の信仰のようなものをもっていたと想定できます。いずれもイヌを飼育していた。

照葉樹林帯のほうは、中国南部から東南アジア北部に広がっていて、生活活動が成熟した時期には、その大半が焼畑農耕をしています。食料にはアワ・ヒエ・ソバ・オカボなどの雑穀、モチ・チマキ・オコワなどの粘性のある穀物、サトイモ・ナガイモなどのイモ類を栽培して、さらにワラビ・クズ・カシの実などは水に晒《さら》してアク抜きをしています。味噌《みそ》・納豆などの大豆発酵にも長《た》けていた。日本各地のモチ正月やイモ正月の文化はこのような大陸の特徴といろいろつながっていたのです（日本の正月にはモチで祝う地域とイモで祝う地域があるのです）。

こうしたナラ林文化と照葉樹林文化が、前後して、北から南から日本列島に入ってきました。そして東日本にはナラやブナが、西日本にはシイなどが定着した。当然、日本の社会文化は多重性と多層性をもちました。

いったい、いつ、どのようにこれらの多層多重性が加わっていたのか、それを研究することはたいへん大事なことですが、本書ではその細部には分け入らないことにします。が、その研究がもたらしつつある結論は知っておくべきでしょう。たとえば高《たか》床《ゆか》の穀倉、鵜飼《うかい》の習俗、茶・漆・絹・味噌・豆腐を活用したこと、歌垣《うたがき》や鏡餅《かがみもち》を大事にしたこと、また十五夜の祝いや山中他界の観念をもったことなどは、いずれも東アジア各地の照葉樹林文化に色濃く共通するものです。

考えるべきことは、このような多重多層な日本列島に、どうして日本の社会文化というまとまった観念や感性が育っていったのかということです。

ひとつには大和《やまと》朝廷などの支配権力が統一的なイメージを形成していったという見方ができるでしょう。またひとつには日本語という言語が日本をかたちづくったと考えられます。最近では遺伝学や免疫学が発達したので、ゲノムやウィルスや免疫体質や血液型の安定性によって日本人の特色の決定性を議論できるようにもなりました。縄文人が急に少なくなっていったのは、縄文人に多かったATLウィルスに代って弥生人が別のウイルス・キャリアだったせいだという仮説なども、かなり認められるようになっています。日沼頼夫《ひぬまよりお》さんの仮説です。

科学的なアプローチはたいへん重要です。私もそのような研究成果からたくさんの影響をうけました。しかし、その一方で文化的なアプローチも必要です。

文化的なアプローチとは、日本人にはお茶を飲む習慣があること、家のなかでは履物を脱ぐこと、ご飯茶碗《ぢゃわん》は夫婦のあいだでも個人用になっていて吸い物のお椀《わん》は共用すること、主語を省いて話すことが多いこと、擬音や擬態語がきわめて多いこと、否定形はセンテンスの最後にもってくること、能楽や邦楽の間拍子《まびょうし》に表と裏の間《ま》があること等々に注目していくことをいいます。

日本人の生活習慣には変化してきたところと、あまり変化してこなかったものとが混ざっています。住居や食生活や服装はかなり変化してきました。昔との比較とはかぎりません。いまも連打続行されている。

たとえば三十年ほど前までは、専門店や高級レストランをべつにすると、スパゲッティというと喫茶店でも出てくるナポリタンやミートソースだったのですが（私の体験です）、やがて本格的なパスタ料理を麗々しくフォークとスプーンで食べるようになり、ではそれで収まったかというと、いつのまにかたらこスパゲッティに細切りの海苔《の り》をたっぷりかけ、それを箸《はし》で食べるようになりました。アイスクリームを通してトッピングという言葉が定着すると、それをカレーにも天むすにも冷麵《れいめん》にもあてはめる。

イアン・コンドリーというMITでヒップホップの日米比較研究をしているアメリカ人がいるのですが、彼によると日本のヒップホップ（ラップ）は導入されてから七年くらいでかなり日本化しているらしい。それまでは黒人の物真似だったというのです。和魂漢才や和魂洋才はしょっちゅうなのです。

こういうことは今後も続きます。そこには日本人に合う変化のフィルターが作用していくのです。

他方、周囲の生活習慣がかなり変化しても、なかなか変わらないこともある。たとえば室内で履物を脱ぐ習慣は、居間にソファーが入りフローリングが流行し、すべてのトイレが西洋便器になっても、いまなお続いています。インテリアデザイナーの内《うち》田繁《だしげる》さんが『インテリアと日本人』でそのことを強調している。

私たちはナラ林や照葉樹林からやってきたものを受け入れ、それを変化させ、新たな環境と生活様式に定着させ、なんらかの工夫を加えていったのと同様のことを、いまでもパスタ料理の輸入後やトッピングの輸入後でもおこなっているかもしれないのです。

そうだとすると、ここには何らかの「日本という方法」があるのです。それが検討されるべきなのです。私は、それを「編集的な方法」あるいは「日本的編集方法」というふうにとらえたいと思っています。

日本的編集性

日本人が外来の自然や文物や生活を受け入れ、それらを使いながら、どのような方法で独特なイメージやメッセージを表わそうとしたかということが、本書で説明したいことのひとつです。この方法は日本的編集というものです。

私はながらく編集工学という領域で、「編集」という方法についてあれこれのことを考えてきましたので、日本社会や日本文化の特色をピックアップするときにも、この「編集」という見方を適用したいと思います。

編集という用語は、一般には新聞・雑誌・書籍・テレビ・映画などでよく使われている技法用語ですが、私はその意味と用法をかなり拡張しています。なんらかの出来事や対象から情報を得て、その情報を組み合わせて新たにする方法すべてが編集なのです。日記を書くことも、俳句を詠むことも、筆で山水をスケッチすることも、幕府のシステムをつくって役職名をあてがうことも、会社の経営も、プランニングも、今晩の献立を考えることも、サッカーやラグビーのゲーム進行も、創作ダンスも、それぞれ「編集」なのです。考えることや書くことも編集行為です。

本書ではまったくふれませんが、負のエントロピーを食べて非線形的なふるまいをしている生命体の活動の本質がもともと情報編集なのだというのが、私の見方なのです。むろん遺伝情報をめぐる大半のプロセスはすこぶる編集的です。最近ではゲノム編集という見方も抬頭してきました。

しかし、情報にも事件の報道内容から個人の夢の中味のようにいろいろあるように、編集も時代によって人によって、メディアやツールによってその特徴が変わる。たとえば言葉や文字の情報も、漢字だけで書くか、漢字仮名交じりで書くか、屏風《びょうぶ》に描くか、版画に刷ってたくさん配るか、連歌にするか、発句《ほっく》だけにするかなどの編集方法の選択の仕方によって、その特徴が変わります。その特徴を見きわめることが大事です。

本書ではこのように「日本は情報編集をしてきた」という見方をとりながら、その方法に着目しつつ、日本社会や日本文化の様相を浮き出してみたいと思います。

「おもかげの国」「うつろいの国」

さて、そろそろ本題に入っていきますが、本書では日本がもつ社会文化的な特徴を「おもかげの国」および「うつろいの国」と名付けます。

ここで「国」というのは二つの意味があります。

ひとつは国家という意味です。ナショナル・ステートやエスニック・ステートがある。マルチエスニック・ステートもあります。もうひとつは、生い立ちの国とか原郷とか育った場所という意味です。「あなたのクニはどちらですか」「信州《しんしゅう》です」という、そのクニ。江戸時代までは「風俗」という言葉も「国風」という言葉も、くにぶりと読んでいたのですが、その国です。

若山牧水《わかやまぼくすい》にはそういうクニを歌った短歌がものすごくあります。「幾山河越えさり行かば寂しさのはてなむ国ぞ今日も旅ゆく」はなかでも有名ですが、そのほかにもいっぱいある。

山ねむる山のふもとに海ねむるかなしき春の国を旅ゆく
西吹かば山のけむりはけふもなほ君住む国のそらへながれむ
ときめきし古しのぶこの国のふるきうつはのくさぐさを見つ

これらの「国」は日本のなかのクニです。外国のことではない。国境をもった一国でもない。そのクニが数多いのです。牧水はそういうクニをいくつも通過することをもって日本人的なるものが深まっていくと考えていた。私が「おもかげの国」とか「うつろいの国」というように呼んでいる国は、こうしたクニをいくつもかかえています。

一方、意外かもしれませんが、小林一茶《こばやしいっさ》にも「国としての日本」を詠んだ句がやはりたくさんあります。

日本と砂へ書きたる時雨かな
これからは大日本と柳かな
日の本の山のかひある桜かな
日本の冬至も梅の咲きにけり

あの一茶が日本や大日本を詠んでいるのです。蠅《はえ》の手足の動きや雀の歩みを凝視した一茶は、胸中に「日本という国」をふくらましていたのです。一茶は文化《ぶんか》元年（一八〇四）のレザノフが長崎に着岸したニュースに心を傷めていたのです。「日本の年がおしいかおろしや人」という句もあった。

こうした一茶から牧水にまたがる二つの意味をもつ日本の国を、本書は「おもかげの国」と「うつろいの国」という視点で解読してみたいと思います。

ひとまず言葉上や用例上の説明をしておきます。

まず「おもかげ」は、漢字では「面影」あるいは「俤」と綴ります。とても美しい綴り文字です。「おもかげ」はイメージとも印象とも記憶像ともいえそうですが、そこに「おも」という言葉が使われていることに重要な意味があります。「おも」は「面」とも「主」とも綴ります。また「母」と綴って「おも」とも読む。母屋《おもや》のおもです。森鷗外主宰の新声社のアンソロジー『於母影』というタイトルのように、於母影はどこか母なるものと重なってもいます。

一番多い用例は「面」でしょう。その「おも」がふうっと動いている。それが面影状態です。今日でも「おもむく」（赴く）、「おもむき」（趣き）、「おもしろい」（面白い）

という言葉が使われていますが、そこにも「おも」が動こうとするニュアンスがよく出ています。実は「おもふ」(思う)という言葉も、この「おも」から派生したという語源説もある。

このうち「面白い」といった言葉などはずいぶん後世のものだと予想するかもしれませんが、そうではありません。『日本書紀』斉明紀《さいめい》にすでに、「山越えて海渡るとも面白き、今城のうちは忘らゆましじ」という歌謡が出ています。古代人にとっても、面白いというのは、何かを見聞したときに気持ちがおのずから高揚することだったのです。『伊勢物語』に「月のおもしろかりける夜」とあるように、自然や景色に趣向を感じるのも「面白い」なのです。つまり「面白い」も、面影の動きを感じたという意味だったのです。

一方、「うつろい」は「移ろい」と綴るので見当がつくでしょうが、移行・変化・変転・転移などを意味しています。

意味はそうなのですが、ここに「うつ」という言葉(語根)が使われていることに重要な消息があります。「うつ」には「空」「虚」「洞」という漢字をあてます。一番多いのは「空」です。うつろ(空・洞)、うつほ(空穂)、うつせみ(空蝉)、うつは(器)、いずれも「うつ」の同根ボキャブラリーです。「うつろい」はこの「うつ」から派生した。つまり、空っぽのところから何かが移ろい出てくることが「うつろい」なのです。なぜこんな意外な言葉が生まれたのかということについては、第5章で説明します。

いまとりあえず注目しておいてほしいのは、この「うつ」は「うつる」「うつし」などとも使って、漢字で綴れば「移」「写」「映」が同じ「うつる」「うつし」になっていることです。ということは「うつろい」という言葉もたんなる移行のことではなく、そこに写し出すものや映し出される〝像〟が一緒にともなっているということを暗示するのです。

プロフィールとしての日本

いくつかの歌を紹介してみます。

まず「おもかげ」についての歌をあげます。『万葉集』巻三に、「陸奥《みちのく》の真野の草原《かやはら》遠けども面影にして見ゆといふものを」という笠女郎《かさのいらつめ》の歌がある。大伴家持《おおとものやかもち》に贈った歌です。実際の陸奥の真野の草原はここから遠いから見えないけれど、それが面影として見えてくるという歌です。

少し深読みすると、遠ければ遠いほどその面影が見えるのだとも解釈できる。「面影にして見ゆ」という言いかたにそうした強い意味あいがこもっています。

家持が女性に贈った歌にも面影が出てきます。「かくばかり面影にのみ思ほえばいかにかもせむ人目しげくて」。家持が坂上大嬢《さかのうえのおおいらつめ》に贈っている。人目がいろいろあってなかなか会えないけれど、面影ではいつも会っていますよという恋歌です。紀貫之《きのつらゆき》には、「こし時と恋ひつつをれば夕ぐれの面影にのみ見え渡るかな」という歌があります。いま来るぞ、もう来るぞと思っていれば、恋しい人が夕暮れの中に浮かんでくるという歌意でしょう。これもまるで、面影で見たほうが恋しい人がよく見えるといわんばかりです。

いま引いた三つの歌は、目の前にはない風景や人物が、あたかもそこにあるかのように浮かんで見えるということをあらわしています。これは、突然に何かが幻想として出現したとか、イリュージョンとして空中に現出したということではありません。その事やその人のことを、「思えば見える」という、そういう面影です。

これでややピンときたかと思いますが、吉田兼好《よしだけんこう》が『徒然草』に、「名を聞くよりやがて面影は推しはからるる心地する」と書いて、名前を聞くだけでもその人の顔や形が浮かぶものだと言っているように、面影は何かの「思い」をもつことがきっかけになって浮かぶプロフィールの動向なのです。

プロフィールといっても人とはかぎらない。景色もあれば言葉もある。思い出や心境もある。それゆえこの面影は懐かしくも美しくもあれば、苦しいこともあります。『更級日記』の作者は、「おもかげにおぼえて悲しければ、月の興もおぼえず、くんじ臥しぬ」と、面影が見えることが悲しくて眠れない様子を綴っています。面影が辛《つら》いのです。

さらに「おもかげ」という言葉をよく見ると、「かげ」（影）という言葉がくっついていることに気がつきます。これもあとで補足するつもりですが、この「かげ」も日本文化が神々や聖なるものの出現をめぐって表現してきたとても大事なプロフィールでした。つまり「影」とは何かの具体的なシャドウなのではなくて、本体にくっついている影なのです。プロフィールそのもの、影像そのものなのです。同じく木陰や人影の「かげ」も、シャドウではなく、木や人そのものの本体であって、つまりプロフィールなのです。

影はしばしば光を意味してさえいました。『万葉集』の「渡る日のかげにきほひて尋ねてな清きその道またも遇はむため」の「かげ」は光のことです。日・月・星・火の光。これは「かげ」が「かがみ」（鏡）や「かがやく」（輝）と同根の言葉だったことからも察せられることでした。

次に「うつろい」の歌を見てみます。「うつろい」は古くは「うつろひ」と表記します。

ふたたび『万葉集』を引きますが、「木の間よりうつろふ月のかげを惜しみ徘徊《たちもとおる》にさ夜ふけにけり」という作者未詳の歌があります。ここにも「月のかげ」という「かげ」が出てきました。歌の意味は、木々の間から洩《も》れる月影を見ているうちに、小夜《さよ》が更けたということです。ここで「うつろふ」と言っているのは、月の居所《いどころ》が移っているということで、その移ろいに応じて自分の気分も移ろっているわけです。

ではもうひとつ、また家持の歌。「紅《くれない》はうつろふものぞつるばみのなれにし衣《きぬ》になほしかめやも」。

紅色というのは移ろいやすいものだけれど、橡《つるばみ》で染め出した地味な衣裳《いしょう》を着た私の妻はどうだろうかという歌です。「うつろい」は色の移ろいをあらわします。また似たような大伴坂上郎女《さかのうえのいらつめ》の歌では、「思はじと言ひてしものをはねず色のうつろひやすき我が心かも」というふうにある。はねず色というのは、薄く朱色がかった花の色のことで、これで古代日本人は衣服などを染めたのですが、そのはねず色は定着しにくく、うつろいやすかったのです。

このように「うつろい」は月影や花の色の変化の様子を示しています。ということは、もともとの「うつろい」の意味は日本人が「かげ」や「いろ」の本質とみなしたたものと関係があるようなのです。すなわち、一定しないもの、ちょっと見落としているうちに変化してしまうもの、そういうものに対して「うつろい」という言葉が使われている。

われわれもいまでもよく「世のうつろい」と言います。これは「無常」という見方とつながっている言いかたで、「常ではない」という意味です。「いろは歌」は「色は匂へど散りぬるを」の次に、「わが世たれぞ常ならむ」とうたう。「たれぞ」とは「そりゃあ、誰だって」という意味でしょう。誰にとってもこの世は常ならないほどに変転するものだ、移ろうものだという感想です。

すなわち「うつろい」は月にも色にも、また世にもあてはまっている。ということは万事万象が移ろっていることを表現するための言葉だろうということになる。日本人は、この「うつろい」に独自の感興をおぼえ、それを歌や絵に編集してきたのです。

とりあえず「おもかげ」と「うつろい」という言葉が使われている場面や感覚の和歌を例示してみました。

これらの言葉の使われかたをよく見ていると、対象がその現場から離れているとき、また対象がそこにじっとしていないで動き出しているときに、わざわざ使われていることに気がつきます。すなわち面影は、何かが「ない」という状態とその何かが「ある」という状態とをつなげているようなのです。「ない」と「ある」をつなげるとはどういうことかというと、つまりは「なる」というプロセスを重視しているのです。

私はそこに注目します。この「面影になる」ということ、そこに「面影がうつろう」ということ、「ない」と「ある」を「なる」がつないでいることに注目するのです。そこに「日本という方法」が脈々とたちあらわれていると見るのです。

私はこれから、このような「おもかげ」や「うつろい」が日本文化の多くの場面、たとえば能や連歌や俳諧《はいかい》に、また水墨山水や茶の湯や近代工芸に、また神仏習合思想や江戸の儒学や国学に、さらには明治・大正の哲学や童謡などに、どのようなプロフィールとしてあらわれているかを説明していきたいと思います。

第2章　天皇と万葉仮名と語り部

華人ネットワークと朝鮮と倭人

ここからはしばらく歴史の順に照らしながら「日本という方法」を「おもかげ」あるいは「うつろい」をキーワードにして解きほぐしていきます。最初は古代日本人の観念や感覚はどのようにあらわされていったのかという話題です。

古代の日本といっても、その範囲は縄文人・弥生人をへて古墳《こふん》時代や奈良《なら》時代、さらには平安《へいあん》初期までが入ります。が、本章では紀元前後から奈良時代前後だけ、とくに万葉文化にひそむ特色をとりあげたい。歴史学的には、この時期の私たちの祖先をまるごと「日本人」というふうに呼ぶかどうかは少しあいまいで、まだ「倭人《わじん》」という捉《とら》えかたが続いていたとも思えるのですが、とりあえず全般的には日本人という言いかたにしておきます。

この時代は、日本語という規定もしにくい時代です。「倭語」とか「先行日本語」といったほうがいいでしょう。したがって「日本」という国名もむろん確立していません（日本という国名は天武朝《てんむ》までくだります）。日本はながらく「倭」もしくは「倭《わのくに》・国《わこく》」だったのです。どのように呼称するにせよ、古代日本を問題にするときは中国や朝鮮半島の事情の遷移を念頭において把握する必要があります。日本の面影も東アジアの動向とともに見ていくべきです。そこにはつねに中国の華人のネットワークが動いていました。

中国と朝鮮半島と倭国は海をまたいでひとつながりです。中国がクシャミをすれば、たちまち東アジア全体が風邪をひく。

紀元前三世紀、中国北方では燕《えん》が遼河《りょうが》を占めていて、遼陽《りょうよう》に遼東郡をおいています。朝鮮半島・日本海・日本列島の交易をおさえるためでした。燕が秦《しん》にとってかわると、遼東郡も秦ルートに変わります。ついで秦が崩壊すると少しの期間だけ燕《えん》ルートが復活するのですが（そのころの燕人は洛東江《らくとうこう》から北九州までやってきていたと思われます）、紀元前二〇二年に漢《かん》帝国が成立して燕を追い散らしてからは、漢帝国直轄の交易ネットワークが張りめぐらされていきました。これが楽浪《らくろう》ほか四郡の設置です。

追い散らされた燕のほうは海側の大同江《だいどうこう》流域に衛氏朝鮮をつくり、王険城《おうけんじょう》を都にしました。弥生晩期の倭人たちが交わったのは、この衛氏《えいし》朝鮮の燕人でしょう。

このあと朝鮮半島の各地に拠点が自立し、倭人たちもそれらと交流していくのですが、そこへ大陸江南《こうなん》の稲作農法をもった越人《えつ》がやってくる。照葉樹林文化の日本列島への何波目かの到着です。それとともに漢帝国による華人ネットワークも半島から列島のほうに広がっていく。

なぜ極東のはずれの島国にすぎない日本列島がこのような東アジアのネットワーク・パワーの波及の対象になるかというと、列島には倭人の人口が意外に多かったからだと思われます。

大森志郎《おおもりしろう》さんの推定によると、『魏志』倭人伝に記載された当時の瀬戸《せと》内海地方だけでも十五万戸があった。邪馬台国《やまたいこく》の周辺では五六万戸です。『漢書』に「分かれて百余国」と記載されたころには、三〇〇万人くらいがいた。これは市場として、かなりおいしい対象です。少子化がおこっているとはいえ、いまでも日本は人口密度が異常に高い地域なのですが、その傾向は古代から続いていたのです。三内丸山《さんないまるやま》遺跡でもあきらかになったように、日本列島の各所には一〇〇戸に五〇〇人が生活するようなコロニーがすでに一五〇〇年にわたって続いていたのです。三〇メートルのロングハウスもあちこちにあった。だから華人は早くから倭に目をつけていたのです。

中国は時代ごとに王朝が変わります。倭人にとって大きかったのは漢（前漢）が衰弱して後漢になったことです。弥生晩期の一世紀のこと、光武《こうぶ》帝が君臨し、力を及ぼした。そのため四四年に朝鮮半島の廉斯《れんし》の蘇馬諟《そばし》が楽浪に入貢し、「漢廉斯邑君」として楽浪郡に所属することになった。そしてその約十年後の五七年に「倭《わ》の奴《な》の国王」が入貢して、例の「漢委奴国王」の金印をもらったのです。

小さな金印は、倭人グループの一人のリーダーに与えられたものでした。このとき朝鮮のリーダーは「邑君」と呼ばれ、倭のリーダーは「国王」と呼ばれていた。国王とは中国から見て異民族の王、すなわち外臣ということです。このちがいはのちのちまで朝鮮と日本の位置づけに影響します。

しかし、この金印の小ささからぬ意義は、当時の日本人にはまださっぱり見当のつかないものだったでしょう。それがわかるのはずっとのちのことになる。

倭人から日本人への道

後漢が滅びると、中国は『三国志』の三国時代に入ります。三世紀、その三国のひとつの魏《ぎ》が隆盛しているとき、卑弥呼《ひみこ》の邪馬台国が栄えます。二三九年、卑弥呼の使者の難升米《なしめ》らが魏に入貢して（魏が管轄している帯方郡《たいほう》に入って大守の劉夏《りゅうか》の手配で役人とともに洛陽《らくよう》に行った）、例の「親魏倭王《しんぎのわおう》」の金印紫綬《しじゅ》をもらった。この称号は中国の外臣のなかでは大月氏《だいげつし》（インド）と邪馬台国だけに与えられたものです。倭の力はまあまあ認められていたのです。

一方、朝鮮半島では西南部に韓族《からぞく》がたくさんの小国をつくった。馬韓《ばかん》・辰韓《しんかん》・弁韓《べんかん》です。日本列島でもこのころ出雲《いずも》王国のようなクニがいくつかできつつあったでしょう。数百本の銅剣や銅矛や銅鐸《どうたく》が見つかった島根県の荒神谷《こうじんだに》の遺跡などがそのことを伝えます。

三世紀後半になると、中国はさらに混乱していきます。中国の史書から一五〇年にわたって倭人の記事が消えるのはこの時期です。東アジアにさまざまな国ができてくるのもこの時期。東アジアの中心部ではこのように、つねに華人の帝国が確立してその勢力を一気に拡大することと、それが崩壊して周辺の民族が流入してくることとが、くりかえしおこるのです。

民族の出入りは、ヨーロッパのゲルマン民族の移動などではよく知られていることですが、東アジアでも見逃がせません。そのことと日本の多様性が関係しているのです。

四世紀は、北方の遊牧民たちが中国史上に流れこんでくる五胡十六国《ごこじゅうろっこく》の時代です。華人の国は晋《しん》が江南に追われて東晋になったように、不安定な情勢は朝鮮半島にも影響を及ぼします。

最初に北方の激変に乗じて高句麗《こうくり》がおこり、それに呼応して半島南部の新羅《しらぎ》や百済《くだら》が勃興《ぼっこう》する。そこに抜け目なく倭人たちの活動も加わった。そのことを証しているのが「広開土王碑《こうかいどおうひ》」の文面です。高句麗・新羅・百済・倭が四つ巴になっていったのです。多くの渡来人が北九州や能登《のと》半島から列島各地に入っていったでしょう。倭韓がしだいに交じっているのです。

おそらくこの時期、のちに「ハックニシラススメラミコト」（御肇国天皇・所知初国御真木天皇）と称ばれることになった崇神《すじん》天皇（和名ミマキイリ）がかなり強大なリーダーシップを発揮していたと思われます。

こうしたなか五世紀に入ると、倭は東晋に使者をおくって、いわゆる「倭の五王」時代を迎えます。その五人目の大王「倭王武《ぶ》」がワカタケルこと雄略《ゆうりゃく》天皇でした。

このまま東アジア古代史をおさらいするつもりはありませんが、倭人がどこで「日本人」を感じるようになったかということを知るには、もう少し歴史の流れを見なければなりません。

日本にとって重大なのは、なんといっても中国の動向です。ついで半島の情勢です。六世紀後半から七世紀にかけて、中国にはふたたび大帝国が出現します。隋《ずい》帝国です。隋は急激な膨張政策をとりました。六世紀後半から突厥《とっけつ》を攻撃し、党項《タングート》や吐谷渾《とよくこん》を征服すると、南のほうでは雲南《うんなん》にも侵入した。皇帝の煬帝《ようだい》は大運河を掘削して、全土の交易と安定と繁栄をはかります。その波頭が極東をめざして六一二年に始まった三次にわたる高句麗遠征になっていくのです。この遠征は結果的に失敗し隋の衰退につながり、煬帝の死後は李淵《りえん》により唐が建国されます。

やむなく高句麗と百済と新羅は唐の冊封《さくほう》をうけます。冊封とは皇帝を戴《いただ》く中国に対して臣下にあたる関係をとりむすぶことをいいます。中国からすると皇帝の権力が及ぶ範囲が「世界」（中華世界）であって、その外はできの悪い「東夷《とうい》・西戎《せいじゅう》・南蛮《なんばん》・北狄《ほくてき》」なのです。そのうちの朝貢してくる国が冊封国になる。高句麗・百済・新羅はそれをした。

倭人のリーダーたちも安閑としていられない。しかし冊封関係にはなりたくない。臣下にはなりたくない。そこで六〇〇年ちょうどに姓は「アメ」、字《あざな》が「タリシヒコ」（タラシヒコ）、号を「オホキミ」という一人の倭王が隋に使者をおくって、われわれの国を認めてほしいということを告げたのです。有名な『隋書』東夷伝の記述にある出来事です。

アメ・タリシヒコというのですから、これは大王《おおきみ》であり、天皇（天子）に近い存在でしょう。それが実在の誰にあたるのか、まだ歴史学は証しきれていないのですが、おそらくは推古《すいこ》天皇か聖徳太子か、あるいはその側近が僭称《せんしょう》していたリーダーだったろうと思われます（筑紫の大宰だという説もあります）。

誰のことだったかはべつとして、こういう大王《おおきみ》がいたとすると、倭の国々の主要な領域が新たな大王によって統一されかかっていたということになります。つまり大和朝廷か、それに準ずる勢力ができつつあった。そのころの倭国のリーダーは東アジアのなかでかなり強気になっていたということがわかります。

アメ・タリシヒコのことは、なぜか『古事記』にも『日本書紀』にも記載がありません。記載されたのは、その直後の六〇七年に小野妹子《おののいもこ》が遣隋使として派遣されたことばかりです。妹子は「日出づる処の天子、書を日没する処の天子に致す」という、例の国書を携えていました。

この国書と使者に対して煬帝が怒ったというのは事実です。ひとつには「日出づる処の天子」の国は中国の冊封をうけようとしなかったからで、もうひとつは「天子」という言いかたにカチンときたからです。そのせいか『日本書紀』はこの国書の文面を記載していません（このあたりは相手が強く出ると引っこむという体質が早くもあらわれています）。そのかわり、翌年の条に「東の天皇、敬《つつ》しみて西の皇帝に白《もう》す」というふうに記述した。ずいぶん遠慮した言いぶんになっていますが、この記述は見逃せない。ついに「天皇」という概念が登場したのです。

ただし、その天皇が誰のことかもまだ歴史学では証されていません。だから「万世一系の天皇」といってもわからないことはいろいろあるのです。私は日本に天皇制度があるほうがいいと思っていますが、だからといって皇室の歴史を超歴史化する必要はないとも思っています。事実は事実、敬意は敬意です。

日本列島の統一がはかられつつあるとき、朝鮮半島では新羅が勢力を拡張してきます。六一八年に隋が滅びて唐《とう》に代わり、その唐の圧力を新羅が利用したためです。唐は隋と同様、高句麗を征服しようとするのですが、なかなかうまくいかない。そこで新羅の金春秋《こんしゅんじゅう》（武烈《ぶれつ》王）が唐の戦略の矛先を高句麗から百済に転換させ、唐が百済を征服するように外交します。巧みな外交政策によるもので、功を奏しました。

百済は日本にたっての援護を頼みます。日本は（まだ倭というべきですが）、百済と組んで唐・新羅の連合軍と対決する。六六〇年に百済が滅ぼされると、六六歳の女帝斉明《さいめい》は二人の息子、中大兄《なかのおおえ》皇子と大海人《おおあま》皇子を従えて北九州に入って遠征の準備をしますが、出発前に崩御。それでも日本軍は出征し、ついに白村江《はくそんこう》で唐・新羅連合軍と激突します。しかし倭は打ち砕かれました。この敗戦は百済の滅亡とともに、倭をして完全に朝鮮半島から撤退することを決断させます。新羅はこれを機にまたまた唐と連合して高句麗を討ち、ここに朝鮮半島を統一してしまうのです。

そしてこの瞬間に、「倭」はついに「日本」になったのです。いまのべた前後の事情であきらかなように、外圧が「日本」を自立させることになったというべきでしょう。新羅と日本はほぼ同時に成立したのです。『旧唐書』に「日本国は倭国の別種なり。その国、日辺にあるをもってゆえに日本をもって名と為す」「倭の名の雅《みやび》ならざるを悪《にく》み、改めて日本とした」とあります。この「日本」を制したのが天武《てんむ》天皇（大海人皇子）でした。

漢コードの和モード化

ややめんどうな歴史の展開を書いてみましたが、ここが見えないと日本史はすべて見えてきません。「日本という方法」も「面影」の変遷も見えません。中国・半島・倭の関係は一蓮托生《いちれんたくしょう》で、唐に敗北し、新羅が統一したことが日本を自立させたのです。

中国の東アジア経営の変化、それに応じた朝鮮半島のめまぐるしい変遷、それがなだれこんできての七世紀後半の白村江の海戦。そこでの唐と新羅の勝利と、百済と日本の敗戦。これで「倭」は「日本」になったのです。まさに太平洋戦争のときと同様、日本は敗戦で立ち上がっていったのです。

こうして国内問題にほぼ専念することになった日本には、自立のためのいくたの問題が待ちかまえていました。私が注目するのは、この時期（万葉時代）の日本人の観念や感覚のあらわれには大きな制限と、それゆえにそれを克服するための独創があったということです。

何が制限だったのでしょうか。それは、日本語（倭語）を表記すべき文字がまったく確定していなかったということです。すでに漢字は「漢委奴国王」の金印このかた、あるいは銅鏡や鉄剣に刻まれた文字このかた、中国と朝鮮半島から少しずつ入っていたのですが、その漢字をどのように使うかということがさっぱりわからず、これが大きな課題となったのです。

日本が東アジア社会で自立して国内を統一する以上、文字をもたないわけにはいきません。それがなければ法もつくれないし、記録もできないし、文書を交付することもできない。国の体制を整えるにも役職名がいる。それを表記する必要もある。ではどうするか。漢字を使うのが一番てっとりばやいのですが、その漢字を中国語として使うのか、それをみんなが読めるのか。問題はそこにありました。

日本人は長らく文字のない生活をしていました。ウエツフミといった上代文字があったという一部の説もありますが、その証拠はありません。上代日本はもっぱら口と耳によるオラル・コミュニケーションに頼り、そのほかは文様や図標のようなもので、あるいは仕草や身振りでコミュニケーションの補助をはかっていたのです。

そこへ漢字が入ってきた。けれども漢字がどんな意味をもっているのかなどということはわからない。ふだん喋《しゃべ》っている言葉と関係があるとも思えない。たまさか渡来人がその説明をすることがあったとしても、その場かぎりのことにすぎず、記憶するのも困難です。銅鏡や鉄剣に刻まれた漢字はまるで呪文《じゅもん》です。それゆえ倭人はその威力や呪能に驚き、最初のうちは漢字は鏡の呪力のシンボルとか刀の威力のシンボルに使っていただけでした。

やがて漢字の読み書きをあつかう渡来人たちが次々に定着し、その仲間がしだいにふえるにしたがって、かれらのサポートによって日本の宮廷の周辺や豪族たちの周辺で漢字をどのように扱えばいいのか、さまざまな議論が生まれます。

選択肢がいくつかありました。

第一には、漢字を中国語としてまるごと受け入れるということです。最もありうべき方法でしょう。今日の小学生や中学生が英語を英語としてそのままおぼえて使うのと同じです。そうするには、発音も中国語をそのまま使えばいい。つまり外国語のリテラシーをまるごと学習するわけです。

けれども、これは縄文期以来使ってきた日本語（倭語）の発音をすっかり捨てて、母国語を変えることにもなりかねない（まだ母国語という観念はなかったでしょうが）。それに中国語をマスターするといったって容易ではありません。漢字の数は莫大《ばくだい》だし、中国語の発音も難しい。

第二の選択肢としては、日本語の発音はそのままに、漢字は漢字として外国語扱いして、今日の日本人が英語やフランス語やロシア語を、「システム」「シミュレーション」「アペリチフ」「アベック」「ボルシチ」というふうに一部だけ使っているように、中国語を部分的に取り入れることです。これは便利です。使い勝手もいい。

けれども、日本文字がすでにあったうえでこのような部分使いがあるのはいいのですが、この時代はまだ日本には文字文化はない。無文字社会なのです。そのためそれを強行すると、もしも中国語使いのほうがパワーをもつと、日本がまるで中国の属国のように、それもかなり矮小な属国のようになってしまうかもしれません。

それでも初期はこの方法を採って、知識人や役人はなんとか中国語と漢字を使いながら日本語もチャンポンに喋るというような、そういうバイリンガル状態にとりくんだと思われます。しかしそれは通訳や翻訳や知識人のレベルにとどまります。

こうして第三の方法が選ばれた。

きわめて大胆なことですが、漢字を日本語読みしてみようという方法です。「天」や「人」にはティアンやリェンといった中国語読みがありますが、これを私たちの祖先はアマとかアメとかヒトというふうに読んだ。この発音はおそらく縄文人このかたの日本列島の住民のボーカリゼーションです。それを「天」や「人」の漢字にあてはめた。いまでいう訓読です。

またそれとともに、渡来人に中国語を発音してもらって、それを日本語ふうに平易にして「天」「人」をテン、ジン、ニンなどと音読した。この発音は新たに倭人がマスターしたボーカリゼーションでしょう。近似中国語読みです。近代日本人が英語のビアを聞きかじって「ビール」と、レーディオを「ラジオ」と、レモネードを「ラムネ」と発音したのと同じです。こういう訓読と音読の両面作戦が敢行されていったのです。

音訓両用のバイリンガルで、しかもその発音はほとんど和音（倭音）に従うという方法。むろんいくつもの試行錯誤があったのですが、それらをへて、結局のところ採用されたのはこの第三の方法でした。こうして、いわゆる「万葉仮名」が使われるようになりました。

万葉仮名の登場

万葉仮名は文字用法としては音仮名です。漢字一文字に和音（倭音）一音を対応させるのが原則です。「比登」とあればヒトと読み、「波奈」とあればハナと読み、ミヤコは「美夜古」と綴《つづ》った。たとえば、次の一文はすべて万葉仮名読みをします。

夜久毛多都　伊豆毛夜弊賀岐　都麻碁微尓

どう読むのか。どう発音するのでしょうか。これは「やくもたついづもやへかきつまごみに」と読みます。すなわち日本の最初の和歌とも歌謡とももくされる「八雲立つ出雲八重垣妻籠《つまご》みに」にあたる。まことにアクロバティックな文字使いです。

ついで漢字一文字を和語にあてることが発達します。「国」はクニ、「時」はトキ、「如」はゴトク、「脂」はアブラというふうに。また「久毛」は「雲」だな、「多都」は「立」だろう、「都麻」は「妻」という字だろうなというふうに漢字のあてはめの見当をつけていった。さらには漢文を和風に読み下し、和風に書き上げることも工夫していきました。そこには今日のわれわれが漢文に返り点をつけるようなアイディアがはやくも萌芽しています。かくて、次のような文章をついに日本人が綴れるようになったのです。

次国稚如二浮脂一而、
久羅下那州多陀用弊流之時　流字以上十字以レ音

あえて二行にしておきましたが、一行目は漢文の読み下しで「次に国稚《わか》くして浮かべる脂《あぶら》の如くして」と読みます。これを国語学では和化漢文といいます。しかし二行目はまさに万葉仮名で、「くらげなす漂へる時」と読む。

これがずらずら続いているのです。漢文読みと万葉仮名読みが混在する。さすがにただ混在していてはわかりにくいので、どこからどこまでが音読文字になっているかということは、文末ごとに小字の割注で「流の字の上の十字は音で読む」と指示を入れました。

周知のように、この一文は『古事記』の冒頭部分のひとつです。日本列島が海の中にクラゲのようにアブラのようにゆらゆらと生じたという有名な場面です。まったくもって斬新《ざんしん》かつ周到な方法で記述を始めたものです。

こうして日本語（倭語）のすべてを漢字で表記するという冒険が進行していきます。くどいようですが、その漢字の読みには訓読と音読の両方を用いた。また、語順や言い回しはそれまでの倭語の用法にできるだけ従ったままにした。

このようなルールをだいたい決めて、万葉仮名表記が生まれ、日本は文字を使う国になっていったのでした。日本人は歌や物語を書けるようになったのです。慣れないかぎり、この方法はたいへんに難解な、かつまた、複雑きわまりない方法です。それ

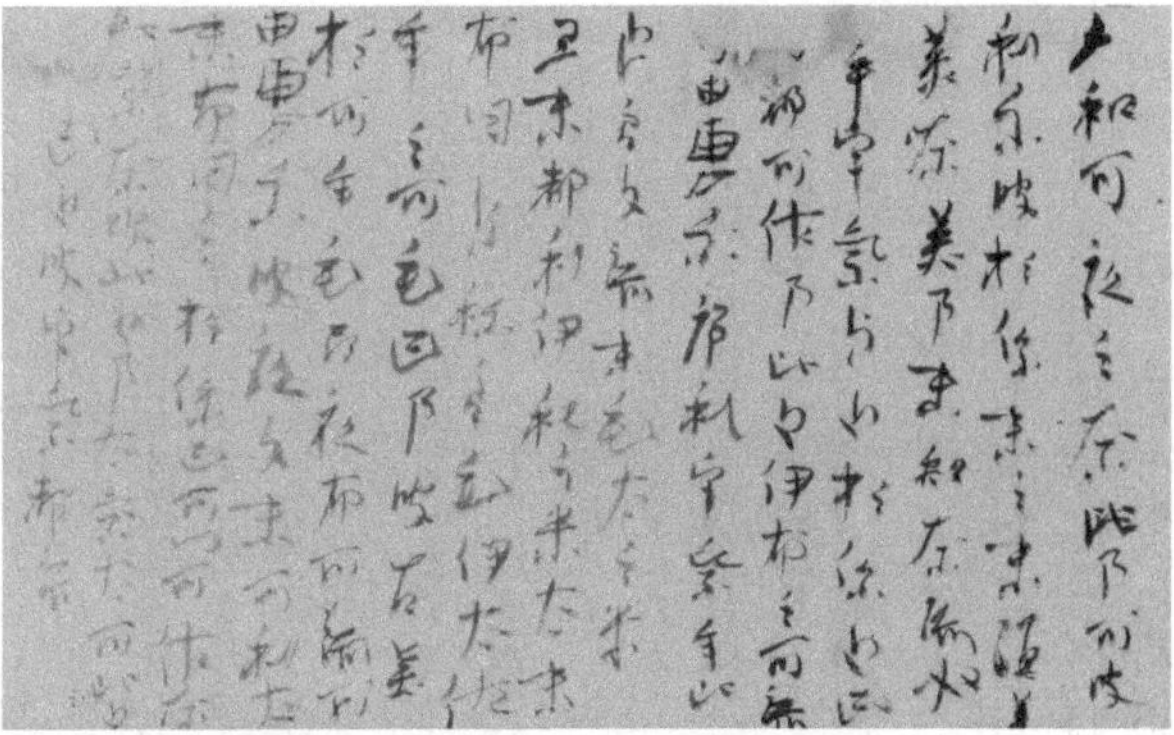

正倉院に伝わる万葉仮名文書。一字一音の仮字が駆使され綴られている。八世紀中期

でも、太安万侶《おおのやすまろ》が『古事記』の記述に関する苦労を綴っているように、なんとか万葉人たちはこの文字読み・文字書きをめぐる独自の編集方法によって、歌謡や宣命《せんみょう》だけでなく歴史書すら記述できるようにしたわけです。安万侶は稗田阿礼《ひえだのあれ》らのオラル・コミュニケーションによる語りを聞きながら、それを次々に万葉仮名と和化漢文の混淆《こんこう》文に仕立てていったのです。

これはあきらかに日本的編集です。中国語と中国文字を導入したのに、そのコードはそのまま使って、モードは日本独自のものを生かしてしまっている。

フォントはそのまま使い、その読みは和音にし、漢文で綴るばあいも返り点などの日本的文法で書いたり読んだりしたのです。また、中国の語法にはない「八雲立つ」とか「くらげなす」といった言い回しやそれを文頭にもってくることをとことんいかした。

私はこのような日本的編集を「外来コードをつかって、内生モードをつくりだす方法」と名付けています。外からコードを取り入れて、それを日本で工夫して日本的モードをつくっていく、そういう方法です。

自立をはかった日本がまずとりくまなければならなかったのは、法制度の確立と政治体制の確立と、そして歴史書の編集です。それを急がなければならない。このどれにも日本の文字が必要でした。しかも、そこにはそれまでの縄文以来の日本人がオラル・コミュニケーションのなかで語りあい、聞きあってきた神話や説話や歴史の話の構造や文脈も重視されなければなりません。あるいは歌い継がれ、語り継がれたさまざまな詩歌をそのままいかし、その感情や感性を継続しておかなければなりません。それをしなかったら、それまで営々とつないできた日本人の記憶が吹っ飛びます。

それゆえ太安万侶らは日本人（倭人）の言葉を万葉仮名や和化漢文で表記して、それを見た者はそこからかつての日本人が語り歌い継いできた言葉の世界がそのまま蘇《よみがえ》るようにしたのです。この「日本という方法」が画期的でした。

私は、このような古来の口語文化を新たな漢字表記によって定着させようとしたこと、そこに日本的編集のすぐれた創発があったこと、そのこと自体が、このあとの日本文化の根本的表現に大事な基盤を与えたと考えています。

神名と枕詞のつくりかた

漢字を万葉仮名にして綴ったり読んだりしたことは、日本人に何をもたらしたのでしょうか。いろいろのことが考えられますが、私が重要な変化だと感じていることは、次のことです。

どこの民族の古代語もそうですが、日本語（倭語・大和言葉）もその発音のつながりによって、何かの言葉が何かの言葉を連鎖させたり、連想させるようにできています。とくに日本は文字がなかった社会が長かったのですから、語り言葉や歌い言葉のつながりぐあいによって、イメージやメッセージが組み立てやすくなっていたはずです。

つながりぐあいの妙案を示す例を、二つだけあげます。

ひとつの例は神の名前です。『古事記』や『日本書紀』に出てくる日本の神にはとても変わった名前がついています。たとえばタカミムスビノカミ（高御産巣日神）、ハヤアキツヒコノカミ（速秋津日子神）、タケミカヅチノオノカミ（建御雷之男神）というふうに。

これらの神名には、それぞれタカ、ハヤ、タケという言葉が頭にくっついている。これらはおそらく、何かの基本的なプロフィールが浮かべられるようになっていたリーディング・ワードのような言葉だったと思われます。つまり、そういう二文字を最初に言うだけで、神の面影や性質がおおざっぱに浮かんだにちがいない。タカ（高い）、ハヤ（速い）、タケ（建てる・猛る）という面影が浮かんだのです。これに、次のムスビ（結びを取り仕切る）、アキツヒコ（蜻蛉《とんぼ》のような男）、ミカヅチ（雷のような力強さ）という言葉がつながって、さらに神の面影を鮮明にしていったのでしょう。

アマテラス（天照）、アメノオシホミミ（天之忍穂耳）、アメノホヒ（天之穂日）、アメノコヤネ（天児屋）、アメノタジカラオ（天手力男）などは、「アメノ」と聞けばそれだけで天にまします高天原《たかまのはら》パンテオンの所属の神名だとわかるようになっていました。アメノオシホミミはアマテラスとスサノオが誓いをしたときに生まれた子ですが、その属性と機能には威力をあらわす美称の「オス＝忍」、稲穂とのかかわりを示す「ホ＝穂」があるので、そういう神だろうという見当がつきます。アメノコヤネはアマテラスが岩屋に籠《こ》もったときにその外で祝詞《のりと》を読んだ神ですが、アメノとコヤネを続けて聞くと、きっと天上界にまつわる小さな屋代《やしろ》（社）を大事にしている神だろうと見当がつく。

もうひとつの例は、枕詞《まくらことば》のような言葉です。今日では和歌の首頭につくものとみなされていますが、おそらくは重要な語りや喋りの場面でも使われていたにちがいありません。

枕詞はたくさんありましたが、その用途は、たとえば「ひさかたの」といえば「光」や「天」をめぐるイメージが見えたり、「たらちねの」といえば「母」や「親」に関するイメージが出てきたりするということです。なぜなら「ひさかたの」は「久方の」ですし、「たらちねの」は「垂乳根の」なのです。そこにはすでに面影を指示する方向がひそんでいた。「久」「方」「垂」「乳」などの強い字義も加わっていた。

これらはコンピュータ用語でいえば、いわばパスワードのようなものです。そのパスワードによって次のデータやセンテンスやコンテキストが入っているファイルがちょっと開いていく。そういうものです。

枕詞は特有のプロフィールを誘い出すものだったのです。枕詞というパスワードが先行することによって、ぱっとイメージの落下傘が開き、その次の、たとえば「久方の」「光のどけき」というふうに進むにしたがって、だんだんイメージとメッセージのサークルが絞られていくというような言葉遣いの方法が必要とされたのでした。これはのちの日本語文法にも影響を与えます。

場所の記憶が重要だった

一言加えておきたいことがあります。大切なことです。

日本にかぎらず、すべての社会文化は、幼児や子供たちがそのように育っていくように、「語り」による情報編集から始まっていたということです。大半の認識や知識は「語り」によって情報化されていったということです。

古代オリエントでいえば叙事詩『エヌマ・エリシュ』が最初にあり、古代ギリシアでいえばホメロスの語り『イーリアス』や『オデュッセイア』が当初にありました。この「語り」は古代オリエント人や古代ギリシア人によって編集された。そこに独得の編集技法が誕生していった。ホメロスは六脚韻という編集技法を駆使することによって、その物語や神話が語り部に記憶されやすく工夫し、それこそがやがてギリシア・アルファベットによるギリシア語を生んだのです。

つまり、ギリシア語があってホメロスが叙事詩を書いたのではなく、ホメロスらの語り部たちがいてギリシア語が生まれていった。そのあとさきが重要なのです。ウェルギリウスがいて古代ローマ語が生まれ、ダンテがいてイタリア語が生まれたというべきだということです。古代ローマ語があったからウェルギリウスが物語を書けたのではなく、イタリア語が確立したからダンテが出現したのではないのです。『ロランの歌』が先行して、それがフランス語に成長していった。物語を執筆編集しているうちに、言語がしだいに体系化していったのです。言語があって物語が編集されたのではなく、物語の編集が進んで言語が確立するのです。

日本のばあいはどうだったかというと、長らく文字がなかったので、語りは文字に頼らない何らかの方法で継承されていたと推測されます。その方法は、文字が多様にあったヨーロッパや中国とはかなり異なっただろうと思われます。

文字に頼らないということは、声や身振りや形や色を、場面ごとの語り言葉のなかの順番や特徴などで活性化《アニメート》させていたということです。そこに独得の編集方法が発露していたということです。

ということは、日本では語り、か、語り部がとても重大な役割を先駆的に担っていたということなのです。語り部の脳裡《のうり》のなかに特異な編集方法がひそんでいたということなのです。それはおそらく言霊《ことだま》による編集だったでしょう。

ところが奈良末期、古代日本の言語がそうした特定の語り部の脳裡から開放されていくようになっていきました。それまでは出雲の語部の君、大伴の談《かたり》の連《むらじ》、天語《あまがたり》の連、中臣《なかとみ》や安倍《あべ》の志斐《しひ》の連などがいて、とくに宮中では忌部《いんべ》氏や高橋氏が重用されていたのですが、それが律令国家が拡張し、文字の使用が普及していくにつれ、拡散し、またその主要部分を藤原氏が支配下におくようになります。

そこで忌部氏はそれに不満をもって、日本本来の言霊というものはわれわれが物語にして奏上することになっているのだ、われわれはそのための多くの秘術をもっているのだ、われわれの職能を戻しなさいと文句をつけました。このいきさつの一部始終は『古語拾遺』という文献にのっています。けれども、時代の波は忌部氏や高橋氏を押しのけてしまいます。古い一族は新しい一族に交替させられていったのです。

では、古い言霊による語り部の編集方法はどうなっていったのか。消えていったのか。そんなことはありません。一部はわかりにくくなったでしょうが、新たな万葉仮名や文字表記をえて、風土記となり、『古事記』となり、長歌や和歌や反歌になって記録されていったのです。また、各地に語り部を散らせていくことになったのです。

以上のことは日本に文字がなく、そこに漢字が導入され、新たなリテラシーが急速に発展していったことと深く関係があることです。日本は万葉時代以降（ということは天武朝あたりからということですが）、こうして語り部の脳裡の奥にある「場の記憶」を維持し継承するためにも、新たなリテラシーを開発しつつ、その基本構造を変更しない自立日本になろうとしていたわけです。

これ以降、語り部の言葉は史人《ふひと》や史部《ふひとべ》といった専門的書記官によって綴られ、記録化していきます。この職掌がやがて歴史編集にも携わるのです。

ここで重要なことは、そこには場面の特徴をいかして「場の記憶」をたくみに継承する編集方法が活用されたということです。そのことを保証するためのひとつの編集術として、神名の綴りかたや枕詞の選びかたがあったのでしょう。

残った問題は、そのような語りが万葉仮名のような文字になってしまったあと、それをどのように再生するかということです。書き綴ったものが読めるだけでなく、そこから本来の記憶が蘇る必要があるのです。それができないと、文字の羅列はデッドストックされるだけです。

これも難問でしたが、ここでは『日本書紀』持統《じとう》紀に「解部《ときべ》一百人を刑部省に併せき」という記述があることを示唆しておきたいと思います。

解部《ときべ》という職掌があったのです。事件に際して語りの謎解きや記憶されている出来事の謎解きをする職掌です。もっとわかりやすくいえば「場の記憶」を解くことを専門にしていた集団です。おそらくこういうプロフェッショナルが日本人に記憶しやすい物語を情報編集していったと思われます。日本の「おもかげ」はこうして保存され、再生されるようになったのです。

第３章　和漢が並んでいる

和風旅館と洋風ホテル

日本にはたくさんの温泉があります。日本列島が火山列島であることを示します。その温泉には多くの旅館やホテルがひしめいている。そこにはなぜか旅館とホテルという二つのスタイルが併存しています。われわれは、それを和風旅館と洋風ホテルというふうに分けてきました。ガイドブックもそうなっているし、旅行客も和風か洋風かをひどく気にします。

それだけではありません。われわれは和食と洋食を区別しています。また、邦楽と洋楽を分けている。日本画と洋画も分けている。映画でも邦画と洋画という分けかたをする。いったいどうしてこういうことになっているのでしょうか。

これらはどうみても明治以降に洋風文化が導入されてからのことで、このとき日本人は和風旅館と洋風ホテルを、和食と洋食を分けて並列させたのです。なぜこんなことをしたのでしょうか。イギリスやフランスやイタリアでこのように宿泊施設や料理を自国型と輸入型とに分けるという慣習はほとんどありません。けれども日本人はそのようにした。和風と洋風はいまなおさまざまな分野や生活のなかに生きています。では、そもそもここでいう「和」とは何なのか。和風とか国風といいますが、それって何なのか。

日本の歴史をふりかえってみると、そこには何度となく「編集文化」に関する改革や変革がおこっていることが見えてきます。なかにはやや劇的に日本的編集がおこなわれた時期がいくつもありました。

たとえば鎌倉《かまくら》期までの流れだけとってみても、古墳の玄室の四方位に四神が出現した時期、『古事記』『日本書紀』が別々に編纂《へんさん》された時期、日本という国号や元号を意識しつつも仏教が鎮護国家のシステムに使われるようになったとき、初期の神仏習合が広まった時期、藤原時代に天皇と摂政と関白とを並列させた摂関政治期、院政や幕府や執権《しっけん》が並んだ前後、新古今集が編纂されるなかで後鳥羽《ごとば》院が隠岐《おき》に流されたとき、専修念仏《せんじゅねんぶつ》と禅宗各派と日蓮《にちれん》の法華宗《ほっけしゅう》がほぼ同時に噴き出てきたときなどは、かなり特異な編集文化がもたらされました。

こういう日本を見ていると、日本人は互いに異なる特色をもつ現象や役職や機能を横に並べて、それらを併存させることがそうとう好きなのかと思います。

日本人は対比や対立があっても、その一軸だけを選択しないで、両方あるいはいくつかの特色をのこそうとする傾向をもっているのでしょうか。

どうもそのようです。第１章で指摘した天皇と関白と将軍の併立はその象徴的な例です。南北朝のような対立でも後醍醐《ごだいご》天皇が失脚して歴史は系統的には北朝の勝利におわるのですが、実際には南朝ロマンの残香はその後の日本歴史の記述にずっと組みこまれていったのですし、一休文化圏が広まっていったときは、そこに能と茶と花という別々のものがまるで同じ根っこから咲いた蓮の花のように同時に開花していったのです。

国学と洋学（蘭学）が組み上がっていった時期、仏教と神道と儒教（儒学）が相い並んで和漢洋が互いに影響を与えあった時期、幕末に公武合体が仕組まれていった時期なども、そんな同床異夢だか異床同夢だかの時期でした。なかでも公武合体の決着などは、その直前まで勤王派と佐幕派は血で血を洗うほどの激越な斬り合いを演じていたのです。それなのにとどのつまりは公と武の合体だったのです。

日本史上、こうした二項対立をうまく解消していった編集文化革命はいくらもありますが、本書ではそのうちの「和漢の並立と自立」に注目します。日本ではよく和魂漢才とか和魂洋才という言葉がつかわれてきたのですが、この「和漢」とか「和洋」

のことを考えてみることが、「和」の正体をとらえるにはとても有効のように思えるからです。

実は、和風旅館と洋風ホテルが並立して今日の社会文化のそこかしこにあるということは、「唐様」と「和様」とがそれぞれ尊ばれたかつての編集文化の再生がおこっていたからでした。日本では「唐絵《からえ》」や「漢画《かんが》」があるから「倭絵《やまとえ》」や「大和絵」が自覚されたのです。つまり「中国」というものがあるから、それに対して「和」が成立しうると考えた。

近代の話でいえば、洋画が導入されると、それに対して「日本画」が成立してくるのです。それが狩野芳崖《かのうほうがい》やアーネスト・フェノロサや岡倉天心《おかくらてんしん》が試みたことです。それまで日本画などという言葉はなかったのです。

こうした対比は、比較文明論的な客観的比較から生まれたのではありません。そうではなくて外国を意識しつつ、それを活用してもうひとつの「和」をつくることがおもしろかったのです。前章に「外来コードを輸入して、内生モードをつくる」という方法の話をしましたが、この「外来」が唐様や洋風に、「内生」が和様や和風になっていった。そう考えるといいでしょう。では、そういうことを日本の社会文化はどこで自覚したのでしょうか。それがこれからのべる「和漢の並立」と「自立をはたした日本文字文化の実験」です。

仮名と非対称の文化

和漢の並立で特筆すべきなのは、奈良時代末期から平安時代にかけておこったきわめて大きな変化です。何がおこったのか。三つに絞ってみます。

第一には、万葉仮名から仮名文字が出現しました。漢字から仮名が生まれて、その漢字と仮名が併用された。仮名文字は二つあります。女手《おんなで》から育《はぐく》まれた平仮名と、漢文の音訓読をしているうちに工夫された記号や符号や略号から生まれた片仮名です。とくに平仮名の出現はこの時期の一番大きな事件ともいうべきもので、改革とか変革というよりも「創出」とか「編集文化的な発明」というべきです。

第二には、漢風の様式と和風の様式がいろいろな場面で両立していきました。なかでも宮廷の建築様式にそれがあらわれた。大内裏《だいだいり》（宮廷）の建築様式に、朝堂院《ちょうどういん》のような漢風の瓦葺《かわらぶ》きと石畳式の建築と、清涼殿《せいりょうでん》のような檜皮葺《ひわだぶ》きで高床《たかゆか》木造式の建築とが象徴的に北を背景に前後に並び立ったのです。漢風の様式ではフォーマルな政事を重んじ、和風の様式のなかではカジュアルな祭事が楽しまれるというように、そこではみかけの建物様式の違いだけでなく、そこでのふるまいの仕方も異なりました。これこそ藤原文化に女房の和風文化が育まれた背景です。

第三には、紀貫之らが編集にあたった勅撰集『古今和歌集』の序文に、漢字だけの

「真名序」と仮名だけの「仮名序」が並列されたことでしょう。真名は漢字のことをさします。このあとすぐに説明しますが、貫之はこのアイディアだけではなくさらに大胆な改革にも着手しています。また、菅原道真《すがわらのみちざね》編集とされる『新撰万葉集』やそれよりややのちの藤原公任《きんとう》編集の『和漢朗詠集』なども、言葉やその書きかたにおいて、独得の和漢の比較をしてみせた。漢詩とそれに見合った和歌とが書風を含めて並列されて編集されるようになったのです。

ついで第四には、さまざまな表現分野で巧みな和様化が進みました。わかりやすいのは、奈良天平《てんぴょう》時代ではあきらかに宝相華《ほうそうげ》文様のように左右対称の模様や文様が重視されていたのに、平安文化が進むうちに、左右対称がくずれて左右非対称が好まれるようになったことです。

双鳥文あるいは咋鳥文《さくちょうもん》といって、樹木の両サイドに鳥がきっちり左右対称にあしらわれるデザインが天平期に流行するのですが、それが平安期になると、松喰鶴《まつくいづる》という松の枝をくわえた鶴が止まったり飛んだりしている非対称の文様になる。いったんそうなると、左右非対称がおおいに好まれます。たとえば片輪車《かたわぐるま》の描きかた、料紙にあらわれた墨流しの模様、その料紙の上に書かれた「散らし書き」や「分かち書き」などはその代表例です。書の分野に小野道風《おののみちかぜ》のような達人が出て「和様書」を工夫したことも特筆できます。

かつて林屋辰三郎《はやしやたつさぶろう》さんは「和様文化とは非対称の文化である」と言いました。このような変化はこのあとの日本文化に決定的な影響を与えます。

日本文字が日本文化をつくった

仮名文字の出現は初めて日本独自の「日本文字」が出現したということを告げています。万葉仮名でもなく、漢字の草書でもない文字が出現したのです。まことに画期的なことでした。もし仮名が生まれなかったら、その後の日本の社会文化はまったく異なった歴史を歩んだことでしょう。

日本文化史でたったひとつ決定的な〝発明〟を言えと問われたら、私は迷うことなく仮名が発明されたことをあげます。それほど大きい意義をもっている。それにしては仮名が出現してきたプロセスを鮮やかに示す史料が欠けるのが残念なのですが、おそらくは以下のようなことだったのではないかと思われます。

万葉仮名が音読みと訓読みの両方を併用して、〝漢字の日本読み〟ともいうべき方法を模索していたことは前章にのべました。和化漢文はその試みのひとつでした。その万葉仮名時代のいつのころからか、いろいろな工夫が加えられた。漢字漢文を読んだり書き写したりするときに生じた工夫です。

当時、漢文を学習し、漢文を書けることは貴族や官僚や僧侶《そうりょ》の重要な素養でした。かれらにとって漢文の読誦《どくじゅ》と書き取りは必須《ひっす》の作業です。僧侶は漢文の経典をつねに声をあげて読経《どきょう》しなければなりません。しかしその前に、漢文の文献（漢籍）を複数の人々が使えるようにコピーをする必要がある。これは一部ずつを写経僧や書写生が丹念に書き写した。おそらくは声を出しながら書き写していたと思います。この書写をしているうちにいくつかのアイディアが生まれます。

今日でも漢文の読み下しのために、返り点などを打って学習を促進させているように、当時もヲコト点などの符号によって漢文を日本読みする補助記号が生まれつつありました。日本語（倭語）は漢文にはないテニヲハなどの助詞をもっています。この助詞を補うために漢字の横に打たれたのがヲコト点で、これによって漢文を音訓両用の発音で、しかも日本語的な語順の読みかたをしていたのです。

また、漢字を書き写すとき、偏《へん》や旁《つくり》の一部だけで本字を代用させたり、略字にしたりする写経僧や書写生が出てきます。「村」を「寸」と略したり、「牟」を「ム」にするとか。その一部がしだいに自立して片仮名を派生させていったものと思われます。

一方、万葉仮名で和歌や文章をしるすようになると、最初のうちは楷書《かいしょ》で綴《つづ》られていた文字がしだいに行書化し、さらに曲線をともなって草書が交じるようになり、その草書の部分がもっと柔らかくなっていくということがおこりました。草仮名《そうがな》の登場です。

これは初期は「男手《おとこで》」といわれる書きかたでしたが、それを真似て、筆様の柔らかさがもっと流麗になっていったものが「女手《おんなで》」となります。ふつう平仮名といえば、この女手になったものをさします。

初期の平仮名が現れつつある仮名文書に、『讃岐国戸籍帳端書』があります。「讃岐の国司の藤原有年《ありとし》が中文《もうしぶみ》」と呼ばれる文書です。そこには「許礼波奈世无尓加　官尓末之多末波无」とあります。「これはなせむにか　官にましたまはむ」と読みます。「官」という文字以外は万葉仮名で、その万葉仮名がかなり柔らかく毛筆で書かれて、「礼」は「れ」に、「波」は「は」になりつつあります。これは男手です。

このように、漢文を筆写するうちに漢字の一部を略字化・省字化して自立してきたのが片仮名で、万葉仮名を草書で綴るうちに派生してきたのが平仮名です。いずれにしても古代日本人が、縄文期以来の言葉によるイメージを「おもかげ」として保存しようとしたことが重要です。

注目しておくべきなのは、経典や漢文書のような漢文的文脈からは片仮名が、万葉仮名で書かれた和歌や文章などの和文的文脈からは平仮名が、それぞれ別々に派生してきたこと、そのわずかな変化や派生を、当時の日本人の一部の才能がきわめて重視して、これを発展させようと思い立ったということです。

すなわち当時の日本人は、なんとかして漢字漢文を和文の文脈で書きあらわそうとして、一方では語順などに何度も変更を加えるとともに、他方ではそうした変更を通して、そこから「日本文字」を作り出そうとしていたのです。これは、古代ギリシアがフェニキア文字などからギリシア・アルファベットを創出したことに匹敵するでしょう。われわれがもっともっと意識すべきことです。

こうしたなか、新しい情報文化の旗手として登場してきたのが菅原道真と紀貫之でした。ここでは貫之を中心に見ていきたいと思います。

紀貫之の日本語計画

紀貫之がやってのけたことは、まとめれば三つあります。私はこれを総称して「貫之の日本語計画」と名付けているのですが、そのうちの二つのことをやや詳しくとりあげます。

ひとつは、前述したように『古今和歌集』に真名序《まなじょ》と仮名序《かなじょ》をつくって、これを一緒に掲載した。真名序の「真名」とは漢字のことです。なぜこのように「真」という文字をつけて名付けたかというと、当時の日本にとって中国がもたらす文物こそが〝本場もの〟で、その本場性をあらわす言葉として、いささか敬意をもって「真」という文字をあてがっていたからです。たとえば「真金《まがね》」といえば中国から来たタタラ技法などによって精錬された鉄のことをさし、「真戸《まど》」といえば中国から伝わった開け閉めができる仕切り戸を、「真床《まどこ》」というと中国の帝王が休む床をさすというように。「真」という文字には中国という本場の面影がこめられているのです。

これに対して、日本(倭)で派生した文物はいまだ仮りのものなので、いささか謙《へりくだ》って「仮」という文字をあてていた。その「真」の代表に漢字があり、その漢字に比して仮名などの「仮」という呼称があったのです。いわば本場のフォーマルな文物がリアルとしての「真」で、それに対して未熟なカジュアルな文物を、ヴァーチャルな「仮」と仕立てたのです。

この「真」と「仮」という比較による価値付けは、その後の日本の社会文化史ではだんだん大きな意味としてのしかかります。そのため徳川時代ではもはや「真」を中国に求めるのではなく、日本は日本で「真」を発見して、それをもって「真事《まこと》」「真《ま》言《こと》」というふうに考えて(第7章で説明します)、さらに「まこと」(誠)というふうに理解してみようじゃないかという気運が高まるのです。それこそが契沖《けいちゅう》から本居宣長《もとおりのりなが》に及んだ「国学」というものでした(第9章にとりあげます)。

それはのちのちの話としてさておき、この時期はむしろ真名に対して仮名を並列させるということ自体が、きわめて大胆な編集方法であり、編集文化でした。では、どのように真名序と仮名序が併載されたのか。ざっと歴史の流れを覗《のぞ》いてみます。

紀貫之の名が最初に記録に出てくるのは、寛平《かんぴょう》五年（八九三）前後の是貞《これさだ》親王の歌合や寛平御時后宮《かんぴょうのおんときのきさいのみや》歌合のときです。だいたい三十歳そこそこか、二十代半ばのことでしょう。

このころは菅原道真の絶頂期で、道真が遣唐使の廃止を提案したころにあたります。道真は親政を敷いた宇多《うだ》天皇に抜擢《ばってき》されて、それにつづく少年天皇の醍醐《だいご》の右大臣をつとめた官吏で、漢詩の達人です。それとともに、時代が漢詩主流文化から和歌主流文化にゆるやかに移行するのを積極的に支えた当代きっての文人でもありました。その才能は、道真が深く編集にかかわったとみられる『新撰万葉集』という和漢詩歌集にあらわれています。

この詩歌集は和歌と漢詩を交互自在に並べたもので、ほかには見られない独特の真仮名表記をとっていました。和歌と漢詩を並べるとはどういうことかというと、たとえば和歌に「奥山に紅葉ふみわけなく鹿のこゑきくときぞ秋はかなしき」とあれば、その歌意がもつ面影に合わせて、漢詩は「秋山《しゅうざん》寂々として葉零々たり、麋鹿《びろく》の鳴く音数の処に聆《きこ》ゆ」というふうに、七言絶句にして併記するのです。この「合わせて」ということがとても大切な日本的編集方法で、このばあいは和漢の意表を合わせることを意味します。私はこのような方法を総じて「あわせ」（以下、アワセとも表記）と名付けています。

ところが、このように漢詩と和歌をやすやすと対同的《ついどう》に並べることができた才能の持ち主でもあった道真が、突然に左遷された。藤原時平《ときひら》の計略でした。そして、この道真の失脚の前後から貫之がゆっくり宮廷サロン文化の中心の一人として浮かび上がってくるのです。

宮廷文芸の編集

宮廷サロン文化とは何かということをかんたんに説明しておきます。日本文化史のサロンはいろいろあって、すべて「日本という方法」を解くのに重要なものばかりです。最初期は平城京《へいじょうきょう》の長屋王《ながやおう》のサロンが有名です。

平安朝では、まず惟喬《これたか》親王のサロンがありました。このサロンは和風文化の前駆体ともいうべきサロンで、貫之の一族の紀有常《ありつね》や有常女《むすめ》を妻とした在原業平《ありわらのなりひら》がいた。業平に遍照《へんじょう》・小野小町などを加えて六歌仙といわれた時期です。けれども有常も業平も、また惟喬親王も、ありあまる文才や詩魂がありながらも、もろもろの事情で失意のうちに王朝文化を飾れなかった。

そうしたあとに宇多天皇が即位します。途中、阿衡《あこう》の紛議などがあり、それまで自在に権力をふるっていた藤原基経《もとつね》の横暴に懲《こ》りた宇多天皇は、関白をおかずに親《みず》から政務をとって、前代の摂関政治に代わる親政を敷こうとします。これがいわゆる「寛平延喜《えんぎ》の時代」の開幕です。ここで菅原道真・紀長谷雄《きのはせお》らの学者文人が異例に登用され、宮廷行事のなかに「歌合《うたあわせ》」（以下「歌合せ」と表記）がとりこまれました。以降、王朝サロンといえば歌合せです。

歌合せは「物合《ものあわ》せ」に付随して始まったものです。そのころ宮中では前栽《せんざい》の花々を愛《め》でて比べたり、菊合せや美しい小箱を取り合わせて遊んでいたのですが、そこに興を募らせるべく和歌が添えられたのが最初であったと思われます。

宇多天皇はなかなかの文藻《ぶんそう》の持ち主でしたから、この和歌の歌合せはたいそうおもしろいということになり、それまで漢詩のずっと下にあった和歌の地位向上に強い関心をもった。そこで開かれたのが后宮《きさいのみや》歌合や寛平《かんぴょう》歌合です。実に百番二百首をこえる大規模な歌の宴《うたげ》でした。

やがて延喜元年（九〇一）のこと、貫之は御書所預《みふみどころのあずかり》に選ばれて、禁中の図書を任せられることになります。宮廷の図書室長のような職掌についた。これはライブラリアンとしての能力が、つまりはエディターシップが問われる職掌です。

宇多天皇は落飾して、帝位を十三歳の醍醐に譲ります。けれども宇多院が文化の帝王であることは変わらず、各地への遊幸にも熱心でしたし、歌の宴も主宰した。なかでも『万葉集』以来の勅撰歌集を和歌で編纂してみようというナショナル・プロジェクトがもちあがって、延喜五年に『古今和歌集』に着手する。編集委員に選ばれたのは紀友則《とものり》、紀貫之、凡河内躬恒《おおしこうちのみつね》、壬生忠岑《みぶのただみね》の四人でした。編集室は「御書所」か「承香殿《しょうきょうでん》の東なるところ」、帝《みかど》から期待された編集方針は「古質之語」に学ぼうということと、第一次編集では「詔して各家集ならびに古来の旧歌を献ぜしむ」ようにし、第二次編集でそれらを選抜分類して部立《ぶだて》をつくろうというふうになった。

部立《ぶだて》は、春・夏・秋・冬・恋・雑を分類し、そのあいだに賀・離別・羇旅《きりょ》・物名《もののな》・哀傷などを挟みこんで、全体の主題と内容の流れとをきれいに組み立てることとされた。すなわち編集構成のことです。主題別プログラムです。雑体歌《ざったいか》と大歌所御歌《おおうたどころのおんうた》を張出番付《はりだしばんづけ》のようにも扱いました。

ここまでのことで重要なことは、アワセという遊宴の方法に関心が集まってきたこと、および「古質之語」すなわち日本の古い言葉づかいに注目したことです。

アワセは合併とかマージということではなくて、二つの相対する文物や表現を、左右や東西の仕切りの両側で情報的に比べ合わせることです。マッチングに近い。そして、アワセの次に競います。これが「きそひ」です。つまりどちらがいいのか勝負や判定をつける（以下、キソイと表記）。いまでも紅白や源平に分かれて競技するやりかたです。こうしてアワセ、キソイをへたのちの歌などの表現物を、あとでまとめて編集構成するのです。これは「そろへ」です。つまりソロエ（揃え）です。

このアワセ・キソイ・ソロエは、このあとの日本文化の編集方法としてしょっちゅう使われた方法でした。私はこのアワセ・キソイ・ソロエに、さらにカサネ（重ね）という手法を加えて、これをもって日本の情報編集の最重要な方法の一群だと見ています。

で、『古今和歌集』の話に戻りますが、こうして編集が進んでいよいよのこと、序文が貫之に委《ゆだ》ねられたのです。

ここで貫之が真名《まな》序に対して仮名序を案出することを思いつきます。有名な「やまとうたは人の心を種として、よろづの言の葉とぞなれりける。世の中にある人、ことわざしげきものなれば、心に思ふことを、見るもの聞くものにつけて、言ひいだせるなり」で始まる一文が、ここに生まれます。

貫之が仮名序を書いたことは（真名序は紀淑望《きのよしもち》だとされていますが、当然、貫之のディレクションがありました）、漢字文化に対する仮名文化の鮮烈な立ち上げの宣言であったとともに、それまでの「倭語」から「和語」への脱出の自覚を強く促したものでした。

貫之の偽装と冒険

もうひとつの貫之の日本語計画は、『土佐日記』を書いたことです。

承平《じょうへい》四年（九三四）、貫之は土佐守《とさのかみ》としての四年の任期をおえて京に旅立ちます。十二月二一日から翌二月十六日までの晩年の舟旅。貫之はこの五五日間の出来事をまとめた。それが『土佐日記』なのですが、そのつど書いたのか、あとから書いたのかはわかりません。私はあとから編集したのだろうと考えています。

当時は「具注暦《ぐちゅうれき》」という綴《と》じたカレンダーのようなものがあって、貴族や役人はその余白に漢文で日録やその日の予定やメモをつける習慣をもっていたので、貫之もそのような漢文的な日録をつけておいて、それをあとから仮名の文章になおしたのではないか。ひょっとしたら道中から和文備忘録を綴っていたのかもしれません。

ともかくも貫之は日記を仮名の文章にしたのです。これは二つの企てとしてきわめて異例のことでした。第一には、本来は漢文日記であるべきものを和文の仮名で書いたということです。第二に「男もすなる日記といふものを女もしてみむとてするなり」というように、男女をひっくりかえして文体的な擬装を思いついたことです。いまでいうならトランスジェンダーです。

前代未聞、大胆不敵な企てでした。すでに「亭子院《ていじいん》歌合」などに女手の記録が残っているのですが、きっと貫之はそれを自分でも書き試みていたのだと思います。けれども貫之が『土佐日記』で試みたことは、たんに個人の表現としてこうした遊びを思いついたのではなく、そこに日本人が日本文字をどのように好きなように表現できるのかという「計画」があったからです。

私は思うのですが、こうした擬装は「日本という文化」をつくりだすための、「くにぶり」（風俗・国風）をつくりだすための、きわめて有効な実験だったのではないかということです（歌舞伎の女形、宝塚《たからづか》の男装なども思いあわせていただきたい）。貫之はそのことをあきらかに自覚しています。そして「言霊《ことだま》の幸はふ国」に、いまだおこっていない和語和文和字の表象様式をつくりだしたいと考えたにちがいありません。

ここでは省きますが、貫之がどのように「書」を書いていたかということにも、このような日本語計画はあらわれます。

私たちはいま、伝貫之の書を『高野切《こうやぎれ》』や『寸松庵色紙《すんしょうあん》』で見ることができるのですが、それらは美しく堪能な書であるとともに、当時、いったいどのように仮名文字の連鎖によって日本人のあいだにコミュニケーションが成り立つのかという「日本の言の葉」の伝達の実験でもあったというふうに見ることもできるほどの、書きっぷりでした。

また、このような和様書の登場とともに、「散らし書き」や「分かち書き」といったかたちで、左右のバランスをくずしてその微妙な按配《あんばい》を意識しながら書いていくという書きかたが発達していった。これは奈良時代の意匠表現の多くが左右対称性を重んじたのに対して、あえて対称性をくずし、それでもなお新たなバランスをつくりだそうとした意図のあらわれでもありました。これはその後えんえんと続く日本の書道が独自化するトリガーとなります。

和漢様式の完成

私は、菅原道真が『新撰万葉集』で漢詩と和歌を対応させて編集したと言いましたが、この方法はとても重要なもので、それをさらに発展させたのが関白頼忠《よりただ》の子の藤原公任《きんとう》が編集した『和漢朗詠集』でした。

勅撰ではなく、自分の娘が結婚するときの引出物として詞華集を贈ることを思いついて作ったものです。当時、貴族間に流布していた朗詠もの、つまりは王朝ヒットソングめいたものに自分なりに手を加え、新しい詩歌をふやして贈ることにした。それだけでは贈り物にならないので、これを達筆の藤原行成《こうぜい》に清書してもらい、粘葉本《でっちょうぼん》に仕立てます。まことに美しい。

料紙《りょうし》が凝っていました。紅・藍《あい》・黄・茶の薄めの唐紙に雲母《きら》引きの唐花文《とうかもん》を刷りこんでいる。行成の手はさすがに華麗で変容の極みを尽くし、漢詩は楷書・行書・草書をみごとな交ぜ書きにしています。和歌は行成得意の草仮名です。これが交互に、息を呑《の》むほど巧みに並んでいる。

部立《ぶだて》は上帖を春夏秋冬の順にして、それをさらに細かく、たとえば冬ならば「初冬・冬夜・歳暮・炉火・霜・雪・氷付春氷・霰・仏名」と並べています。すなわち時の「うつろい」を追ったのです。これに対して下帖は、もっと自由に組み、「風・雲・松・猿・故京・眺望・祝……」といった四八の主題を並べた。最後はよくよく考えてのことでしょうが、「無常」「白」というふうにすべてが真っ白になってしまうように終えています。

これをアクロバティックにも、漢詩と和歌の両方を交ぜながら自由に組み合わせたのです。漢詩が五百八十八詩、和歌が二百十六首。漢詩一詩のあとに和歌がつづくこともあれば、部立によっては和歌がつづいて、これを漢詩が一篇でうけるということも工夫している。たとえば「無常」では、次のように漢詩と和歌が記されています。

身を観ずれば岸の額に根を離れたる草

命を論ずれば江の頭に繋がざる舟　（厳維）

世の中をなににたとへむ朝ぼらけこぎゆく舟のあとの白浪《しらなみ》　（満誓）

厳維《げんい》の漢詩は「根を離れる草」と「岸を離れる舟」の絵画的な比較をもって、生死の哀切におよんでいます。ところが満誓《まんせい》の和歌は、そんな劇的な対比はしていない。ただただ「こぎゆく舟のあとの白浪」に、生死の無常を託しているのです。

このように漢詩と和歌を一組の屏風《びょうぶ》や一巻の歌巻のなかで対同させるということには、前章で話した「おもかげ」の和漢による同時共鳴という試みが如実にあらわれています。また、アワセ・カサネ・キソイ・ソロエという方法が躍如しています。そればかりかそうしておいてなお、和歌の味わいをしっかり心掛けている。とりわけ「無常」「白」などを入れているのは、いかにも和様好みです。まさにたらこスパゲッティです。

このような編集方法は藤原公任ひとりの手柄なのではありません。この時代の貴族に流行し、これらに先立って試みられた日本的編集方法の、そのまた再編集でした。

というのも、すでに「漢風本文屏風」というものがあった。小野道風が書いた延長《えんちょう》六年（九二八）の内裏《だいり》屏風詩や、天暦期《てんりやく》（九四七〜九五七）の内裏坤元録《こんげんろく》屏風詩をはじめとした漢詩を書きつけた屏風です。ほかにも長恨歌《ちょうごんか》屏風、王昭君《おうしょうくん》屏風、新楽府屏風、月令屏風、劉白《りゅうはく》唱和集屏風、漢書屏風、後漢書屏風、文選《もんぜん》屏風、文集屏風などがありました。

いずれも唐絵を描いた屏風に漢詩句漢詩文の色紙が貼ってあるのですが、公任はこれらから漢詩をピックアップしたのだろうと思います。

和歌にも似たような屏風が出回っていました。大和絵を描いた屏風に和歌色紙を貼ったもので、かなりたくさんの種類があります。これを扇面和歌散らし屏風、和歌巻屏風などといいます。もっと調べてみると『古今著聞集』の画図部に「和漢抄屏風」があったと載っています。藤原道長の邸宅に出入りしていた藤原能通が絵師の良親に描かせた二百帖の屏風に含まれていたもので、道長の子の教通《のりみち》に進呈された。興味深いことに、唐絵《からえ》と倭絵《やまとえ》（大和絵）を対応させ、それぞれにふさわしい漢詩と和歌を配当してあったものです。しかもこの屏風の色紙の歌詞は公任の清書だったというのです。

これで話がはっきりしてきます。公任はすでにこうした和漢屏風の流行を熟知していて、その制作過程にもしばしば携わっていたのでしょう。

以上、和歌の例を通して「和漢並べたて」の編集方法を紹介してみました。

　このような和漢アワセがまさに王朝文化のいろいろな場面に出現したのです。なかで最大規模のものが建築物です。その代表的な和漢の建築物の対比となったのが、さきほどもあげたように、内裏建築における大極殿・朝堂院の漢風様式と、生活空間であった清涼殿などの和風様式でした。朝廷も先頭にたってこのような和漢の様式を大規模に対比共存させていたのです。

　それでは、こうした和漢の比較から和様のための実験が出てきたことによって、日本人の自然観や社会観や宗教観はどのように変化していったのでしょうか。次章で案内したいと思います。

第4章　神仏習合の不思議

神奈備と産土

鎌田《かまた》東二《とうじ》さんの『神道とは何か』に小気味よい説明があります。神と仏、神道と仏教、「神さま」のありかたと「仏さん」のありかたを比較したものです。

神は在るもの、仏は成るもの。
神は来るもの、仏は往くもの。
神は立つもの、仏は座るもの。

うーん、なるほど、たいへんわかりやすい。神仏の出前《でまえ》のためのコピーといった味わいです。もっともちょっと付け加えると「神は来るもの」であって、それとともに「神は帰るもの」で、「仏は立ったり座ったりするもの」であって、また「神も仏も向くもの」でもあるのです。もっとコピーを利かせるなら「神は清きもの、仏は広きもの」でしょうか。

神が来るものであって帰るものであるというのは、日本の神は「客なる神」の性格をもっているということです。主神的ではなく客神的だということです。一所に常住する神ではなく、ときおり訪れる来訪神です。折口信夫《おりくちしのぶ》はその性格を強調して「マレビト」（稀《まれ》に来る人）とも名付けた。

一方、神が清きものであることについては、すでに『日本書紀』神代紀に「赤き心」「清き心」、敏達《びだつ》紀に「清み明かなる心」と出ています。

第1章で、日本は多神多仏の国だと書きました。このことは大半の日本人にとって言うまでもないことと受けとられているだろうと思いますが、その実、多神多仏がどのように組み合わさっていったかということは、案外、知られていません。

多神では八百万《やおよろず》といわれるほど多様な神と神とが組み合わさり、神社の複数の祭神となっています（神社の祭神は主神とともにたいてい数神が組み合わされています）。だいたい伊勢神宮のような日本の中心にあると思われているところすら、内宮はアマテラスで、外宮はトヨウケという食物神なのです。多仏は申すまでもなく仏教伝来の当初から釈迦三尊や薬師三尊になったり、東大寺三月堂のように不空羂索《ふくうけんじゃく》観音に日月二天が加わったり、東寺講堂のように不動明王《ふどうみょうおう》と梵天《ぼんてん》・帝釈天《たいしゃくてん》が加わったりしています（これを護法神といいます）。つまり、セットなのです。

その後、中世になると、アマテラスと阿弥陀如来《あみだにょらい》が組み合わさったり、それが大日如来に配当されたりします。これはマッチングです。またそこに、牛頭天王《ごずてんのう》や蔵王権現《ざおうごんげん》や新羅明神《しんら》や摩多羅神《またら》や赤山明神《せきさん》などのように、中世になってから突如としてあらわれるようになった新たな出自の神仏がどんどん参入していきました。

本章では、こうした神と仏の出会いのことを話したい。神道や仏教のことを本格的に説明する紙幅はありませんから、神と仏の関係についての話に絞ります。

まず神についてですが、私は、日本の神祇《じんぎ》信仰は山頂・山中の磐座《いわくら》や山あいの磐境《いわさか》に霊力を感じたり、神体山の姿に威力を感じたりしたことから始まっていると思います。そうした何かを感じる特定の場所のことを、私たちの祖先は「神奈備《かんなび》」とか「産土《うぶすな》」と呼んできました。なんとなく神々しい地、厳かな気分になるあたりという意味でしょう。

こうした特定の場所の一角に神籬《ひもろぎ》や榊《さかき》（境木）や注連縄《しめなわ》（標縄）を示し、そこにちょっとした「社《やしろ》」をつくったのが、古代的な神社のスタートでした。これは、社という呼称がもとは「屋代《やしろ》」（屋根のある代）であったことからも推測できるように、そこには「代＝シロ」という考えかたがはたらいていたのです。

シロとは、「代」の文字をあてたことでも推察できるように、何か重要なものの代わりを担っているもののことです。エージェントのことです。たとえば「形代《かたしろ》」とは古語では主に人形のことをさしますが、これは人の代わりという意味です。土偶や埴《はに》輪《わ》や雛《ひな》人形は形代です。「苗代《なわしろ》」は、そこに稲の苗を植えるまで空けておくシロとしての場所という意味です。シロは何かの代理の力をもったものやスペースやそのスペースを象徴するものなのです。

日本人は神祇や神奈備や産土を感じる特定の場所に、このシロを用意しました。そして神の来臨を待った。ということは、その場所に人格的な神が常住していると思ったわけではなく、そこにときどき神あるいは神威が訪れてくれるというふうに考えたということです。この神威を「稜威《いつ》」とも言いました。畏れを感じる見えない力のことです。稜威《いつ》は「斎《いつき》」という言葉と通じます。いずれにしても、神祇信仰がイザナギやアマテラスやコトシロヌシ（事代主神）といった人格神から始まったわけではないことはしっかり留意しておくべきことです。人格ではなく、面影だけ。それが日本の神の本質です。

神が来る、神が来臨するということは、人間の側からすると神を呼ぶ、あるいは神を招くということになります。もともと日本の神の形ははっきりしていない面影なのですから、人間が神を呼んだり招いたりする行為は、そのまま神事となります。「祓《はら》い」や「祝詞《のりと》」はこの呼んだり招いたりする行為のために発生します。

こうした神祇信仰がいつごろに確立して、いつごろシロに社（屋代）がつくられていったかは確定できませんが、私が注目するのは、日本人はごく初期のころから「神の不在」には慣れていただろうということです。これはユダヤ＝キリスト教がしばしば「神の作用の欠如」に疑問を呈して議論を深めていったこととくらべると、たいへん対照的です。日本には『ヨブ記』やゲーテの『ファウスト』やスピノザの『エチカ』のような神への問いがないのです。ドストエフスキーの『カラマーゾフの兄弟』の大審問官の重い問いがないのです。

しかし、日本の神々の多くが客なる神であることは、今日でも神無月《かんなづき》の十月には日本中の神々が出雲に行ってしまうというような俗信が続いていることにもあらわれています。いいかえれば、ときどき訪れる神こそありがたかったということです。神の来訪はまさに有り難い（めったにない）ことだったのです。

このことは、いまでも各地に残る昔話に見ることができます。そこでは神さまはごく稀にしか現れず、現れるときは村の人に何かびっくりするような霊験《れいげん》をもたらした。絵本やアニメでは、このとき光り輝く神さまが空中に出現するように描くことも多いけれど、昔話の原典を読むと、もっと正体の知れない感覚的なものが感知されたと書いてあります。まさに面影だけが感じられていたわけです。

このような神の現れのことを「影向《ようごう》」といいます。とてもいい言葉です。いわば「かげ」で感じる。この「かげ」は何かの実体があって、その影が地面や壁に落ちたという意味での「かげ」ではありません。まさに面影の「影」のことです。また、面影に何かを捧《ささ》げて供えることを「影供《えいぐ》」といいました。まさに影に供えるわけです。各地にこのような影向や影供がおこったと伝えられるところでは、いまはたいてい産土神が祀られています。しかし、このような神祇感覚だけが広がりつつあったところへ、まったく別の人格神が登場したのです。仏像でした。仏教でした。

神と仏の接近

大王《おおきみ》に統括された豪族社会と氏族社会が登場し、海を渡って今来《いまき》の仏教が日本列島に到来すると、日本人（倭人）は初めて人格神に出会います。

欽明《きんめい》天皇が「端厳《きらきら》し」という感想をもらした百済の聖明《せいめい》王から贈られた仏像は、まことに小さな像ですが、まさに人の形をしていました。こんなものは一度も見たことがない。そこでその仏像を「蕃神」とも「漢神」とも呼びました。両方ともカラカミとか「あだしくにのかみ」と読みます。韓の国あるいは漢の国から来た神というニュアンスです。つまり、よその神という意味です。欽明天皇は「西蕃の献《たてまつ》れる仏の相貌《かお》端厳し。全ら未だ曾て有ず。礼ふべきや不や」(『日本書紀』)と言った。仏とは思っていなかったのです。『元興寺縁起《がんごうじえんぎ》』には「他国神」という記述もある。

やがて事態はダイナミックに変化します。とくに有力部族であった蘇我稲目《そがのいなめ》の一族が飛鳥《あすか》の地に仏像を安置することになると、各地各氏族の神祇信仰を集めて勢力を伸ばそうとしていた物部尾輿《もののべのおこし》の一族とのあいだに対立がおこり、よく知られているように蘇我氏が優位となって、その制圧力が広がります。

つづいて聖徳太子が仏教こそは国の「三宝」(仏・法・僧)になると認めるに及んでからは、こののち日本の為政者はことごとく鎮護仏教国家のもとの「三宝の奴《やっこ》」(聖《しょう》武《む》天皇)となりました。蕃神の像は仏像というものだ、仏教という教えにもとづくものだということもわかってきて、仏という発音をとって「浮屠《ふと》」とか「浮図宗《ふとしゅう》」というふうに呼んだり綴《つづ》ったりするようにもなった(西域や中国でもこの表記がありました)。

こうして、各豪族が氏寺を建てるという氏族仏教の流行になっていく。蘇我氏の法《ほう》興寺《こうじ》(飛鳥寺)をはじめ、巨勢《こせ》氏の巨勢寺、葛城《かずらき》氏の葛城寺、紀《き》氏の紀寺、秦《はた》氏の蜂岡《はちおか》寺《でら》(広隆寺《こうりゅうじ》)、藤原氏の山階寺《やましなでら》(興福寺《こうふくじ》)などが次々に発願建寺された。

寺がこのようにふえてくると、その寺院塔頭《たっちゅう》に居住勤務する僧侶《そうりょ》や尼僧を管理するための規約が必要になります。また、その階位には僧正・僧都《そうず》・律師といったクラシフィケーションがなされ、服装などにも区別が生じていく。さらにこれらの寺々の上位に大宮大寺が建てられるようになり、多くの政治的局面が鎮護仏教のシステムに組み入れられることになっていくのです。これはまさに日本における仏教国家というヴィジョンとシステムの出現でした。

では、それで神祇信仰が廃《すた》れたかというと、ここからが大事なところなのですが、そういうことにはなりません。仏教派は神祇派がたいした社会的な権力をもたないかぎりは、それを駆逐しようとはしなかったのです。

のみならずたいへん奇妙なことがおこっていった。各地に「神宮寺」や「神願寺」が次々につくられていったのです。宇佐《うさ》神宮寺、住吉《すみよし》神宮寺をはじめ、気比《けひ》神宮寺、若狭比古《わかさひこ》神願寺、伊勢大神宮寺、八幡比売《やわたひめ》神宮寺、補陀洛山《ほだらくさん》神宮寺（中禅寺《ちゅうぜんじ》）、三輪《みわ》神宮寺、高雄神願寺、賀茂《かも》神宮寺、熱田《あつた》神宮寺、鹿島《かしま》神宮寺、気多《けた》神宮寺、石上《いそのかみ》神宮寺、石清《いわし》水《みず》神宮寺などです。いずれも七世紀後半から九世紀のあいだに建立されている。そうとうに早い時期です。

この神宮寺あるいは神願寺の寺名を見ると、それらがことごとくその後の日本を代表する神社の地に建っていたことがわかります。そうなのです。ここで神祇の力と仏教の力が接近し、早くも奇妙に重なっているのです。アワセやカサネがおこっている。のちに牽強付会《けんきょうふかい》されたものも多いので、いちがいには確定できないけれど、これらの神宮寺建立の事情を書いた文書（これを「縁起」といいます）を読むと、神が苦悩しているので仏の力を借りたというようなことが書いてある。このように、神が何かを言ったと解釈することを「神託があった」といいます。

こうした神宮寺ではたいてい「神前読経」がおこなわれ、「巫僧《ふそう》」が出現し、しかも神宮寺の近くに新たな社や祠《ほこら》を認《したた》め、これを「鎮守《ちんじゅ》」と呼ぶようになっていった。九世紀のころは「神道」はまだなく、仏教の力を借りていたのです。

小学唱歌に「村の鎮守の神さまの　今日はめでたいお祭り日　ドンドンヒャララドンヒャララ」という歌詞がありますが、鎮守の森（杜）とはこうした神宮寺の発展に絡んで登場した社や杜だったのです。いま、列島各地に鎮守の森を大事にしようというふるさと主義が復活していますが、それは神仏がまじった神宮寺の片隅に生まれていたもの、神社だけがあった森ではないのです。かくてごく初期に、日本の神と外来の仏は大接近を遂げていたということになります。

本地垂迹と神社神道

神宮寺の登場は神仏習合の最初の形態で、神前読経も巫僧も、蕃神《からかみ》としての仏像を導入した時期の蘇我・物部の対立のころにはまったく予想もつかなかったことです。石清水神宮寺の例が有名なのですが、神に菩薩《ぼさつ》号を贈るということすらおこなわれた。

これがのちに源氏が奉じた八幡大菩薩です。この菩薩には僧形八幡神像という造像がなされました。坊主頭に袈裟《けさ》を着た神様だか仏様だかわからない像です。

このようなことは、前章に話したアワセ・カサネという方法によるものです。外来の仏教がもたらしたものは、わかりやすくいえば仏像と経典でした。その仏像に似せて八幡大菩薩のような神像がつくられ、神前で経典の読経もできるようにするというのは、まさにアワセ・カサネです。

これらは最初は地方におこったことです。その流れはやがて、仏教側からの解釈で、本源としての仏や菩薩が、衆生《しゅじょう》を救うためにその「迹《あと》」を諸方に垂《た》れて、それが神となって姿をあらわしたのだという考えかたとして情報編集されました。

このような考えかたを「本地垂迹説《ほんじすいじゃくせつ》」といいます。本地というのは本源のことです。やはり一種のマッチングの手法です。

本地垂迹説は、いろいろな場面で日本の社会観や宗教観に大きな影響を与えます。とりわけ興味深いのは、中世になってからのことですが、仏教側の本地垂迹説に対して、神祇派の側からの果敢な逆編集がおこったということです。これが度会《わたらい》神道（伊勢神道）・吉田《よしだ》神道といった呼び名でその後に定着していった「神社神道」の成立なのです。神道とは、この神社神道の成立以降の呼び名です。古代日本にあったわけではないのです。

したがって神仏習合は日本の宗教形態のなかで特異な位置を占めているのではありません。むしろそれがもともとのバックグラウンドでした。その神仏習合という大きな下敷きの上に、仏教も神道も二本の大きな幹と枝のように成り立っていると考えたほうが当たっています。

昨今の日本には、しばしば「日本は二千年このかた神道の国だ」という言いかたが流布しつつあります。森喜朗《もりよしろう》元首相の「神の国」発言もあった。しかし、これはちょっとおかしい。神道が意識されたのは中世以降のことですし、それ以前は神もあれば仏もいて、さらには儒教的なものも道教的なものも、民間信仰もみんな少しずつ交じっていた。その後も神仏習合はつづきます。そう見るべきです。これは日本の神々の多くが人格神ではなかったということにも関連しています。そのためいくらでもキャラクタリゼーションを加えることがしやすかった。そのうち神仏の区別がつかないイコンになっていったわけです。

こういう状態をふつうは宗教学ではシンクレティズム（混淆《こんこう》宗教）と名付けます。けれども、高取正男《たかとりまさお》さんが『神道の成立』で書かれたように、シンクレティズムというと各地で横に別々に発達した信仰が時代をへて融合したということになり、これも正確ではありません。

日本のばあいはシンクレティズム以前に神祇信仰があり、そこに縦型に、また入れ子型に重なっていった重層的信仰が次々に入りこんでいるのです。すなわち、アワセとカサネの両方がおこっている。そして、このアワセとカサネのうえに、全体を調整するソロエがおこったのです。このソロエは為政者にも民衆にも必要なことでした。だからこそ社寺に等級をつけたり、順番をつけるのです。そうでもしないと寺社のほうも混乱した。番付が必要だったのです。詳しくは末木文美士《すえきふみひこ》さんの『日本宗教史』(岩波新書)などを読まれるといいでしょう。

顕密寺社体制と神祇体制

古代中世の日本の政治は、仏教との関係をきわめて濃厚にしながら進んできました。神祇信仰はほとんど政治システムには活用されていません。そのため、初期は鎮護国家のための仏教として南都六宗《なんとろくしゅう》が栄え、そこに翳《かげ》りが出てくると空海や最澄の密教がこれをカバーして朝廷に近くなり、やがて藤原摂関文化の隆盛時には貴族のあいだに末法思想とともに浄土信仰が広がります。こういう変化は時の政治権力の変化と対応しているのです。

武士の台頭がめざましくなってくると、鎌倉期に入って栄西・道元らの禅宗、法然・親鸞らの浄土宗や浄土真宗、また日蓮の活躍などの力強い活動が展じていきました。時代によって、あたかも為政者と密接なつながりをもつ仏教の中心が移動して、それに貴族や武家や民衆が反応してきたというふうに見えます。仏教は国を統治する為政者のための指針となったり、仏教者にとっては仏国土という理想を描くためのマスタープランになったりしたわけです。

こうした対応関係を「王法」と「仏法」の相互関係といいます。王法とは天皇を中心にした為政者による国の守りかたであり、仏法は仏教者による国の守りかたのことです。その王法と仏法が時代ごとに多様に連絡しながら交差した。各時代で王法と仏法が交差し、かつ神と仏が習合しあっているのです。これでは何もかもが交じりあって、一見、混乱しそうなのですが、混乱しきらないようなしくみも動いていた。そのしくみはまとめていえば、二つあります。

ひとつは、中世史の研究者の黒田俊雄《くろだとしお》さんの用語にならっていえば、「顕密《けんみつ》寺社体制」というものがあったということです。

日本仏教は浄土宗と日蓮宗と禅宗が確立する直前までは、大きく八宗を数えます。これ倶舎宗《くしゃ》・成実宗《じょうじつ》・律宗《りつ》・法相宗《ほっそう》・三論宗《さんろん》・華厳宗《けごん》・天台宗《てんだい》・真言宗《しんごん》の八つです。これら八宗は密教が用意した教理システムをちゃっかり活用していたのです。つまり名目上は八宗が併存しているのですが、実際にはいくつもの派の教義や作法を兼学する者が多く、しかも全宗派に共通して密教が提供していた教理、いわば密教が提供したＯ

Sがあって、みんなそれに乗っかっていた。マイクロソフトのウィンドウズの上に多くのパソコンソフトが乗っているようなものです。

もうひとつは、新たに神祇体制がつくられていったということです。やっとシステム化が着手されたのです。これは最初こそ中国の祝祭システムを真似てつくったのですが、そこにきわめて独自な日本的方法が編み出されていったのです。

唐の『祠令』では国の公的な祭祀を、「祀《し》」（天の神の祭祀）、「祭《さい》」（土地の神の祭祀）、「享《こう》」（死者の霊の祭祀）、「釈奠《せきてん》」（古来の聖人や祖師の祭祀）の四種に区別していました。これが東アジア社会の中核にある「まつり」の系統というものです。

ところが、日本の『神祇令《じんぎりょう》』は、最初の二つの「祀」と「祭」についてはそのままとりいれるのですが、そこに天皇の即位儀礼や大祓《おおはらえ》の儀礼を加えました。また、あとの二つについてはさきほど説明した神宮寺と鎮守の関係のように、日本各地の民俗行事の多様性に任せてしまった。

それでどうなったかというと、神仏習合と一口に言っている状態がそれほどの混乱もなく、王法と仏法の関係として、および神と仏の関係として、それなりに説明がつくようになっていったのです。辻褄《つじつま》合わせと言ってもいいのですが、しかし私はもっと肯定的に見ています。このようなアワセ・カサネ・キソイ・ソロエという方法を積極的に評価したいのです。

それでは、このような神仏習合のしくみがあったにもかかわらず、なぜにまた「日本は神道の国だ」とか「日本は神の国だ」とかという見方が強調されてしまうのでしょうか。私はそこには、ひとつの歴史の事情がかかわっていたと見ています。

神国思想の波及

そもそも日本の為政者の歴史には、彗星《すいせい》が接近しただけで政権交代してしまうようなことがしばしばおこっています。執権の北条貞時《ほうじょうさだとき》もそうして引退した。これはもとをただせば中国の「天人相関説」の影響によるもので、地上の悪政があると、それが原因で天上の彗星や流星や客星（新星）の出現をもたらすという考えが力をもっていたからです。

このような日本にフビライ皇帝の元（モンゴル）が攻めてきた。いわゆる蒙古《もうこ》襲来（元と高麗《こうらい》の連合軍）です。文永《ぶんえい》・弘安《こうあん》の二度だけではなく、サハリン・琉球《りゅうきゅう》・江華《こうか》島などの日本近域をふくめると、一二六四年から一三六〇年までの約一〇〇年のあいだに、なんと十数回の蒙古襲来がくりかえしおこっている。

こうした襲来は、日本の為政者や神社仏閣では、もっぱら「地上と天上の相関」によって解釈されました。蒙古襲来という突発的な地上の出来事に対しては、天上の出来事が対応すべきであるという解釈です。こういう見方が当時はかなり流布していたので、結果として台風（暴風雨）によって異国人の襲来を撃退できたのは、まさに天人相関説の実証となったのです。

それはまた日蓮にとっては仏国土を守る精神によるものでした。危機一髪のときは「神風」が吹くものだという考えかたが、こうして社寺の区別をこえて広がります。

異国人襲来だけではない。永仁元年《えいにん》（一二九三）に鶴岡八幡宮《つるがおかはちまんぐう》に一人ずつがお金を出しあって約七〇〇人の民衆がかけつけたことがあるのですが、そういうこともよくおこった。鎌倉を大地震が襲ったためでした。マグニチュード7を上回る関東大震災級の地震だったようです。民衆はこのように、旱魃《かんばつ》・地震・津波などのときは、「神々の加護」を旗印にして動いたのです。

けれども、このような動きは当初はあまり受け入れられません。元寇《げんこう》をきっかけに、為政者も寺社もいわば「神の戦争」を名目としたムーブメントを利用したのですが、それが寺社領域の拡張と寺社造営との全国的な権勢の広がりになったのでは、山野や河海をネットワークしながら生活の場としてきた民衆は、結局のところは苦境に立たされるしかなかったのです。

このとき、こうした民衆ムーブメントのあいだから、一風変わった特異なリーダーたちが登場してきました。このリーダーたちを「悪党」といいます。そして、この悪党とよばれた者たちの活動から「神国日本」という見方（イデオロギー）が出回りはじめたのでした。

海津《かいづ》一朗《いちろう》さんなどの研究によると、そのころ「神領興行法《しんりょうこうぎょうほう》」という命令のような決め事が力をもっていたようです。

神領興行法というのは、武士や民衆が神領の内部にもっていた諸権利を剝奪《はくだつ》して社家に戻すという、神社向けの一種の徳政令のことです。「一円神領興行法」ともいいます。この決め事は、西の宇佐八幡宮と東の伊勢神宮を先頭に全国に適用された。それによってとりわけ伊勢神宮の神領が関東を中心に次々に拡張していった。

伊勢の外宮《げくう》を拠点とする伊勢神道、すなわち度会《わたらい》神道が確立していったのは、この勢力拡張を背景にしていました。ただし伊勢神道とはいえ、この時期の神道はさきほども説明したように、神仏両方の勢力のことをさします。そこはまちがえないでください。もう少し正確にいえば、この神領興行法が実行されていった時期に、初めて日本の神仏の組み替えの逆転が試みられたのです。逆編集です。逆転とか逆編集というのは、反本地垂迹のこと、すなわち「神本仏迹説《しんぽんぶつじゃくせつ》」のことです。神々が先にいて、それに対応して諸仏が生まれていったという見方です。それまでは本地垂迹説で、仏が先にいて神々は派遣されていたのです。

そうするとどうなっていったかというと、これによって既存の宗教勢力が神祇官に文句をつけにくくなっていった。また勝手な文句をつけると、悪党たちがこれを制した。そして、この勢力均衡のうえに動き始めた悪党が神国思想を波及させる先導者になったのです。

悪党には、楠木正成《くすのきまさしげ》のようなめざましい地域リーダーがたくさんいました。気概と武力をもってのちに後醍醐天皇の南朝を支援します。なおここで「悪」といっているのは、「ふつうのことばではいいあらわせないような」「これまでの型にはまらないような」という意味です。親鸞の悪人正機説《あくにんしょうき》にいう「悪人」も、そういう意味でした。

神風思想や神国思想に拍車をかけたのは後醍醐天皇だったろうということになっています。

後醍醐の建武《けんむ》の新政（親政）は、わかりやすくいえば蒙古襲来以来の公武の秩序を壊すこと、時計を一〇〇年前に戻すこと、諸国一宮国分寺の本家を廃止して、新たなしくみで荘園制を復活すること、これらのことにありました。けれども後醍醐の親政は挫折する。そして、悪党を組みこんだ南朝と北朝をめぐる長期に及んだ南北朝の争乱をへて、時局は足利《あしかが》将軍の幕府の手に戻っていったわけです。

後醍醐天皇の失脚は、蒙古襲来をきっかけにして一大勢力と化した神本仏迹のシステムがまわりまわって幕府の管理に移っていったこと、すなわち「神国日本」の管理が武家政権の手に移ったことを意味しています。その流れはこれ以降、信長から家康にいたるまでほぼ変わらぬところとなっていきます。

武家政権が天皇に対して強い態度に出られたのには、このような事情もありました。このことは日本史ではたいへん重要なことです。「日本という方法」としても看過できません。

こうして神風と神国の思想は、長いあいだにわたって日本人の心にのこっていくことになったのです。

それはそうなのですが、しかし、何度も申し上げているように、このことは「日本が神道の国だ」ということをなんら主張していません。むしろ、どういうグループが〝神威のカード〟を持ち出して、これを切り札に政治や社会制覇のシンボル操作をしようとしたかということが、歴史のなかから見えてくるだけなのです。また、以上の事情は、神国と天皇とを直結する理由がどこかにあったということもなんら主張していない。為政者としての天皇は、長らく仏教に帰依して王法と仏法を統括しようとしていたのです。

後半でお話ししますが、この〝神威のカード〟はいったん徳川幕府が手にします。信長平清盛や足利義満もそのようなことを考えていたのですが、成功していません。信長や秀吉もそういう野望はもっていたけれど、カードを出しそこねています。それが幕末維新で「玉《ぎょく》」(天皇)こそが日本システムの命運を左右する〝神威のカード〟だというふうに変わったのです。さらに昭和の軍部による「天皇の統帥権《とうすいけん》」というカードの乱用になっていったのです。このとき、日本は自信をもちすぎて失敗しました。が、それはあとの話です。ここでは話を「うつろい」のほうへ進めます。

第5章　ウツとウツツの世界

ウツロイ感の広がり

アーティストの宮脇愛子《みやわきあいこ》さんの作品に「うつろひ」というシリーズがあります。何本もの細い鉄がいくつも空中に撓《たわ》んでループを描いていて、そこを風が通ったり体が触れるとわずかにゆらぎます。大きい野外作品もある。

堅い鉄線なのに柔らかな曲線をもたらしているのがとても気持ちがいい作品で、私が以前から好んできたシリーズです。「うつろひ」と和語になっているように、ここにはまさにウツロイの感覚がシンプルに表現されています（本書ではウツロヒはウツロイと表記しています）。

ウツロイという言葉が万葉の歌では最初のころは色や匂いのウツリ（移り）を多く歌っていたことも、第1章でやや予告的に書いておきました。万葉人や王朝人がそれとともに月や花が移ろうという様子もすでに詠んでいたことにもふれておきました。その後、人の心のうつろいやすさを詠むことがふえ、さらに人の世のうつろいやすさを歌うことが多くなってくると、ウツロイはすべての有為転変をあらわす言葉になっていきます。

ウツロイは自然や四季のトランスフォーメーションではなくて、心情のトランスフォーメーションをあらわすようになっていったのです。

百人一首にも入っている「花の色はうつりにけりないたづらに我が身世にふるながめせしまに」という小野小町《おののこまち》の歌は、花の色と自分の身と世の移り変わりをつなげていますし、同じく花の色を扱った凡河内躬恒《おおしこうちのみつね》の歌では「花見れば心さへにぞうつりける色には出でじ人もこそしれ」というふうに、心のほうにウツロイの焦点がシフトしている。

花鳥風月、雪月花、みなウツロイの対象であり、人の心も人の世も移ろうものだということになってきたのです。こうしてウツロイの感覚は日本の編集文化のとても広い領域に使われます。

中世、ウツロイは無常感そのものです。無常感はまた無常観でもあります。小野小町の老いや平家の滅亡ならずとも、人の世がうつろうことは、すべて無常です。こうしたウツロイの感覚は人生のさまざまな場面に用いられる哲学や思想や、芸能や文学のテーマや表現手法になっていきます。

能には「移り舞」というものがあるのですが、これは複式夢幻能の最も重要な見せ場になりましたし、そのプロフィールの名状しがたさをもって「幽玄」とも呼ぶようになります。現実から幻想へ、幻想から現実へと移って舞うので「移り舞」です。また、和泉式部《いずみしきぶ》の日記や建礼門院右京太夫《けんれいもんいんのうきょうのだいぶ》の歌にひそむ「せつなさ」や「はかなさ」の訴えは、無常感をともないつつも心敬《しんけい》や宗祇《そうぎ》といった連歌師による飛花落葉の「おもむき」の表現となって、芭蕉の連句のウツリ（移り）の技法に至り、ついには上田秋成《あきなり》の『雨月物語』のような物語の構造そのもののウツロイにまで達します。

絵画でもウツロイは重視されました。とくに東山文化時代に多くの名手を生みだした水墨山水画はウツロイの宝庫です。三阿弥《さんあみ》（能阿弥《のうあみ》、芸阿弥《げいあみ》、相阿弥《そうあみ》）の山水や長谷川等伯《とうはく》の松林図屛風などは、まさに風がうつろっている。私は江戸中期の浦上玉堂《うらがみぎょくどう》・池大雅《いけのたいが》・与謝蕪村《よさぶそん》のウツロイ文人画も大好きです。

他方、ウツロイの感覚は光と影の微妙な相互変化を好む気質や室内空間を生んで、多くの「あわい」の表現をつくります。障子《しょうじ》や簾《すだれ》や格子がつくる光のグラデーションは谷崎潤一郎が『陰翳礼讃』に称揚したように、日本の美意識の代表のひとつとなりますし、筆と墨と紙と水が出会ってつくる水暈墨章《すいうんぼくしょう》の表現には、滲《にじ》みや暈《ぼか》しがあらわれて、長谷川等伯の山水画や大雅・蕪村の文人画に、さらにはぼかし染めや蒔絵《まきえ》の砂子《すなご》の美にまで及んでいきました。

しかし、どうしてまたこんなにも微妙で、寂しくも消えゆくような感覚に日本人は価値を見いだしたのでしょうか。あるいは、どうしてこれほどまでに広範な分野にウツロイの感覚が適用されていったのか。

それを解くことは、能や水墨画や枯山水の感覚やワビ・サビの感覚の本質的な意味の発見にもつながります。ウツロイは無常感とむすびつくのですが、ここには日本仏教との深い関係もありそうです。そこで本章では、ウツロイという言葉が秘めているちょっとした謎解きをしてみたい。いささか意外な言葉の対応関係をめぐる謎が出てきます。

ウツから何かが生まれる

第1章にも書いておいたように、ウツロイという言葉にはウツという語根が入っています。ウツは内部が空洞になっている状態をさしています。からっぽの状態、洞穴のようなところ、がらんどうの器物のようなもの、内側がナッシングでヴォイドな状態、それがウツです。

それゆえウツという語根からは、ウツロ・ウツホ・ウツセミなどという言葉が生じます。いずれの意味も「内側が刳《く》り貫《ぬ》かれたように空洞になっている状態」のことで、たとえばウツロ舟といえば丸太の中を刳り貫いた丸木舟のことですし、ウツセミ（空蝉）は蝉の脱け殻です。つまりは何もないこと、それがウツでした。

ところが、このウツなるものは何かの情報を宿す力をもっている。たとえば『竹取物語』はかぐや姫が空洞の竹の中に生まれる物語です。「かぐや」というのは「かがみ」と同じ語類の言葉で「輝くもの」ということですから、何か輝くばかりの小さなスピリットが竹の中に宿ったという話です。竹の中は空洞であるはずなのにそこに輝くほどの美しさが宿っていたというのが、この物語の発端です。なぜ、ウツなのにそこから何かが生じるという物語になるのでしょうか。

古代人が尊んだサナギ（サナキ）というものがあります。サナギは銅鐸《どうたく》や鉄鐸の「鐸」のこと、小さなサナギはシャーマン（巫者《ふしゃ》）たちがいくつも腰にぶらさげた。やはり内側は空洞です。

それを腰や手にしてジャラジャラと音をたてるのが、シャーマンの身に何かのスピリットをもたらす媒介となりました。サナギは未知の情報の到来を感知する媒介《ツール》だったのです。このサナギは昆虫の「蛹《さなぎ》」にも通じます。蛹も中がからっぽのように見えて、そこからいずれ蝶《ちょう》のような輝くばかりに美しい生命が誕生する。蛹の中に何もなかったようでいて、そこから何かが生じてくる。

蛹の不思議は日本だけでなく、世界各地で注目されました。古代ギリシアには魂をあらわす「プシュケー」という言葉がありますが、これも蛹という意味です。日本とほぼ同じです。プシュケーはギリシア語ですが、これがヘブライ語では「ネフェシュ」、ラテン語では「アニマ」で、やはり蛹のような空洞に生じたスピリットのようなものを意味します。実はインドのサンスクリット語に「プラーナ」という言葉があって、これも漢訳すれば「風気」となって（空海がさかんにこの「風気」という用語を使いました）、その意味は霊魂の息吹をあらわしている。多くの民族が蛹のように何もないところから生命のみなぎりが生まれることに注目したのでした。

鐸《さなぎ》に似たものには鈴があります。鈴を振ると、その鈴をもった者に神威のようなものが湧き上がるとみなされています。この鈴は鐸に舌《ぜつ》をつけることによって、より鮮明な風音が出るようにしたものなのです。神社が鈴を好んで使うのも、巫女《みこ》たちが鈴で神楽を舞うのもそのためです。

このようにウツは、内側が空洞なのに、そこに何かが生まれたり宿ったりするという生成力をもった言葉でした。

そのため、ウツに漢字をあてると「空」あるいは「虚」となるとともに、また「全」ともなります。もともとの「空」の字義と「全」の字義とはまったく正反対の内容をもっているのに、その両方の意味をもちうるのです。「空」と「全」は英語でいえばナッシングとエブリシングですからまさに正反対。それなのにウツにはその両方をあらわす力がある。あてがった漢字にそのような正反対の字義があるということは、ウツにはもともと反対の意味を吹き出せる力があったということです。そう、見るべきでしょう。

私はこのようなウツをめぐる観念は、一時的な「負」の状態こそが「正」を予兆させるという見方を孕《はら》んでいると思っています。「負」には「正」が宿り、「凹」にはいつかは「凸」が生じている。「正」や「凸」と見えたものにも、もとをただせば「負」や「凹」がある。たいへん意外なことと思われたかもしれませんが、ウツにはそうしたリバース・モードとしての力があるのです。

リバース・モードの鍵と鍵穴

リバース・モードというのは、テープレコーダーやビデオテープなどが順逆どちらにも動きうることです。リバース（reverse）という言葉は「逆」とか「裏」とか「反対に」とか「逆転させる」いう意味です。

リバース・エンジニアリングといえば、いったんできあがったデバイスやシステムを完成品から逆に辿《たど》って内部のしくみに到達する技術のことをいいます。エンジンや表示装置などを逆転できるように設計し、組み立てておくのもリバース・エンジニアリングです。

私もそうですが、われわれはしばしば時計を解体して、またそれを元に戻して時計のメカニズムを知っていくというようなことをやります。これがリバース・エンジニアリングの基本です。自動車にバックギアが入るようになっているのもリバース・エンジニアリングです。

余談ですが、このリバース・エンジニアリングをウェブやネットワークにあてはめると、ハッキング・テクノロジーになります。これを悪用すると相手の情報を乱したり盗み出してくる犯罪になりますが、本来、コンピュータ・ネットワークがここまで発達したのはその半分がハッキング・テクノロジーを可能にしたデバイスばかりでできあがっていたからです。いまではハッキングを阻止するさまざまな技術も開発されているものの、もともとコンピュータ・ネットワークはリバース・エンジニアリングによってここまで発展してきたのです。

私がウツという言葉にはリバース・モードがあると言うのは、ウツという観念が正負にも、順逆にも、凹凸にも、内外にも、その両方を往復して何かを動かす力をもっていたということです。そして私は、その何かこそが「日本の面影をめぐる鍵《かぎ》と鍵穴」を暗示しているのではないかと見ているのです。そのことをもう少し確かめるために、ウツ語類がもつイメージの編集力をさらに点検してみたいと思います。

ウツ・ウツロ・ウツホという言葉は、次にウツル・ウツリ・ウツス・ウツシといった言葉を生みました。これは歴史がくだってそうなっていったというのではなく、言語が語根からこのようなボキャブラリーやシソーラスを派生させていったということです。

ウツリ・ウツシは、漢字をあてれば「写」であって「映」であり、かつまた「移」というふうになります。これらの言葉は、今日では「写」は何かを写し取ることを、「映」は何かが映じたり映えることを、そして「移」は何かを移動させることを、それぞれ意味します。しかし以前は、ほぼ同じような意味をもっていました。すなわちウツロなるものから何かが写し出されること、またその何かが映り出てくること、いいかえれば、ウツロは何かに移って何かの反映をもたらすこと、そういう動向の反映のすべてがウツリやウツシなのです。

一見、何も見えないところに何かが見えてくること。見えないものが別のところへやってきて何かを見せること。そこに何かを反映させること、それがウツリであってウツシでした。まさに水に映る月の光と影のようなもの、障子に映る光と影のようなものです。負から正へとプロフィールが動いているのです。ここにもリバース・モードがはたらいていることがわかると思います。

ウツロイとは、このような多様な反映作用（ウツリ・ウツシ）をもたらすリバースなプロセスのことをさしていたのです。ウツロイは実在するものがたんに移行したり移転することだけではなく、見えないものと見えてくるものをつないでいる言葉でもあるのです。いえ、言葉のうえだけではなく、そのような両極端をつないでいる現象そのものがウツロイなのです。

さて、このようなウツロイの感覚が人の世や人の心にあてはめられると、日本人はそこに「無常」を感得したものでした。

もともと「無常」とは「常ならぬ」「非定常」という意味であり、うつろうものはすべて「常ならぬ」ものですから、言葉上でウツロイと無常が結びつくのは至極当然です。現代の日本人の多くは無常というと、なんだか否定的というのか、消極的というのか、どこか「あきらめ」のようなものをともなっていると感じるのではないでしょうか。しかし、そうとも言いきれません。これまで無常感といえばおうおうにして否定感や厭世観《えんせいかん》やニヒリズムにつながるように思われてきましたが、必ずしもそうではないのです。

すでにのべたように、ウツロやウツリやウツロイは、そこに何もないと思えていたのに、何かが生じてくることとです。無常を感じることによって、かえってそこから何かが移り出てくる。また何かが映し出されてくるような感覚が新たに生じていく。無常感にはそういうクリエイティヴな見方も含まれているはずなのです。

これをいいかえれば、「負」や「無」だと見えていたものから新たな価値が出てくる可能性があるということになります。神々も見えていないのに「影向《ようごう》」してくるわけです。だからそこに畏《おそ》れや惧《おそ》れを感じるのでしょう。見えないことやマイナスは別のプラスを生む可能性があるということです。その途中のプロセスこそ、ウツロイです。

さらに別の例を出して、この逆転の見方ともいうべきものを紹介しておきます。ここにもこれまでのべてきた情報編集の方法が面目躍如します。すぐれた「日本という方法」です。

無常とウツロイ

女房の文化が充実してきたころ、「はかなし」という言葉がさかんに使われるようになります。『和泉式部日記』や『建礼門院右京太夫集』あたりから頻繁に使われるようになった言葉です。

この言葉は「はか」がもとになっています。「はか」は、今日でも「はかどる」「はかばかしい」「はかがいく」と使うように、事態が進捗《しんちょく》する単位をあらわします。漢字では「計」や「量」や「果」をあてる。積極的な単位です。その「はか」がうまく積めなければ、ふつうなら「はかどらない」ということになって、これは消極的で否定的な意味をもつ。

ところが、「はか」がないこと、つまり「はかなし」という言葉は、このころから少しずつ新しい意味をもちはじめたのです。「はかなし」はそれなりの美や深みや奥行きをもつようになったのです。「負」は負のままに終わらなかった。マイナスは別の美に転じていった。これが逆編集です。リバースです。

このことに気がついて、「はかなし」のもっている積極的な意味を強調したのは唐《から》木順三《きじゅんぞう》さんでした。『無常』という本に「はかなし」の用語的な変遷とともに、その意味作用がいろいろ考察されている。いまはその考察のなかからひとつだけ重要な視点を紹介したいと思います。

それはまず、男が世の中で発揮している「はか」の成果に対して、女たちが「はかなし」だってそれなりの心や美をもてるのではないかという発見をしたということです。これは第3章で案内した女文字《おんなもじ》から仮名が生まれたことに似て、またしても女性文化の重要性を訴えます。

次に、そのように「はかなし」の美がありうることを発見してみると、よくよく考えれば、いったいこの世に「はかなくないもの」なんてないのではないかというふうになっていった。「はかなし」は人生の本質を発見した言葉だということになってきたのです。

つまり「はか」を「なし」とみなした情報編集の方法に、もっと大事な文化的な充実があるのではないかということです。まさにこれは逆転の見方です。さらに別の例でこのことをもう一度考えてみます。

新古今を代表する歌人の藤原定家《ていか》に、「見渡せば花も紅葉もなかりけり浦の苫屋《とまや》の秋のゆふぐれ」という有名な歌があります。浜辺でまわりを見渡しても何もない寂しい秋の夕暮れだというのが表向きの意味です。

しかし定家は「花も紅葉もなかりけり」とあえて表現した。何もないならナッシングということですませてもいいのに、そうではなくて、わざわざ花や紅葉がないと言っている。そうすると、ここには見えない花や紅葉が、その光景のなかに一瞬、見えてくることになります。なんだか寂寞《じゃくまく》とした光景に花や紅葉の面影やプロフィールがフラッシュしているような印象です。

むろん花は春、紅葉は秋ですから、そんなものが同時に見えるわけはない。理屈のうえからいってもおかしい。けれどもこのように歌った定家の心情は、どうでしょうか。そういう見方をもつことによって、定家の心に何かが見えているのです。強く

「なかりけり」という言葉づかいにしたのは、そのように言葉の上で否定した表現によって、かえってそこから花と紅葉の面影が現出することを可能にしたのでした。

この歌には、「はか」に対して「はかなし」を持ち出した和泉式部や建礼門院右京太夫と同様の、まさに面影編集とでもいうべき手法があったということではないでしょうか。

ここで、いったん歴史をさかのぼって裾野《すその》を広げてみます。そもそも仏教が日本人にもたらした無常感（無常観）というものがどういうものだったかを考えてみることにします。なぜなら「はかなさ」も「うつろい」も、どこかで仏教思想と密接につながっているからです。

最初に無常感を表明したのは聖徳太子（と伝えられる人物）でした。『天寿国繍帳《てんじゆこくしゆうちよう》』の銘文に太子の言葉として「世間虚仮《せけんこけ》・唯仏是真《ゆいぶつぜしん》」と記されています。「世間はすべて虚妄のものなのだから、ひたすら仏に祈って真実を求めたい」というメッセージです。日本における「世間無常」の最初の表現でした。また「世間にははかなくないものなんて、ない」の最初の表現でもありました。

ついで私が注目するのは空海です。二つの例をあげます。一つは空海の『三教指帰《さんごうしいき》』のラストに「十韻之詩」というのがあるのですが、その後半でこう詠んでいる。

私の好きな詩です。

春の花は枝の下に落つ　秋の露は葉の前に沈む
逝水《せいすい》とどまることよくせず　廻風いくばくか音《ね》を吐く
六塵《りくじん》はよく溺るる海　四徳は帰する所の岑《みね》なり
すでに三界の縛を知りぬ　何ぞ纓簪《えいしん》を去てざらん

花鳥風月に「はかなさ」をおぼえる感覚がすでにあらわれています。それだけでなく、水の流れも風の流れも「常ならぬ」ことを示し、色《しき》・声《しょう》・香《こう》・味《み》・触《そく》・法《ほう》の六塵《ろくじん》さえうつろいやすく、人間の徳目さえ自分で縛りつけていては何にもならないという哲学が表明されています。

二つ目は「遊山慕仙詩《ゆうざんぼせんし》」の一節で、はっきりと「無常」が言及されています。

一身ひとり生歿す　電影これ無常なり
鴻燕かはるがはる来り去り　紅桃むかしの芳《かお》りを落とす
華容は年のぬすびとに偸《ぬす》まれ　鶴髪《かくはつ》は禎祥《ていしょう》ならず
古《いにしえ》の人　今見えず　今の人なんぞ長きことを得む

とくに説明はいらないと思いますが、無常というものはたいへん速いということ、しかもずっと昔からその無常は継続しているのだという認識が刻印されています。この無常が速いという見方は、のちに「無常迅速」という言葉として多くの日本人の心を打ちました。

空海の思想の深さを味わうことは省きます。ともかく八〜九世紀にはこのような無常感がはっきりと提示され、しかものちの花鳥風月の感覚や人生観ともみごとに関連するような表現になっていたということです。その後もこうした見方は漢詩にも和歌にも物語にもあらわれます。そのひとつが第3章にあげておいた、『和漢朗詠集』の部立《ぶだて》で「無常」「白」をラストショットにして編集構成していたという例です。

悉皆浄土の思想

つづいて、仏教思潮で無常感が登場してくるのは浄土ブームのなかでした。どういうものかというと、図式的にいうのなら、浄土を「常」とみて、穢土《えど》を「無常」とみたのです。

そのことを端的に表現したのが寛和《かんな》元年（九八五）に恵心僧都源信《えしんそうずげんしん》によって書かれた『往生要集』でした。この著作は一言でいえば「厭離穢土《おんりえど》・欣求浄土《ごんぐじょうど》」を主張しています。此岸《しがん》の穢土を離れて彼岸《ひがん》の浄土を求めるという思想です。

穢土とは穢れた現世のことで、人間社会にある変転きわまりない世間のことです。これはこの世のこと、つまり此岸にあたります。一方、穢土を離れて向かう浄土は浄化されたあの世であって、すべてが永遠の時をもつ天上の別世界です。そこは彼岸にあたる。つまり「お彼岸」です。

こうして、此岸の“here”から彼岸の“there”に向けて心を致すこと、そこに往生という方法があるではないかと、源信は説いたのです。たいへん明快です。


当時、浄土といえば西方極楽浄土の人気が高かったので（実は本来の浄土は東西南北いずれにも想定されていたのですが）、その西の極楽におわします阿弥陀如来への信仰も一緒に強調されました。

貴族たちは競って往生を願います。観音堂を建て、常行堂《じょうぎょうどう》とか常行三昧堂《じょうぎょうざんまいどう》とよばれる念仏堂をこしらえ、さらに大規模には平等院鳳凰堂《びょうどういんほうおうどう》クラスの堂宇を構えて、阿弥陀如来像を安置した。藤原道長などは自分の持仏の阿弥陀如来と自分の身を五色の糸で結んで、死んだときはすぐに浄土に直行しようとしていたほどでした。かれらにとって浄土に行くこと、すなわち往生することは、無常の世間から解放されるということだったのです。どういう人がどのように往生したかという話をまとめた「往生伝」のたぐいもさかんに編集された。

こうした考えかたは、阿弥陀堂や観音堂の造営にも生かされます。東に薬師堂をおき（薬師如来は現世で治療をする仏であって東方の瑠璃光《るりこう》浄土の象徴）、あいだに二河白道《にかびやくどう》に見立てた池や川を配して、西に阿弥陀堂をおいて阿弥陀如来をまつるという設計です。ずらり九体も阿弥陀如来像を並べた京都の浄瑠璃寺《じようるりじ》などにその典型的な設計がのこります。

往生思想は源信の著作だけで広まったのではありません。末法がやってくるという終末論的な恐怖も手伝っていた。末法とは、釈迦（ブッダ）が死んで千年で正法が、さらに千年で像法の世が過ぎ、次には最後の末法が来るという仏教的終末思想のことで、そのころすでに永承《えいしよう》七年（一〇五二）がその末法に入る一年目だという噂でもちきりでした。永承七年はまさに平等院鳳凰堂が造営された年です。

浄土思想が広まりつつあるあいだに、もうひとつ、天台本覚《てんだいほんがく》思想という考えかたが浸透していきます。本来は天台法華《てんだいほつけ》の考えかたや密教議論や『大乗起信論《だいじようきしんろん》』にもとづくもので、その内容はいろいろ難しいのですが、一般には「草木国土悉皆成仏《そうもくこくどしつかいじようぶつ》」とか「山川草木悉皆浄土《さんせんそうもくしつかいじようど》」というフレーズで知られています。

これは、一本の草木も国土のそこかしこの現象もことごとく浄土の対象になるというもので、穢土と浄土のあいだに距離をおいた源信の往生思想からすると、浄土がはなはだ間近にまで引き寄せられています。どこでも浄土だという見方です。「己心《こしん》の浄土」という言いかたもした。自分の手元の浄土という意味です。

この本覚思想が和様の解釈をともなって、たいそう広範囲に流行するのです。目の前のすべてのものが浄土になる対象で、そのように思えば自分も成仏できるというのですから、これは民衆にもうけいれやすかった。のちの法然や親鸞にもつながる思想です。

天台本覚思想はこれまで日本文化史のなかであまり取り上げられてこなかったものですが、「日本という方法」としては魅力的な編集力をもっています。私はこのあたりから、日本人の無常感が仏教思想の中核をしだいに離れて、ずいぶん自由に、また逸脱した考えかたで捉《とら》えられはじめたと見ています。

その証拠はいくらもあって、たとえば「来迎図《らいごうず》」のように浄土からこの世に阿弥陀が近寄ってきたこと、それと呼応して「迎講《むかえこう》」のような集まりがふえてきたこと、第4章にのべたような神と仏の結託が躍動的に動きはじめたこと、そういったことが次々におこっています。公家《くげ》社会に武家が交じってくると、無常はそこらじゅうに充満していて、むしろその無常をどのように変じていくかという苦心工夫のほうが目立ってきたほどなのです。

こうして「山川草木悉皆浄土」や「己心の浄土」の感覚は、その後の日本の遊芸、すなわち能、連歌、茶の湯、立花、作庭、陶芸など、まことに広い分野で生かされていきます。私の母は茶や花や俳諧などいろいろ嗜《たしな》んでいた人ですが、景色のよい茶碗や見事に活《い》けてある花を前にすると、しばしば「ええ浄土やなあ」と溜息をついていたものでした。日本の浄土はかくのごとく悉皆浄土となっていったのです。

「常世」と「無常」の往還

日本人の無常感をとくに決定的にしたのは、さしもの権勢を誇った平家一門があっけなくも滅んでいった事件でした。『平家物語』冒頭の、「祇園精舎《ぎおんしょうじゃ》の鐘の声、諸行無常の響きあり。沙羅双樹《さらそうじゅ》の花の色、盛者必衰《じょうしゃひっすい》の理《ことわり》をあらはす、奢《おご》れる人も久しからず、ただ春の夜の夢のごとし。猛《た》けき者もついには滅びぬ、ひとへに風の前の塵に同じ」という琵琶《びわ》法師の語り出しは、哀感をもってこのことを決定的にあらわしました。祇園精舎は釈尊《しゃくそん》に寄進された学舎のことです。その釈尊の世に栄えた精舎に咲いていたという沙羅双樹さえ、釈尊が入滅したときにいっせいに花の色を変えてしまったという仏教説話が、この『平家物語』の冒頭に語られたわけでした。

中世、『平家物語』とともに、「いろは歌」のような有為転変の世をはかなむ無常感もしだいに広まっていきます。そこには『涅槃《ねはん》経』の思想（空の思想）が対応しています。真言密教を中興した覚鑁《かくばん》上人は、『密厳諸秘釈』に「いろは」の仏教的解釈をおこなっています。括弧の中が『涅槃経』の偈《げ》になっています。

色は匂へど散りぬるを（諸行無常）
わが世たれぞ常ならむ（是生滅法）
有為の奥山けふ越えて（生滅滅已）
浅き夢見じ酔ひもせず（寂滅為楽）

ここには仏教思想が強く投影されています。そもそも「いろは歌」そのものが、密教僧たちが天台・真言ともども唱和してきた声明《しょうみょう》の調べから編集された結晶だったからです。仏教思想の投影は当然なのです。「いろは歌」の普及とともに、無常感は日本人の生活のなかまで滲みこんでいったのです。

それにしても、このように日本人がウツロイの感覚や無常感や「はかなさ」をまるで呑《の》みこむように次々に受容していったのは、なぜなのでしょうか。私はここには、そもそも日本人が何をもって「常」と見てきたのかということがさらに見え隠れしていたと考えます。

古代人が「常」と感じていたもの、それは「常世《とこよ》」というものでした。常世とはどこのことでしょうか。例によって『万葉集』から拾ってみます。

やすみしし我が大君　高照らす　日《ひ》の御子《みこ》　敷きいます　大殿の上に
ひさかたの天伝《あま》ひ来る　雪じもの行き通ひつつ　いや常世まで

柿本人麻呂です。天武天皇の子の新田部皇子《にいたべのみこ》の心によせて詠んだ歌で、大君はきっと常世につながる永遠性をもっているのだろうという意味です。大伴三依《みより》には、「我妹子《わぎもこ》は常世の国に住みけらし昔見しより変若《をち》ましにけり」という歌があります。私の愛している人はひょっとしたら常世にでもいたのではないだろうか。だって、若返っているようだからというような歌意です。

もうひとつ、大伴旅人《たびと》に近い親類の歌で、「君を待つ松浦《まつら》の浦の娘子《おとめ》らは常世の国の海人《あま》娘子《おとめ》かも」という歌もある。この歌はおそらくは海人の一族についての歌で、海の中には歳もとらないような常世があるのだろうかという歌です。浦島伝説にもつながる歌です。その浦島太郎の昔話にもあるように、日本人は海中や遠くの海上に常世を感じたものでした。沖縄ではそうした海上の常世をニライカナイと呼んだ。

このように、「常」というのはどこかの遠いところや、そこから伝わってきたり流れてきたりするものに想像を逞《たくま》しくして付与されていた言葉でした。

常世《とこよ》とは常なる世ということ、すなわち「常に変わらない国」ということです。日本人はその国がどこか遠いところに実在すると考えたのです。常なるものや常世の特色は、永遠性や不変性にありました。したがって常緑樹のもつつやつやとしたエヴァグリーンの輝きにも、日本人は常なるものを感じた。ケヤキやクスやタブやツバキやナギの木や枝が特別に神の依代《よりしろ》とされたり、その枝で大地を叩《たた》くことによって鎮魂や魂振《たまふ》りをするというのも、こうしたエヴァグリーンの常世の木の威力を信じていたからです。

もっと大がかりな説話・物語ものこっています。これは『古事記』にも『日本書紀』にも載っているのですが、垂仁《すいにん》天皇が田道間守《たじまもり》を常世国《とこよのくに》に派遣して、常世の果実とされる「非時香菓《ときじくのかくのこのみ》」を求めさせたという話です。

この話は垂仁天皇が不老不死の果実を求めたとも、橘《たちばな》や蜜柑《みかん》などの南方の果樹を植樹した伝承が変形したものとも解釈できるのですが、常世が具体的な海の彼方《かなた》のエヴァグリーンの地であることを暗示していて、すこぶる興味深いものがあります。これこそ第1章にのべたかつての照葉樹林文化の再生の物語です。

これで、いろいろなことがつながってきました。

私たちの「常世」と「無常」の感覚は対応していたのです。神話伝承ルートからも仏教思想ルートからも交差していたのです。それがさらにウツとウツロイの語感編集ともおおいに交わり、そこに、肯定と否定の関係を、凸と凹の関係を、浄土と穢土の関係を、「はか」と「はかなし」の関係を、さらには「浦の苫屋」と「花も紅葉も」をも、それぞれリバース・モードにしていたのです。そのための編集力が高速に動いていたということなのです。

それでは、この章のおわりにあたって、ウツ語類のとっておきのリバース・モードを紹介しておくことにします。それはウツ（空）からウツツ（現）も派生していたということです。

ウツツとはあきらかな現実のことです。『万葉集』にすでに「うつつには君には逢はず夢にだに逢ふと見えこそ天の足り夜を」というふうに使われていた。夢の世界に対して目が覚めている状態がウツツです。「うつつの人」といえば生きて現にいる人のことであり、「うつつごころ」といえば現実に立脚したしっかりした気持ちのことをさしました。つまりウツツは夢とはまったく正反対のリアリティをもった現実的な状態のことなのです。

やがて、そのような「現《うつつ》」と「夢」とを王朝人は一対につなげて対比するようになります。『枕草子』は「絵にかきたるをこそかかる事は見しに、うつつにはまだ知らぬを、夢の心地ぞする」と書きます。「現」と「夢」はしだいに「夢か現か」というふうにくらべて使われ、さらにはその中間の状態がさだかではない「夢うつつ」という言葉すら生んでいったのです。

しかしそれにしても、ウツは空や無のこと、「負」のことです。一方、ウツツとはあくまで現実のことで、「有」であって「正」のこと。そのウツとウツツが互いに出入りしているのです。何という対応と派生の関係でしょう！

こうなると、もっと大事なことが見えてきます。ウツとウツツのあいだにウツロイがあるということです。まとめていえば、次のようになります。まず、空洞のようなウツがある。そこには何もない。少なくともそう感じられる。そこから何かの折にウツロイが出てくる。そのウツロイを追っていくと、どこからかウツツになっているのです。非現実のウツはウツロイをへて現実のウツツになっていくのです。

いいかえれば、どんなウツツの現実ももとはといえばウツロイのひとつの結着であって、そのウツロイの元をただせばそもそもがウツなるものだったということになります。ヴァーチャルな無のウツと、リアルな有のウツツ。ウツとウツツは正反対の意味をもちながら、それぞれリバースに行き交っていたのでした。そのウツとウツツを、ウツロイがつないでいたのです。

私の最も好きな「日本という方法」です。のちに岡倉天心はそこを、「あえて仕上げないで、想像力で補う」と言いました。もっとわかりやすくいえば、そこに水を感じたいから水を抜いたという、あの枯山水《かれさんすい》の方法です。われわれはこうしてウツとウツツをつなぐ「うつろいの国」にいたということになるのです。

第6章　主と客と数寄の文化

「好み」と「客神」

利休《りきゅう》の時代、茶の湯について貴重で独創的な見解をいくつものこした山上宗二《やまのうえそうじ》は、茶人の心得を「胸の覚悟一、作分《さくぶん》一、手柄一」と言いました。

覚悟と作分と手柄だなんて、なかなかふるった言葉です。私は「趣向」とか「おもむき」とは何かということを考えるとき、たいていこの言葉を思い出します。とくに作分がおもしろい。ここでいう作分とは茶事に新しい工夫をこらすこと、すなわち趣向を作ることをいいます。

この作分は茶室を作り替えるとか、庭の植栽をがらりと変更するというような、おおげさなものではありません。茶室全体や家屋敷を造営するのは、作事《さくじ》や普請《ふしん》です。建築とか建設にあたる。作分はそういう大掛かりなものではなくて、小さな「おもむき」を作ること、いくつものちょっとしたことを連動させて向きをつくることをさす。まさに「おも・むき」です。

茶事における「おもむき」作りは亭主の「好み」によります。利休好みとか織部《おりべ》好みとか不昧《ふまい》好みとかいわれた、その好み。茶の湯では亭主が選んだ「好みの向き」を大事にするのです。茶碗《ちゃわん》に、茶入れに、掛物に、茶杓《ちゃしゃく》に好みを作る。床《とこ》の花入れにはとくに気をつかいます。

茶の湯だけではなく、日本人はそのような「好み」と「おもむき」を大切にしてきました。これはときによってははなはだ微妙なものとはなりますが、それだけに細部において厳密な作法をつくりだしてきたともいえます。

作法が生じたのは、そこに亭主と参客がいるからです。招く「主」とともに招かれる「客」がいる。それを忘れてはなりません。茶の湯にかぎらず、能の世阿弥《ぜあみ》も「衆《しゅ》人愛敬《にんあいぎょう》」とか「せぬ隙《ひま》」と言ったように、日本の遊芸文化や芸能文化の多くはつねに「主と客の関係」と「間《ま》」をどのように大切にするかということを前提にしてきたのです。それは主客のあいだの力学やコミュニケーションがちょっとしたことで変わるということを知っていたからです。そのちょっとしたことを互いの「好み」で支えてきたのです。

主客の関係とは何なのでしょうか。招く者と招かれる者の関係のことです。そこには風土・民族・宗教・習慣が色濃くあらわれる。支配者と従属者、優遇と冷遇、贈答と挨拶、接客空間のデザイン、礼儀、返礼などがつきまとう。そのため内政や外交の問題に発展してしまうことすらあります。赤穂《あこう》浪士の事件は接客問題に発したものでした。

　なぜ日本人は主客の関係を重んじてきたのでしょうか。いや、日本人だけではない。世界中の政治・社会・文化は主客の関係でまわっているとも言えます。しかし、そこには風土や民族や宗教によって大きなちがいがあるのです。私は、このことは一神教の社会文化と多神多仏がもたらす社会文化との比較によって、いくつかのヒントを得られるのではないかと思っています。

　一神教的社会と多神多仏社会にはそのジャッジ・スタイルに大きなちがいがあります。骨格のところだけいえば、一神教は乾いた砂漠の思想を典型としています。モーセ、イエス、マホメット（ムハンマド）はいずれも砂漠型の風土を背景に出現しました。熱砂の砂漠では道に迷ったら右に行くか左に行くかは決定的なジャッジになりかねません。右に行ってオアシスがあれば生き延びられるとしたら、左に行けば熱死が待っているのです。

　このとき、たくさんの意見が乱れとんでいたのでは結論が出ない。そこで族長や一行のリーダーは、運を天に任せて一人で結論を出さなくてはなりません。しかもその決断を絶対のものにしなければならない。そうしないと二進《にっち》も三進《さっち》もいかない。そんなときにあれこれの意見で時間をかけてはいられない。長々と議論をしてもいられない。つまり多神的であってはいられないのです。多神的とは意見を言う者が多いということ、それに対して一神教的とは結論を一人が出すことです。族長は自分の確信する判断を天に祈って、単独者として決断します。

こういう事情からして、砂漠型の宗教に唯一絶対的な一神教が生じるのは当然なことでした。これが二者択一型で、二分法的な一神教社会のジャッジ・スタイルをつくっていった背景です。

これに対して、ガンジスの森に芽生えたヒンドゥー教や仏教は多神多仏的になりました。森には雨季があっていたずらに動けないこと、森の四方八方にはさまざまな現象や情報の多様性が待っていることに起因しています。

森林型の日々では拙速や浅慮は禁物です。むしろ周囲からたくさんの知識を聞き、動物に詳しい者の意見、キノコに詳しい意見、毒に詳しい意見、洪水に詳しい意見などをマンダラ的に組み合わせる必要がある。たくさんの情報を集める必要があります。そして時機を待つ必要がある。焦って動けばかえって事態が悪化する危険性があるのです。そのあいだはじっとしていられる気持ちをもつ必要があるのです。

このようなアジア的な森林型の環境に、ヨーガや座禅やマンダラが発祥していったのも、また当然だったのです。座禅は焦らずに時機を待って熟考することを、マンダラは情報を多方から収集してその専門家を配列することを示します。こうしてアジアには多義集合的な社会文化が広がっていきました。

日本は四季のウツロイをもった風土です。一神教的な砂漠文化とはまったくちがいます。ガンジスの森とも異なりますが、それでもさまざまな突発的な現象が四季折々に見舞う。台風と豪雪、長雨と暑さ、季節の変わり目の体のこわしやすさ、地震と大水などがたえず到来する。

そのため、つねにちょっとした変化にも注意深く気をつけていなければなりません。波の高さ、山の音、峠の雲、鳥の騒ぎ、木々の梢《こずえ》、花の咲きかた、蛙の鳴き声、虫の音に注意する。

季節の変化や光や影や物音や風の色のようなものに関心を寄せるのです。やがてそれは、季節の折々の食べものや着るものや軒に吊《つ》るすものにも変化を与えます。また、それらの変化のそれぞれに神仏を想定することにもつながります。ウツロイです。

第4章にも書いておいたように、このような風土のなかでは神はできるだけ澄んだ、ものでなければなりません。「神は清きもの、明《あか》きもの」とはそういう意味でした。澄んでいなければ注意がゆきとどかない。そこで『日本書紀』の斉明紀や持統紀には

「清白き心」という表現がとられたのでした。つまり清明心をもつこと、微妙な情報に敏感であること、それが本来の日本の神祇《じんぎ》の感覚であり、同時に森や里山という環境での日本人の判断力の源泉だったのです。

こうしたことは、日本の神々はちょっとしたことをきっかけにやってくるのだという考えかたにつながります。

たとえば春の訪れで水が温《ぬる》むとか、風が吹いて稲穂が揺れて光るとかというようなことです。日本の風土では春風の来臨や稲穂の稔《みの》りもごくごくささやかな兆候で始まるのです。「秋来ぬと目にはさやかに見えねども風の音にぞ驚かれぬる」（藤原敏行《としゆき》）なのです。芭蕉なら「よく見ればなずな花咲く垣根かな」なのです。ちょっとしたことが季節や風景を変化させている。そこを見失えば、さまざまな機会を逸することが多くなる。それが日本です。

こうして日本には、神は「客なる神」だという見方が定着していったのでした。どこかにでんと居続けている主神的なるものではなく、何かの機会にやってくる来訪神だという見方です。「神は来るもの、帰るもの」なのです。それとともに、日本社会に客を招くためのさまざまな独特の習慣や作法が発達することになります。

数寄の文化が発するもの

日本の社会文化の奥に「客なる神」という見方があったということは、主と客の関係に独得の変化を与えていきました。一神教的な欧米社会では、どんな家の主人でもホストはホスト、そこに来た客は客、ゲストはゲストです。それゆえ着席型の宴卓席では、ホストとゲストが着く席が決まっています。たとえゲストが王侯貴族でも友人でも隣人でも、ゲストとホストの席はきちっと決まっている。主神の位置が厳然としているのです。

ところが日本では、そこにどんなメンバーがいるかということで、ホスト（主）の席とゲスト（客）の席に坐《すわ》る者がちょっとずつ変化する。たとえば企業社会では部長と課長が料理屋のお座敷に入れば、たいてい部長が上座《かみざ》に坐ります。しかしそこに得意先の客が加われば、上座は得意先の客の席になる。また部長と課長のところに局長や社長がやってくれば、上座を社長に譲る。局長や社長を下座《しもざ》にほっておけば、翌日からたちまち関係はぎくしゃくしていくでしょう。

ここにはあきらかに「主と客の移動」がおこっています。私は子供時代にいつも座敷の上座に坐っている父が、大事な客が来るたびに「やあ吉田はん、どうぞどうぞ」と自分が坐っていた座布団を裏返してその席を譲っていたことを訝《いぶか》しく思っていたのですが、これは日本が客神的な社会であることに由来していたのでした。三波春夫の言い草ではないですが、日本ではたいていは「お客さまが神さま」なのです。

このような主客の文化にさらに「好み」の文化が加わっていった。好みの文化は主客がその好みを分かちあうというところに発します。準備はあくまで主人が用意する。茶の湯であれば亭主が好み（趣向）を用意する。その好みはその日に呼ぶ客の心を想定しているのです。自分の好みを押し付けるというわけではない。

これは譲りあう心というものでしょうか。へりくだった謙譲の意識というものでしょうか。そうではありません。それは多義集合的で、そこに主客が一瞬にして入れ替わる趣向があったほうがいいという気分が生きているのです。そのために季節の花やちょっとした道具を取り合わせる。この気分を茶の湯ではしばしば「一客一亭」「一亭一客」というふうに名付けます。

こういう日本の「好み」の文化の特色を解くには、もう少し文化史の奥に入っていく必要があります。歴史の流れを見る必要がある。

日本人の「好み」の文化の奥には、きわめて重要なキーコンセプトがあります。それは「数寄《すき》」というものです。

いわゆる数寄屋造りの数寄ですが、数寄という言葉はもともとは「何かが好きになる」という本義を秘めていました。綴《つづ》りも最初は数奇でしたが、近世ではもっぱら数寄と綴りました。私は日本の好みの文化を解く鍵《かぎ》は、この数寄の感覚が握っていると見ています。

何かが好きになること、好きになったことにこだわること、それが「好き」です。「好き」は平安期には好色という意味をもっていました。『伊勢物語』の用例が有名ですが、「好きたる方にひかれる」といえば、色好みに耽《ふけ》るということでした。『伊勢物語』では「いみじのすきもののしわざ」という言いかたもしています。まさに好き者のこと、好色な人物のことです。

女性も使いました。たとえば『源氏物語』宿木《やどりぎ》に「さはれ、なほざりの御すきにはありとも、さるべきにて、御心とまるやうもなどかなからむ」とあるとき、あるいは同じく『源氏物語』蜻蛉《かげろう》に「寝覚めがちにつれづれなるを、少しはすきも習はば」とあるときは、「すき」はやっぱり色好みのことをさしていた。

ところが一方、『宇津保物語』蔵開《くらびらき》に「ただ今のすきはあぢきなくぞ侍る」とあるときの「すき」では、風雅なことや風流な風情を好むことを意味しているのです。好色にひそむやむにやまれぬ気分が、しだいに風物への関心と重なっていったのです。『無名抄』の「人のすきとなさけとは、年月に添へて衰へいくゆゑなり」の「すき」も風雅の心のことでした。

好色の数寄がだんだん風雅の数寄の感覚に発展していったわけです。なぜそうなっていったかといえば、平安王朝期の色好みは互いに風雅を尽しての色恋沙汰《ざた》だったからでした。

けれども数寄はそれだけにはとどまらなかったのです。数寄というキーコンセプトはもっと多彩な背景をもっていた。数寄という言葉の響きは、同じ発音の「透き」にも「鋤《す》き」にも「漉《す》き」にも、また「梳き」にも「剝《す》き」にも通じていたのです。隙間（透き間）にも通じていたのです。光が透く、土を鋤く、紙を漉く、髪を梳く、木を剝く……。そのいずれにも通じる数寄の感覚があった。すなわち数寄は何かを櫛《くし》のようなもの、あるいは柵《さく》や歯のようなものですき通らせていくという多様多彩なイメージをもっていたのです。

私は、梳いて、漉いて、鋤いて、透いて、空《す》いて、なお残るもの、それが数寄というものではなかったかと思うのです。英語でいえばスクリーニングしていく感覚といえばいいでしょうか。

その数寄も、中世では「執着《しゅうじゃく》」をあらわしていた言葉でした。執着は仏教用語です。とらわれること、それが執着です。『源氏物語』箒木《ははきぎ》にも「好き撓《たわ》む」という用例があります。好色すぎること、すぐに色好みに偏ることをいう。

その執着の数寄感覚が室町時代の後半に向かうにしたがって、だんだん意味が変わっていく。好色の感覚が風雅の感覚にすすんだように、執着もこだわりから趣向のほうに移っていった。そこでたくさんの数寄が派生してきました。物品を好む数寄なら「物数寄」、歌に徹したいのなら「歌数寄」になった。植木を執着するほど好きなら前栽《せんざい》数寄、田楽のような踊りが好きなら風流《ふりゅう》数寄、『梁塵秘抄』に編集されたようなポップソングが好きなら今様《いまよう》数寄。すでに武士を捨てた西行は歌に徹して遁世《とんせ》さえしました。「数寄の遁世」といわれるゆえんです。

その当人にとって格別に好きなものなら、なんであれ一応は数寄の対象でいいじゃないかというふうになっていったのです。

遠い国からやってきた物品に好みを寄せるのも数寄のひとつでした。日本人は銅鐸《どうたく》や金銅仏や漢字の渡来にはじまって、現今のエルメスやグッチやプラダにいたるまで、古今変わらぬ舶来数寄者だったというふうにもいえます。中国の文物を足利将軍が集めて、やがて名物となって茶の湯に君臨した「唐物数寄《からものすき》」も、古来の舶来趣味によるものでした。

言葉や情報も数寄の対象になります。歌合せ、連歌、連句などは数寄をたのしむ会でした。室町前期の歌論書の『正徹物語《しょうてつ》』では、「歌の数寄に付きてあまた有り、茶の数寄にも品々あれ」と書いています。歌数寄、花数寄、器《うつわ》数寄……いろいろありえたのです。しかしそこにも主客の関係は生きていて、会主や宗匠や会衆などの役割がそれなりにちゃんと決められていたのです。

本章ではこのあと、こうした「好み」の奥にひそむ数寄の感覚や趣向の感覚をめぐって、中世から近世にかけて日本社会でそれがどのように変化していったかを考えてみたいと思います。

茶文化の多彩な流行

栄西が茶を持ち帰った翌年の建久《けんきゅう》三年（一一九二）に頼朝が征夷大将軍《せいいたいしょうぐん》となり、武家の棟梁《とうりょう》の時代となります。武門社会のスタートです。貴族社会とちがって主従関係が厳格です。このときまったく新しい仏教様式である禅宗が登場して、茶の文化がここで歴史舞台の前に出ます。その最も有名な話が、栄西が実朝《さねとも》に茶を献じ、将軍が御感悦したという『吾妻鏡』の記事でした。茶は禅林から広まっていったのです。

このころ、茶というものはまだまだ高価な仙薬でした。実朝はおそらく二日酔いにでも苦しんでいたのでしょうから、きっと茶が効いたのでしょう。こうして将軍家のお墨付きをもって、茶はしだいに禅林から武士階級へと広まっていきます。将軍家は功績のあった忠臣や功徳のある高僧にたいする褒賞として御感悦の茶をふるまったのです。この主従の習慣がのちに茶とともに茶器を愛《め》であう感覚や茶具足の流通する感覚を準備していきます。

けれども何事も効き目ばかりが話題になっているうちは、文化とはいえません。いまテレビでは毎日のように効き目をめぐる食事や健康法が喧伝《けんでん》されているようですが、こういうものは歴史のなかでもキリなくあって、それらのうちわずかなものが残り、そこに主客の関係や作分《さくぶん》が加わり、「おもむき」をめぐる価値観が陶冶《とうや》されて、しだいに日本文化として育《はぐく》まれていくわけです。

仙薬としてのお茶も、しばらくは「道行の資」（仏道修行の助け）として意義づけられ、叡尊《えいそん》や忍性《にんしょう》といったボランティア型の仏僧（律僧）のように民衆に施茶をする者も出たのですが、鎌倉末期や南北朝時代になると、無礼講《ぶれいこう》や破礼講とよばれた乱遊飲食の会がそこかしこで催され、そこには第4章に話した悪党も加わって、少しく秘密結社めいた茶も遊ばれるようになる。

そのうち「闘茶《とうちゃ》」が始まり、本茶と非茶の区別や、水の産地の異同を競うような遊芸に発展します。これはアワセとキソイのお茶ヴァージョンです。

この闘茶の会でも作分《さくぶん》がおもしろがられました。どんな作分かというと、軒に幕、窓に帷《とばり》をたらして点心席を設けます。それから山海の珍味を出し、食後は北窓の築山や南軒の飛泉に少し遊んで、やがて月見亭を改良したような茶席に入る。たとえば『喫茶往来』が綴っている例でいうと、茶席は左に張思恭《ちょうしきょう》の釈迦説法図、右に牧谿《もっけい》の墨絵観音図が掛けられていて、金蘭の卓には胡銅《こどう》の花瓶、鍮石《ちゅうせき》の香匙《きょうじ》があり、室内は花が舞い、馥郁《ふくいく》たる香がたちこめたといいます。そのほか障子の飾りなどいずれも中国彩色画があしらわれ、そこへ客が揃うと亭主の息男《そくなん》が茶菓をまわしたところで、梅桃の若冠《じゃっかん》が天目《てんもく》茶碗を会衆にわたしました。この若冠が上座から下座にいたるまで茶をたてまつるという趣向だったようです。梅桃の若冠とは紅顔の美少年のこと、つまりはいささかホモセクシャルな稚児のことでしょう。そういう茶席もあったわけです。いや、いろいろあった。

文化というもの、ときおり批判にさらされる必要があります。批判や批評にさらされない文化は文化とはいえません。これが私の文化思想です。いま紹介したたぐいの茶宴の風潮は、当時は夢窓疎石《むそうそせき》のような高僧からびしりと批判された。『夢中問答集』に「近頃世間でけしからず茶をもてなさるよう」としるされている。

中国の文物を並べたてるような茶の宴が流行してくると、それをさきほども書いておいたように唐物数寄《からものすき》というのですが、舶来物好み一辺倒になってしまいます。輸入品ばかりが話題になって、自慢の対象になるのです。そこで鴨長明や吉田兼好がこのような唐物数寄をすかさず批判した。とくに兼好は「遠きもの」や「得がたき宝」をいたずらに大事にしすぎるのをかなり嫌った。そんなものは俗物がやることだと批判した。ブランド志向が気にくわなかったのです。こうして兼好は「唐物の数寄」に対して「風雅の数寄」にこだわった。

バサラの茶もいっとき流行します。バサラ（婆娑羅）というのは派手とか、大袈裟《おおげさ》とか、"too much"という意味です。バサラ大名の異名をとった佐々木導誉《ささきどうよ》は桜の立ち木を室内に生けて茶席を設けたほどです。私自身はこういう荒ぶったもの、パンクなものも十分に日本の独自の編集文化だと思いますが、そのころはバサラたちによる金満の茶宴は顰蹙《ひんしゅく》を買います。

もっとも夢窓疎石の門下でも虎関師錬《こかんしれん》などは、騒ぎの茶には問題があるけれど、われわれはむしろ「古風の式」に対して「当世の体」をこそ摂取するべきだと言ってますから、いろいろの評価があったわけです。そんな師錬の自由な茶風は中巌円月《ちゅうがんえんげつ》に伝わり、さらには絶海中津《ぜっかいちゅうしん》や義堂周信《ぎどうしゅうしん》らの五山《ござん》文学僧のあいだに深まっていきます。五山文化です。

日本の禅寺は五山・十刹《じっせつ》・諸山《しょざん》というふうにランクがついています。時代によって多少の変遷はありますが、京都五山は南禅寺を別格として天龍寺・相国寺《しょうこくじ》・建仁寺・東福寺・万寿寺《まんじゅじ》を、鎌倉五山は建長寺・円覚寺・寿福寺・浄智寺《じょうちじ》・浄妙寺《じょうみょうじ》です。そういう五山文化のなかでは独特の「好み」が維持され、発展していったのです。あとで話しますが、中国の朱子《しゅし》学（宋《そう》学）が最初に学習されたのも五山においてです。日本の漢詩もこの五山において頂点を迎え、日本の水墨山水はこの五山において萌芽した。如拙《じょせつ》も周文《しゅうぶん》も明兆《みんちょう》も雪舟《せっしゅう》も、みんな五山僧のなかの画僧でした。茶文化もそのひとつでした。

目利きと同朋衆の登場

遊芸の文化や芸能の文化はサロンやクラブの文化ですから、心地よい場所が必要です。これをまとめて「座」といいます。神社仏閣にも宮座や道場のような「座」があって、そこがサロン会員やクラブ・メンバーが趣向をたのしむところとなります。その趣向を一致させて同好の者たちが集うことを、「一座建立《いちざこんりゅう》」とか「一味同心《いちみどうしん》」ともいいました。

市中に集うことも流行する。室町時代の会所《かいしょ》がそのひとつです。会所が室町殿に登場したのは十五世紀の最初の年、応永《おうえい》八年（一四〇一）のこと。そこでは寄合《よりあい》が好まれ、雑談《ぞうだん》が悦《よろこ》ばれた。そうなってくると、ここにいよいよ主宰と参客をめぐる新しい関係が生まれてくるのです。そしてそこに新たな「好み」の意識が動いていく。そこにさらにマレビト（賓客）を招くという日本の客神型の考えかたが反映してくるのです。

それにつれて「茶数寄」という呼称も変化してきます。嗜《たしな》みに富んだ道具をコレクションできる分限者につけられた敬称となっていく。分限者とは物持ちのこと。とい

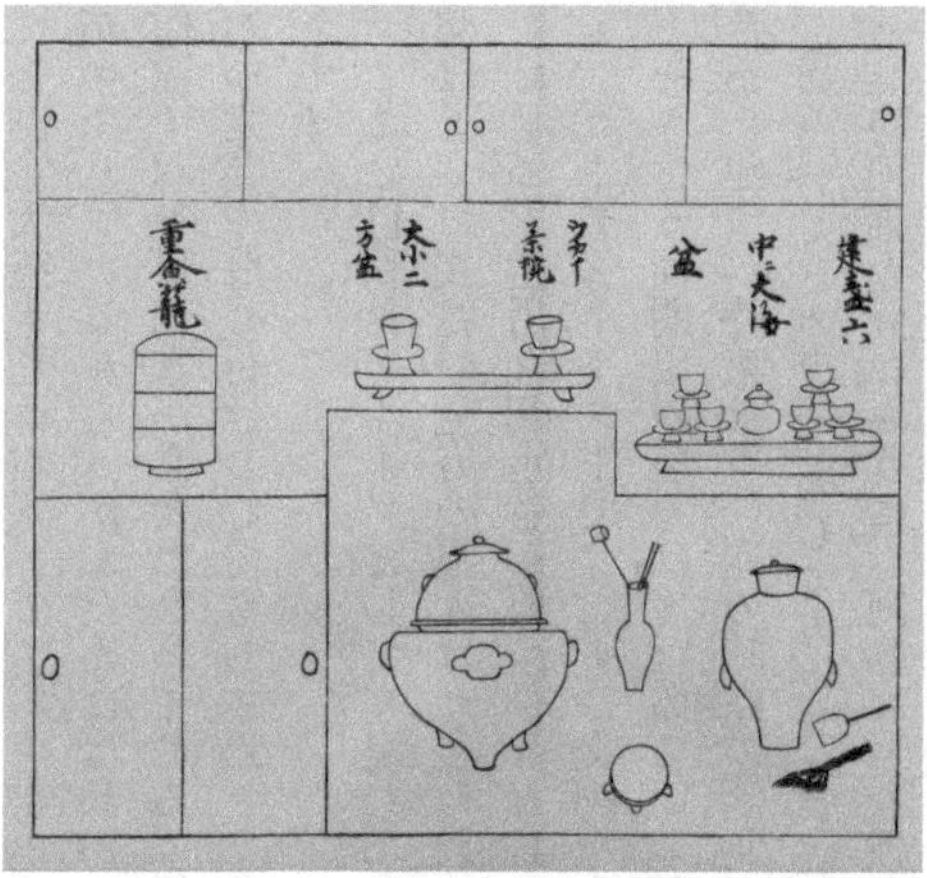

足利将軍のための目利きとして能阿弥・相阿弥が著した唐物飾りのマニュアル「君台観左右帳記」。室町時代中期

うことは茶数寄も物持ちの意味になったのです。さきほど紹介した『正徹物語』には、茶数寄にも品々や等級があって、とくに「建盞《けんさん》、天目《てんもく》、茶釜《ちゃがま》、水差などの色々の茶具足を、心のおよぶほどに嗜み持ちたる人は茶数奇なり」と書かれています。そういうばあいは上等のコレクターだけが数寄者になれた。兼好の批判にもかかわらず、ふたたび物持ち主義や舶来趣向が台頭してきたわけです。

唐絵《からえ》や唐物《からもの》はだいたいが禅僧と貿易商人によって入ってきた舶来品のことでした。そういう禅僧はありていにいえば半分が商人です。夢窓疎石にしてからが、天龍寺船を足利尊氏に提案して日宋貿易の指導にあたっていた。そこへ義満の日明《みん》交易船がいっそう拍車をかけ、五山のひとつの東福寺などが大きな輸入元のひとつとなりました。

しかし大陸半島から入ってくる唐物のすべてが出来のよいものとはかぎらない。何がすぐれているかも、かんたんにはわからない。そこで、唐物のよしあしを判定する信頼すべき目利きが必要になってくる。目利きはいわばアートディレクターであって、かつ文芸や飾り付けの心得もちゃんとあるような、文化の編集ができる相談相手のことです。

ここに目利きグループとして登場してきたのが、将軍まわりの同朋衆《どうぼうしゅう》でした。五山僧によって文物の見方の下地はつくられていたものの、実際のコレクションにあたってはもっと器用な判定者が要請されました。同朋衆はそのためのアートディレクターで、コーディネーターです。また文物を取り合わせるキュレイターでした。

そういう同朋衆の多くは、たいてい「阿弥《あみ》」号をもっていた。時衆《じしゅう》の出身が多かったからです。時衆とは一遍《いっぺん》の時宗《じしゅう》の活動に参加した者たちのことで、踊り念仏や賦算《ふさん》（信仰の証《あか》しのための札）のしくみに共感した者たちです。時衆たちは善阿弥とか頓阿弥《とんあみ》とか時阿弥といったふうに「阿弥」号を授かったのです。松岡なら松阿弥というように。

ここでちょっと注意を促しておきたいのは、これも日本の好みの文化の大きな特徴のひとつなのですが、芸能や職能に携わるアートディレクターやコーディネーターは上からではなくたいてい下から登場しているということです。

連歌も作庭も、能楽も立花《たてはな》も、のちの人形浄瑠璃《じょうるり》や歌舞伎や俗曲のたぐいも、当初の担い手はいくつかの例外をのぞいて、けっして上層の者ではありません。いま日本の古典芸能とか伝統文化とよばれているものの多くが、歌舞伎の源流が河原者《かわらもの》から立ち上がっていったように、下からの革命だったのです。

ともかくもこうして、かつては叡尊《えいそん》や忍性《にんしょう》らの律僧が茶に通じたのに、新たな時宗にまつわる時衆の僧が登場することになりました。文化の担い手は時代ごとにその宗教的背景を変えていくのです。ここでは律宗から時宗への変化です。その後は「茶禅一味」というスローガンが示したように、五山文化が市中に影響力をもってくるにしたがってもっぱら禅僧が力をもっていきます。利休と大徳寺《だいとくじ》の密接な関係は、そのことを象徴しています。日本文化の多くはたえず宗教集団の動きにも左右されてきたのです。

このような同朋衆のなかに、名人級や達人級の者があらわれます。とくに能阿弥《のうあみ》・芸阿弥《げいあみ》・相阿弥《そうあみ》の三代は有名です。通称、三阿弥《さんあみ》という。とくに相阿弥は「数寄の宗匠」とよばれます。

さて、この「数寄の宗匠」の相阿弥と趣向や作分の相談をしあっていた一人の茶人光《こう》が京都の下京《しもぎょう》に登場してきます。好みの文化に数寄をもちこんだ張本人です。村田珠《しゅ》光《こう》です。

和漢の「さかい」をこえる

村田珠光については奈良称名寺《しょうみょうじ》あたりの出身僧であったことをのぞいて、ほとんどはっきりしたことがわかっていません。きっと古市《ふるいち》氏の淋汗茶湯《りんかんちゃのゆ》（風呂《ふろ》を併用する茶の湯）を目のあたりにする開放的な環境に育ち、そのうえで大徳寺の一休に逸気を学び、相阿弥には「真」の遊芸を学ぶという、いうならば硬軟両派の彼我の茶に通じていたのだろうと予想されます。

ここで「真」といったのは真行草の「真」のことで、このころは、絵や書をはじめとする遊芸のさまざまな分野に真行草のモードのちがいがとりいれられていたのです。真はフォーマル、草はカジュアル、行はその中間のテイストだとみればいいでしょう。

第3章に中国を「真」とみなし、日本は「仮」とみなすという真名と仮名の比較の話をしましたが、このころようやく日本の中にも「真」が見えてきたのです。しかしここまでの話でわかるように、それはまだ中国の唐物に頼っていました。海外ブランド主義からなかなか抜け出せないでいた。そうしたなか、珠光がすばらしい方向を示します。珠光が奈良の古市のリーダー播磨澄胤《はりまちょういん》にあたえた一文『心の文』にしるされているのですが、「和漢のさかいをまぎらかすこと肝要」と言ってのけたのです。和漢とは文物としての唐物と和物のことです。その「さかい」にこだわらないで、これを融合させなさい、あるいは交ぜなさいという提案です。この提案は、たいへんに重要なものです。これが初めてということではないのですが、また珠光が大声をはりあげたわけでもないのですが、日本文化の編集の歴史では特筆にあたいする提案だったと思います。

和漢を並べるという方法は、すでに紹介したように『和漢朗詠集』や和漢貼交屏風《はりまぜびょうぶ》や貫之の『古今集』の序文を筆頭に、これまでも何度か試みられてきました。しかしながら、それらは併立の趣向であって、和漢の「さかい」をなくしていくという趣向はまだ出ていなかったのです。

このようなことが言えるには、それなりの作分の準備も要します。なぜなら茶の湯では文物の取り合わせが「好み」の証左になるのですから、漢詩に和歌のクオリティが匹敵できたように、唐物に匹敵する「和物」がなくてはなりません。そのうえでやっと「さかい」をなくしていける。たとえば陶器が舶来品に頼らないですむには、「国焼《くにやき》」（和物）にすぐれたものが出現する必要があるわけです。また、その価値に評価が立つことが必要です。あるいは、それらを享受できる消費層が登場してくる必要もある。

茶の湯の流行によって、そういう準備がだんだん整ってきたのです。時あたかも町《まち》衆《しゅう》の力が強くなってきた時期でした。そこには法華衆の力が重なりました。禅と法華、この二つが町衆と茶の湯の定着を結びつけたからです。またしても宗徒の力が支援したのです。

こうして、珠光の時期よりあとのことになりますが、いよいよ志野《しの》や黄瀬戸《きせと》や唐津《からつ》といった国焼による焼きものの名品が登場し、利休の時代になると長次郎《ちょうじろう》が樂焼《らくやき》という、たいそう深みのあるオリジナルを作れるようになったのです。こうした「和物」の質の向上がないかぎり、和漢の「さかい」をこえようとしても無理でした。珠光はそのあたりのこと、先読みできたのでしょう。

茶の文化では、このころちょうど好みが「草」の趣向に移っていたことも、和漢の境界をなくすためのきっかけになりました。いわゆる草庵《そうあん》の茶、すなわち「侘茶《わびちゃ》」です。いいかえれば「侘数寄《わびすき》」です。この茶こそが今日にいたる茶の湯ブームの原点になったものです。

ふりかえってみると、侘茶の趣向の発見は日本人がいよいよ本気で「和」に踏みこむにあたっての、格別の趣向を手にした最初の事件だったかもしれません。

侘茶（草庵の茶）は複雑なものではなく、むしろシンプルな趣向になったわけなのに茶の湯の基本になりました。なぜでしょうか。これは侘茶の「侘ぶ」という姿勢に謎解きの鍵があります。「侘ぶ」は「詫《わ》ぶ」でもあって、客を迎えたのに適切な持ち合わせの料理や道具や花の用意がないことを、客に詫びる気持ちをあらわしたものなのです。その「わぶ」の心が大切にされたのです。粗末な用意しかできないという気持ちが「わび」なのです。

しかしそのうち、この「わび」が海外ブランド主義に対する日本的方法のあらわしかただという感覚になっていった。そして「真」よりも「行」や「草」の感覚が大切にされ、草庵が試みられ、茶室の設計と所作の編集において「引き算」の効果をいかすようになったのです。それによって「おもむき」がそうとうに微妙なものへ移っていったのです。

他方、社会的には、そのような侘茶を余暇でたのしめるだけの余裕のある町衆が、しだいに力をもってきたことも大きな下支えとなっていったことも見逃せません。これには堺《さかい》の会合衆《えごうしゅう》や京都下京の町衆の台頭があずかりました。

私はそこに加えて、連歌《れんが》の方法が茶の文化に流れこんでいったこともきわめて大きかったと思っています。このあと説明しますが、茶の湯が一亭一客の心を配って「主客の文化」となったのには連歌の様式が大幅に採用されたからなのです。

そのように連歌と茶の湯をつないだ立役者は武野紹鷗《たけのじょうおう》でした。利休の師にあたります。珠光の話につづいて、連歌と紹鷗のことを案内してみます。

連歌の一座の趣向

武野紹鷗は堺の資産家の出身です。茶を習った五、六年は京都の室町四条《しじょう》に住みますが、天文《てんぶん》六年（一五三七）には堺に戻っています。

当時の堺は一座建立を同じくする茶道具数寄の一大センターです。本章の冒頭に紹介した『山上宗二記』には、「紹鷗三十まで連歌師なり。茶湯を分別し名人になられたり」とあります。紹鷗は連歌師だったのです。三条西実隆《さんじょうにしさねたか》から定家の『詠歌大概』を伝授され、享禄《きょうろく》五年（一五三二）には剃髪《ていはつ》して禅門に出入りしたこともわかっています。なぜ紹鷗のような連歌師が侘茶のスタイルの確立に大きな役割をはたしたのでしょうか。それには連歌のしくみというものを知る必要があります。ごく簡潔にその特徴を紹介しておきます。私は「日本という方法」に連歌が占めていた役割がかなり大きかったと見ているのです。

連歌は、和歌や歌合せをもとにしながらも、そこに唱和と問答という片歌や旋頭歌《せどうか》などといった古代からの編集の遊びの流れを加えて成立していったものです。最初は一句連歌（短連歌）で、縁語《えんご》や掛詞《かけことば》などをたくみに駆使した「付合《つけあい》」（のちに説明します）が貴族や僧侶の余技の遊びのように流行し、およそ王朝和歌のもつ風雅に反した戯れがよろこばれます。

それが院政期になると、受領《ずりよう》層から女房・遊女・地下《じげ》層に広まり、東国・西国を問わぬ全国的なすさまじい流行となった、それに応じて鎖《くさり》連歌（長連歌）が編み出され、一句連歌の競いあう戯れのおもしろみから技巧を凝らす歌の変化のおもしろみのほうに主眼が移っていった。

ここに「物名賦物《もののなふしもの》」というすばらしい趣向が登場するのです。とくに十三世紀には、その物名賦物が「何水何木・何所何殿・唐何何色・物何何事」といったような、いわゆる複式賦物に変わっていって、かなり複雑に、かつおもしろくなります。定家の『明月記』によれば、そのようになっていったのははっきり嘉禄《かろく》期（一二二五〜一二七）をさかいにおこったことだと言います。

このころ（後鳥羽院失脚以降のこと）、それまでの「有心《うしん》無心の競詠」のスタイルが退色して、連歌が公家《くげ》の邸宅などを借りて遊ぶ「一味同心する連衆」のものになっていきます。有心無心の競詠とは、「有心《うしん》」が和歌の風尚をもつ句のことを、「無心」とは俳諧《はいかい》的でやや軽みのある句のことで、それを狙って詠むことです。それを連衆がたのしむようになった。みんなが集まってたのしんだ。また、春秋の仏会祭礼という場を活用した花下連歌《はなのもとれんが》（地下連歌）が台頭して、その宗匠に善阿《ぜんな》や救済《ぐさい》が登場してくると、連歌の座に参加することが個性を磨く手段ともなっていきました。連歌は民衆の文化学習の場になっていくのです。

こうして堂上連歌を代表する二条良基《にじようよしもと》と地下《じげ》連歌を代表する救済が連携するという劇的な出来事がおこります。そして『応安新式』と『菟玖波集《つくばしゅう》』という画期的な連歌編集にとりくみます。ここに連歌は一躍にして和歌界をリードする文化になったのです。それにつれて連歌師によって一座をつくる動向がさかんになりました。

それが連歌師の宗砌《そうぜい》・心敬《しんけい》・宗祇《そうぎ》の活躍の時代です。連歌師は言葉を紡ぐプロというだけではなく、連歌の一座の趣向のいっさいを演出してみせる文化のエディターであり、かつ各地の人々をつないでいくエディトリアル・ネットワーカーになっていったのです。

では、おおざっぱに連歌の概要を示しておきます。

連歌一巻を巻くことを「一座を張行《ちようぎよう》する」といいます。この一座は宗匠、書記役の執筆《しゆうひつ》、連衆によって成立します。二条良基の『連理秘抄』には、「一座を張行せんと思はば、まづ時分を選び眺望を尋ぬべし。雪月の時、花木の砌《みぎり》、時に随ひて変る姿を見れば、心も内に動き、言葉も外に顕《あら》はるる也」とあります。そしてさっき言った「賦物《ふしもの》」というお題が出るのです。

この張行プランはすべて連歌師が組み立てます。そこに格別の趣向がかかっていた。一座がつくられると、そこに連衆が集います。連歌で重要なことはその連衆たちが「付合《つけあい》」をするということにあります。付合は、前に詠んだ歌や句を次にこれに連ねて詠む者が、その風趣を引き取って詠むことです。五七五の「発句《ほっく》」を七七の「脇句」で受け、これを五七五の「第三句」に転じて、以下を七七の短句と五七五の長句を交互に挟んで付句を連ね、ついに百句百韻に及ぶ。

これがスタンダードになっています。つまり連歌は十数人あるいは数人で百韻を詠むのが基本のオーダーなのです。ただし百韻をただ詠めばいいというわけではない。そこにはかなり複雑で、美しいルールがある。

百韻を一巻として、懐紙《かいし》全紙を横に半折して折紙四枚に書きとめます。折紙は折目を下に一句を二行に分けてしたためる。そこで第一紙が「初折《しょおり》」となり、その表の右端に張行年月日と場所を細字一行でしるし、句は全紙の三分の二のあたりから書き初めます。表に八句、裏に十四句。第二紙が「二の折」で、表裏に各十四句ずつ、第三紙「三の折」も同じくし、第四紙を「名残《なごり》の折」とみて、表に十四句、名残裏に八句を綴ります。三の裏と名残の表には、特別に「見渡し」などというはなはだ綺麗《きれい》な言いかたがついています。

その初折の第一の長句が「発句」、名残裏の八句目すなわち一巻の百句目が「挙《あげ》句《く》」です。それで挙句の果て、一巻の終わりのお開きになる。こうしたことを連衆あるいは会衆とよばれるメンバーが集まって、頭役の世話のもと、宗匠と執筆《しゅうひつ》（書記役）の指南と記録によって一巻を詠みあうのです。のちに亭主役が台頭し、張行主となりました。やがて宗匠が亭主をつとめることも多くなっていきます。

一座建立と付句の世界

連歌には会席が重要でした。それゆえ張行するにあたってはどこで会席をするかという選定に趣向を凝らします。そのことのおおざっぱなヴィジョンを示したのがさきほど引用した『連理秘抄』の「一座を張行せんと思はば、まづ時分を選び眺望を尋ぬべし」です。また「大飲荒言の席、努々張行すべからず」などとも戒めている。

会席が決まれば、床の間に菅公《かんこう》天神または渡唐天神の画像あるいは南無天満大自在天神の名号の掛軸をかけ、花を立てる。立花《たてはな》です。その立花の前に文台と円座をもうけて宗匠と執筆が坐る。宗匠の会釈とともにいよいよ連歌のスタートになるのですが、ここから懐紙の折りかた、墨の磨《す》りかた、筆の使いかたの「持成《もてなし》」があって、発句の初五文字が復唱されるのを俟《ま》って、およそ十時間になんなんとする一座建立がはじまり、四折百韻をめざしてすすむのです。一句ずつに趣向がうつろい、それでいてその会のおもかげをみんなで求めあうのです。

連歌は趣向の連鎖なのです。「おもかげ」を求めた「うつろい」の文芸なのです。前句と付句の付合で二句一連、その単位で「おもかげ」と「うつろい」を楽しむのです。

したがって文芸様式からみれば、連歌は一種の唱和体というスタイルとテイストに掛けた文芸です。ただし唱和体ではありますが、その唱和の仕方が凝っていた。たとえば連歌師の宗祇《そうぎ》は「のきてつづく」と言いました。「のく」は退くことで、離れていく言葉や近寄らない一句の風情のことをいいます。離れる句を放ちながら、次に続けていくのが名人宗祇のいう連歌でした。

また「さりきらい」という趣向があった。去嫌と綴る。やはり唱和の仕方です。連歌一巻のうちに同字や同事が近接して多用されるのを嫌って、二句去り、三句去り、五句去りをあえて詠むのです。同じ言葉や同じイメージの言葉をわざわざ二句あけてつかい、三句あけて入れ、さらに五句をあけてから思い出すようにつかうという極上の編集技法です。体言止めと用言止めは続いていいけれど、体言体言で両句が止まるのは去り嫌いとされました。

連歌にはこのような手続きが、感覚的ではありますが、陶冶された言葉で説明される方法が満ちているのです。

連歌から茶の湯の「見立て」へ

このような連歌を連歌師が組み立てていったわけでした。紹鷗はその一部始終を心得ていた。そしてその仕組みを茶の湯に転じていった。一座をしつらえ、道具をつかった作法で〝茶の連歌〟を進めていくようにした。このとき紹鷗が重視したことがありました。賦物《ふしもの》のルールをうまく取りこもうとしたのです。

連歌には押韻がなく、韻字がありません。その代わり賦物《ふしもの》の約束がつくられていた。『八雲御抄』には「賦物は連句の韻に同じ」と書いている。韻のかわりに賦《ふし》があったのです。賦とは「分かち配る」ということです。何を分かち配るのでしょうか。「好み」を分かち配るのです。その方法を紹鷗は茶の湯に転用したのです。

連歌は二句一連の短連歌が最初にあって、それが次々に連なっていく長連歌に発展していったものでした。短連歌なら前句と付句の「あいだ」は、縁語《えんご》や掛詞《かけことば》などの和歌にも常用されてきた手法でつなげます。けれども十数句、数十句と続く長連歌では、発句と第四句以降はまったく関係のない有心や無心が詠まれていくことになりかねません。

しかし、これでは一巻の張行はかなり勝手なものになるばあいも多い。実際にもそういう連歌も横行した。連歌の技法は連想にあるとはいえ、それではただの連想ゲームがはてしなく分岐していくだけになる。そこで、和歌や漢詩がもっていた物名《もののな》や隠し題といったルールを連歌全貌《ぜんぼう》に浮上させることにしたのです。それが賦物なのです。紹鷗はここに注目した。

賦物世界は多様です。たとえば鳥の名や魚の名を詠みこむ賦物があります。たとえば前句に鳥の名が出てくれば、付句は魚の名をつかうというふうになる。この短連歌ふうの対応関係を、賦物連歌では、長句（五七五）で鳥を詠み、短句（七七）で魚を詠みというふうにして、百韻すべてに交互に鳥と魚を分かち配って及ばせるのです。

たとえば「花鳥の床に散りしくすすき哉」の前句に、「こがらしながら枯るる秋草」と付けました。床に散らばるススキに秋草の枯れた風情を付け合わせたわけですが、よくよく見ていただくと、ここには魚と鳥の賦物が隠れているのです。ススキは濁点をつけない中世ではスズキとも読めて、これは鱸《すずき》です。付句のほうはといえば、ここには木枯《こがらし》という五文字の音の中にコガラという鳥がいる！　なんとも超絶至極。こういうものを「賦《ふ》鳥魚連歌」と言いました。それをなんとも百韻にわたって連打しつづけたのです。

このほかいろいろの縛りをたのしむ賦物があった。ごくごく初級では賦名所連歌。

「月にふるしぐれや風の音羽山」に対して「散らぬ紅葉に相坂の関」とやる。名所を次々に折り込んでいくというものです。冠字連歌もあった。たとえば「いをねぬや水のもなかの月の秋」に続いて「ろをおす舟の初雁の声」というふうにする。頭字で「い・ろ・は・に」と折りこんで詠んでいく。有心無心の賦物連歌もあります。さきほども説明しておいたように、「有心」とは和歌の風尚をもつ句のことを、「無心」とは俳諧的でちょっと滑稽《こっけい》な趣向の句のことをさします。そこで「えせ衣被《かつ》ぎ猶ぞねり舞ふ」に「玉鬘《たまかつら》だれに心をかけつらん」というふうにつなげていきます。

このような連歌の賦物のルールを、茶の湯はたくみに応用したのです。とくに本歌取りをしつづける賦物連歌は積極的に茶の湯に移されます。連歌でいえば「乙女子が葛城山を春かけて」という前句に、「霞めどいまだ峰の白雪」といったふうに、葛城の黒に対して白雪の白を入れるという手順です。

この趣向は「見立て」です。紹鷗はこの見立てのルールを茶の湯の「好み」に移しきっていったのです。ふりかえってみれば、連歌は季節・色合・歌枕・名物・本歌などをつかって、連衆たちが詠みあげていく言葉にさまざまな「見立て」を投じていく編集技法でできあがっていたのでした。そこには類似・比喩《ひゆ》・対照を用い、対立・付属・共振を揺らし、引用・強調・重用を散らせて、つねに連想を鍛えに鍛え抜くという下地ができています。それを茶の湯は引用していったのです。

まとめていえば、連歌は「唱和」と「問答」の文化でした。そのことを一座を組んで相互の参画状態にしていく遊芸でした。

茶の湯も主客が心をつなげて「取り合わせ」をたのしみます。その日の季節や時間にあわせて趣向を用意する。床に掛物を掛け、その日の趣向を暗示する花を活《い》けておく。一輪かもしれないし、花のない草かもしれません。釜《かま》も選びます。茶入や茶杓にも賦物の意向が忍ばせてある。やがて亭主があらわれて茶を点《た》て、用意の茶碗を客に差し出すと、そこに一番の「好み」があらわれ、その茶席の数寄の感覚がどのような賦物《ふしもの》で見立ててあったのかが、忽然《こつぜん》と見えてくるのです。

茶の湯は連歌師の趣向と作分を梳《す》いて漉《す》いて、透いていきながら主客の関係を上品にとりこんだものなのです。そうした連歌師の一人に、利休の師にあたる武野紹鷗がいたわけでした。その紹鷗が茶の湯に入ったのは、連歌の寄合と茶の湯の寄合が「雑《ぞう》談《だん》と遊芸の文化」として地つづきに連続していたからでした。紹鷗にとって二つの遊芸はことごとく隣りあい、重なりあっていました。私は、紹鷗こそが今日の茶の湯の原型をつくった作分の張本人ではないかと推理しています。

近世、こうしたいくつもの「座の文化」が主客のあいだに浮かぶ面影を求めて、相互につながりあったのです。数寄と好みと付合《つけあい》は、すぐれて「日本という方法」だったと言うべきでしょう。

第7章　徳川社会と日本モデル

日本の本来と将来

私たちは日本の「本来」と「将来」の両方にまたがって暮しています。過去と未来ではなく、本来と将来。私は未来論というものをほとんど信用していないので、あえて「将来」という言葉を使うのですが、将来のためには「本来」がよく吟味されなければならないと考えてきました。

そこで本書の前半では日本の本来にまつわる風土や神仏の問題を、照葉樹林帯、華人ネットワークとの関係、和漢の比較、数寄の文化などを通して説明してみました。そのために「おもかげ」と「うつろい」をキーワードにしたわけです。

この第7章からは、日本の将来のための議論に入っていこうと思います。歴史の舞台も徳川社会にすすみます。しかし「おもかげ」と「うつろい」はあいかわらずキーワードです。なぜなら日本の将来を見るには日本の本来が見えていなければならず、それには面影を見失ってはならないからです。

日本の近世社会（安土《あづち》桃山《ももやま》時代以降）は織田信長の登場によってガラリとその様相を変え、つづく徳川時代は鎖国政策と幕藩体制という徹底した国内実用主義を採ったため、それまでとはかなり異なる社会文化を創出することになりました。面影のあらわしかたも変化した。歌舞伎や浮世絵が充実し、連歌から俳句が自立していった。それが明治維新に突入すると、さらに劇的な変貌をとげます。たとえば私は日本の多神多仏は多様に融合していたと書いてきたのですが、明治では神仏分離が命じられてしまったのです。こんなことはかつてなかったことです。

歴史の変転のなかで、日本の本来と将来を見る視点も大きく変化していきます。当然のことでしょう。その変化や変質が妥当だったかどうかは別問題です。また近世近代では日本は東アジアをとりまく国際社会というものに出会うことになるのですが、その自覚のもとに考え出した日本モデルや国際的日本像が、よく日本の本来と将来を見据えたものになっていたかということも、別問題です。けれどもそこに初めて「世界の中の日本」というプロフィールが動き出していったことは否めません。

近世近代がこのように変貌していったということは、私は面影とはプロフィールのことだと言いましたが、そのプロフィールが国家大のサイズや世界大のサイズでじょじょに胎動していったということです。当然、隣接した朝鮮や中国との関係にもリアルサイズの変動がおこります。日本はその変動のなかで日本の面影を追求しなければならなくなったのです。

秀吉のアジア政策と徳川体制

第2章に概略を示しておいたように、倭国を脱した日本は大和朝廷このかた大王《おおきみ》から天皇への移行を国内の統一的なセンターに戴《いただ》いてきました。その天皇の権力はわずかな例外をのぞいて必ずしも絶対的なものではありません。たえず摂政・関白・将軍・執権がいて、国政の大半はそうした政治家が動かしていた。ときには平清盛や足利義満のように国王に君臨しようとしたり、また平将門《まさかど》や藤原純友《すみとも》のように諸国で天皇まがいの権威を発揮しようとした者もいた。

天皇が実権を握ろうとした時期も何度かありました。後鳥羽院や後醍醐天皇はその代表ですが、後鳥羽院は承久《じょうきゅう》の乱で、後醍醐天皇は正中《しょうちゅう》の変と建武の中興で、あえなく失敗した。その後、日本は室町将軍のもとに戦国大名の割拠が続き、ついで信長の天下一統をもって新たな体制に入っていった。以降、幕末の光格《こうかく》天皇まで、天皇が実権を握るチャンスはほとんどなくなってしまいます。

信長の政治ははなはだ大胆なものでした。延暦寺《えんりゃくじ》の焼打ちや堺の壊滅から、安土の宗論《しゅうろん》や楽市楽座まで、どんな政策にも徹底したカリスマ性を発揮した。信長はイギリスのエリザベス女王、オスマントルコのスレイマン一世、スペインのフェリッペ二世、ムガール帝国のアクバル大帝とほぼ同時代の為政者です。まさに典型的な専制君主のふるまいを日本で発揮したのです。

しかし明智《あけち》光秀《みつひで》に暗殺されたため、そのプランの大半は国内政治の改革でおわります。ついで登場した豊臣秀吉も国内政治にずいぶん改革の手を及ぼしましたが、長命のためあって、一方でアジア戦略にも手をつけました。さあ、問題はここからです。日本の近世近代の国家モデルは、ここから揺動していくのです。

秀吉が何をしようとしたかといえば、中国大陸の制覇をめざしたのです。もっともイエズス会の宣教師ルイス・フロイスによると、信長も大陸に攻め上りたい野心をもっていたようです。

秀吉の大陸制覇の野望はとんでもないものでした。

その野望を知れば知るほど、腰が抜けそうになります。もともとのきっかけは勘合《かんごう》貿易を再開して有利な通商力をもとうとしたことにあったのですが、島津《しまづ》を討ってから野望がどんどん膨らんでいる。明国とルソン・マカオ・ゴアなどを支配下に入れるという大計画です。

甥《おい》の関白秀次《ひでつぐ》に渡した二十五カ条の朱印状（命令書）を見ると、日本・朝鮮・中国にまたがる破天荒な「国割り」のプランが示されています。まずは、後陽成《ごようぜい》天皇を北京に移す。ついで大唐の関白には秀次を就任させる。一方、日本の帝位は若宮（良仁《かたひと》親王）か八条宮《はちじょうのみや》（智仁《としひと》親王）に継いでもらい、その関白職に羽柴秀保《はしばひでやす》（秀次の弟）か宇喜多《うきた》秀家《ひでいえ》を就かせようというのです。朝鮮は羽柴秀勝《ひでかつ》あたりに統治させ、国内では中国・朝鮮に近い九州を強化して、そこを小早川秀秋《こばやかわひであき》に任せる。秀吉自身は家族とともに寧《ニン》波《ポー》に居住するという予定まで書きこまれていました。

あまりに向こう見ずというのか、不埒《ふらち》なほどに粗野で不敵な計画です。とくに朝鮮に関白職を予定していなかったところが不気味です。秀吉には朝鮮半島は〝国内〟とみなされていたからです。この朝鮮観はその後の近代日本にも引き継がれます。

周知のように、この計画は机上でおわったわけではありません。最初は対馬《つしま》の宗《そう》氏を通して九州平定が終了したら東アジア政策に乗り出し明を討つつもりだから準備をしておけと言い、ついで小西行長《ゆきなが》らを仲介にして、もし朝鮮側がぐだぐだ文句を言うようだったら朝鮮出兵するから覚悟をしておけと申し渡してあったのです。明に戦争を仕掛けるための道を準備しておけという意味です。朝鮮側は秀吉の文書に「征明嚮《せいみんきょう》導《どう》」という四文字があったのでびっくりしてしまいます。大明帝国を征服するなんてとんでもないという反応です。あっというまに弱腰になります。

しかしそんな程度で秀吉は引くつもりはない。それなら朝鮮から先に討とうということで、文禄《ぶんろく》元年（一五九二）の四月十二日に一番隊の小西行長・宗義智《よしとし》の軍が釜山《プサン》に渡って、たった四時間で攻め落としてしまいます。その後は二番隊の加藤清正らが東路を、三番隊の黒田長政・大友義統《よしむね》軍が西路を攻め上がって、一ヵ月をかけずに漢城《ハンソン》も平壌《ピョンヤン》も陥落してしまいました。

が、そこから手こずります。漢城にいた朝鮮国王は鴨緑江《おうりょくこう》に逃れて明国に援軍を求める一方、李舜臣《イ・スンシン》が率いる朝鮮水軍が猛然と反撃を開始した。秀吉の軍勢は十六万におよんだのですが、まったく互角の戦いになる。そこへ明軍も次々に投入されてきた。

事態は膠着《こうちゃく》してしまいます。これが文禄の役《えき》というものです。

　さすがの秀吉も事態が進捗《しんちょく》しないので、やむなく休戦を考えます。明としてもあまりに戦費がかさむので適当に切り上げたい（このあと明は滅亡に向かうのですが、その原因の大きな一端が文禄の役の戦費の費《つか》いすぎにあったといわれます）。ところがその休戦協定の提案がまたまた呆《あき》れるようなものだったのです。

　秀吉は和議の条件として、またまた横暴にも明の皇帝の娘を日本の天皇家に降嫁させるという申し出をした。こんなことを中国皇帝が受け入れるはずがない。中国は中国で、冊封《さくほう》を甘んじるなら秀吉を日本国王に任命してもいいと、これまた高飛車です。そのための金印まで用意していた。

　これでは両国の和議工作がはかどるわけはなく、結局、秀吉は激怒して二度目の出兵を敢行します。これが慶長《けいちょう》の役です。しかし秀吉軍はまたまた李舜臣《イ・スンシン》の反撃に苦しめられ、苦杯を嘗《な》める。一方、朝鮮を救った李舜臣はのちに朝鮮最大の英雄として語り継がれます。

こんな話がのこっています。日露戦争でバルチック艦隊を破った東郷平八郎は列強各国からその作戦を激賞されましたが、その東郷が「自分はナポレオン艦隊を撃破したネルソン提督とくらべられるのは嬉《うれ》しいが、とうてい李舜臣には及ばない」と語ったというのです。以上の文禄・慶長の役は韓国では壬辰《じんしん》・丁酉《ていゆう》の倭乱《わらん》といいます。

ちなみに今日の韓国で最も嫌われている日本人はプンシン・スギルとイドン・バクムンです。誰だかわかるでしょうか。豊臣秀吉と伊藤博文です。伊藤は日韓併合の立役者、初代の韓国統監府統監でした。

朝鮮半島の陸と海を戦場にした前後七年にわたった過激な戦争は、秀吉の死によって終結しました。しかし、その惨憺《さんたん》たる結末は次の徳川時代の日本モデルを変えてしまうに足るほどのもの、何か大事なことが喪失されたか、あるいは目覚めさせられたかというべきほどの大失敗でした。

これからその変化の最も重要なところだけを話すつもりですが、その前に文禄・慶長の役で文化・思想・技術面で流れこんできたものがあったことを付言しておきます。

ひとつは陶芸技術、ひとつは朱子学です。

陶芸技術はこれをきっかけにして有田・伊万里・萩・薩摩焼などがおこります。古田織部《おりべ》が連房式登窯《のぼりがま》を美濃で設営するようになったのも、酒井田柿右衛門《さかいだかきえもん》が有田に染付《そめつけ》磁器を開発するようになったのも、唐津《からつ》に連れてこられた朝鮮の窯業テクノクラートに触発されてのことでした。

朱子学は藤原惺窩《せいか》と捕虜となった姜沆《カンハン》の交流が有名ですが、これによって徳川幕府に儒学イデオロギーが一挙に流れこむようになりました。この儒学イデオロギーの日本的編集こそが日本という国家のモデルに多大な影響をおよぼします。

徳川幕藩とレジティマシー

家康が征夷大将軍になって開府した徳川幕府には二つの大きな意味があります。ひとつには、徳川社会が必要としたのは戦後体制だったということです。北条執権政治の凋落《ちょうらく》このかた三〇〇年にわたった内戦と秀吉の朝鮮出兵という無謀な計画にやっと終止符を打ったという意味での、戦後体制です。戦後平和体制です。

もうひとつは、徳川体制とは東アジアの中国中心の華夷秩序から自立するための体制だったということです。わかりやすくいえば徳川社会は日本が日本として自立する可能性に賭《か》けた。これは白村江《はくそんこう》の敗戦で「倭国」が「日本」にやむなく自立したことにくらべると、すこぶる自覚的なものだったと思います。私はこの第二の特色に関心をもっています。

では、どのように徳川日本は自立の方針をとっていったのか。また、それをどのように実現したのか。それともうまく実現できなかったのか。実はその方針と経緯というのがなかなかこみいっていたのです。

幕府は徳川体制を構築するにあたって、まずもって藤原惺窩や林羅山《らざん》に頼んで中国の儒教儒学のエッセンスを政治思想にとりいれようとします。なぜそのようなことをしたかというと、日本政府としてのレジティマシー（正統性）がほしかった。

徳川幕府の体制の根幹は、家康が覇権を秀吉から継承して武家諸法度や公家諸法度を決めたということにはなくて、天皇から征夷大将軍に任ぜられたということにあります。徳川家の出自は三河岡崎の小さな城主にすぎませんが、この天皇からの任命を大筋にして、そこに何かを積み上げればレジティマシーがつくれるはずです。

こういうレジティマシーをめぐる考えかたは信長や秀吉になくて、家康にはあったものです。信長・秀吉は自分の力で頂点を制しようとして、それを遮るものは打倒するという方針です。それが将軍家であっても比叡山《ひえいざん》であっても、息子であっても親友であっても、堺のような都市であってもキリシタンであっても、中国であっても、です。けれどもそのような方針は国内では通用しても海外では通用しない。また、トップにいる自分の力が弱まってしまうと、それを継承する保証は本人の存在以外にはなくなってしまいます。案の定、織田家は一代、豊臣家は二代で潰《つい》えます。これでは王朝にも王家にもなりません。

そこで家康はそこをもっと大きく捉《とら》えて、東アジア社会との関連から、中心軸としては中国との関係から、幕府の確立と将軍家の継承をなんとかして保証しようとしたのです。それにはどうするか。この問題をうまくクリアすることが初期の将軍家と幕閣の課題でした。

手っ取り早いのは、日本の歴史や特色がどうだったかなどということとほとんど関係なく、ある国に理想のモデルを求めてそれに近づくことです。徳川幕府にとっては、それは中国でした。

そこで林家に儒教や儒学をマスターさせ、中国思想や中国体制が国家の普遍原理であることを強調するようなプランを提出させようとします。事情は異なりますが、これは太平洋戦争敗戦後の日本がアメリカのモデルをまるごと受け入れたのと似ています。

しかし中国をモデルにするには、日本の天皇を中国の皇帝と比肩できるようにするか、あるいは中国の皇帝に準じる位置にあるようにする必要がある。その権威システムの流れをこそ正統化しなければなりません。それができれば、その天皇から征夷大将軍を任命された徳川幕府というレジティマシーがつくれます。

徳川政権初期においては、このことをどうすれば正統化できるかというと、たとえ強引ではあっても、「天皇は中国の王朝とつながりがある」というような理屈が通ればいいという発想をしてみることでした。

こんな理屈ははなはだ乱暴なものですが、意外にもこういう論議は以前の日本史にもあったのです。たとえば五山僧の中巌円月《ちゅうがんえんげつ》は「神武《じんむ》天皇は呉《ご》の太伯《たいはく》の子孫だ」という説をとなえていて、その説が入れられなかったのでその書を焼いている。林家は過去にもそのような日中同根のルーツ議論があったのだということを持ち出して、この「天皇正統化」を根拠づけようとします。

これはいわば、「中国モデル↓天皇↓徳川幕府」というふうになるような方程式をつくりあげることです。その方程式はあまりにも勝手なものですが、幕府にとってはそれが通ればいい。林家の儒学はそれをまことしやかにするための武器でした。

明の崩壊が与えた影響

徳川幕府が考えた「中国モデル↓天皇↓徳川幕府」の方程式とは、中華秩序にあやかって日本の位置を確定し、徳川幕府がその正統な嫡子《ちゃくし》であることを立証しようというものでした。いいかえれば、日本という国家のモデルを中国という大きい国家のミニモデルにするということです。そのために、中華秩序と幕府とのあいだに天皇をもってこようと考えた。

林家の儒学はその理屈を用意するためのものでした。しかし実際には、この幕府御用の「中国をモデルとした正統性」をめぐるプランはうまく作りきれなかったのです。肝心の幕府の計画のモデルは作れなかった。なぜできなかったのか。このことはたいへん重要な問題なので、かいつまんで説明しておきます。

直接の原因は〝本場〟であったはずの中国で明朝の崩壊と、漢民族ではない満州族の清朝（最初は金《きん》）の台頭がおこったことにありました。しかもその時期が徳川幕藩体制の確立の時期とぴったり重なっていたのです。

大帝国の明が滅びたということは、東アジア社会の最大の事件です。当然、直接に日本の体制に響きます。唐が滅びたときも、異民族の元が中国の王朝をのっとったときも、日本の社会文化ではその時期に国風文化が台頭し、その時期に神国思想や禅林文化が台頭していた。すでに何度も説明してきたように、日本から見れば中国こそは「真」なのです。真名《まな》に対して仮名《かな》があるように、この「真」がおかしくなってしまっては日本は困る。しかし、それをチャンスにする手もある。明は自壊しつつあったのです。

明の倒壊は日本にとっての大事件でした。用意周到な家康にして、予想もしていなかったことでしょう。本場中国のレジティマシーそのものがおかしくなったわけで、「中国モデル→天皇→徳川幕府」の方程式を成り立たせている大前提の中華秩序の軸がなくなってしまったのです。比喩《ひゆ》的にいえば、あたかもソ連が消滅したので、突然に東欧諸国や各国の社会党・共産党の路線に変更が出てくるようなものです。

このため幕府の御用理論はお手上げになります。なぜかというと、中華思想というものは儒学で支えられているのですが、そこには天子（皇帝）と人民とが「理」としてぴったり対応できているという「天人合一型の理気哲学」というものが機能していて（次章で説明します）、それによって中華の秩序は保たれているのですから、それがなくなってしまっては、どこからレジティマシーの根拠を持ち出してよいやらわからない。

こうなるといくら中国皇帝と日本の天皇と徳川征夷大将軍を一本の「理」でつなげても、公的な正統化にはなりません。そこでここから先、幕府はむしろ内政体制を徹底するようになっていったのです。これが「鎖国」に踏みきった大きな理由でした。

なお本書ではわかりやすく鎖国というふうにしておきますが、実際には半鎖国と見たほうが妥当です。

中華秩序の中軸にあった明の崩壊はいろいろな影響を日本にもたらしました。もはや中国は頼りにならない。いや、新しい大陸情勢を頼りにしたのではノン・チャイニーズの体制（金や清の体制）にそのまま組み込まれてしまいかねません。第2章で「倭」から「日本」への流れをスケッチしたときに話しておいたように、日本にとっての中国とはあくまで華人（漢民族）のネットワークの中軸をあらわしているのです。

しかし、その純正華人の中国（明朝）がなくなってしまった。中国発信の国づくりはできなくなった。ということは、日本は日本で国家体制を組み立てていけばいいということにもなります。日本は独自に産業をおこし、日本の物産による生産体制や経済体制をつくりあげればいい。

実際にも中国を気にしなくなってからは、いろいろのことの踏ん切りがつきます。鎖国（半鎖国ですが）をし、国産の物産の奨励が進み、これに応えて丹羽正伯《にわしょうはく》や稲生若水《いのうじゃくすい》の産物調査を施行したり、貝原益軒《かいばらえきけん》が『大和本草《やまとほんぞう》』を著したりしたのはそのせいでした。

幕府は、中国の本草学（物産学）のデータに頼らない国内生産のしくみやその増進の組み立てに向かうことになったのです。「実学」の発動であり、国産化のスタートで

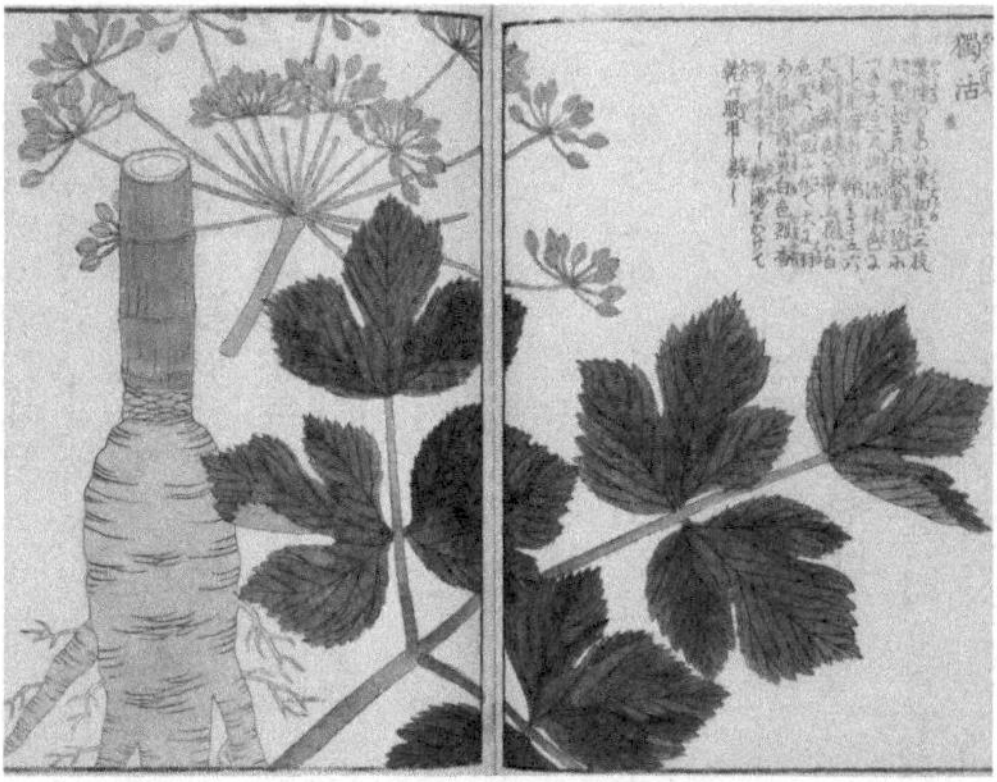

「大和本草」の成立は、江戸博物学の興隆にもつながった。図版は岩崎灌園による「本草図譜」より「独活」。文政年間に完成

した。徳川幕藩システムの自給自足体制、をこうして充実していきます。

しかしでは、それで日本という国の本来と将来を確立していくという国家の理念のほうの課題のケリがつくかといえば、そうはなりません。オランダとの交易を継続しながら鎖国をし、幕藩体制の秩序をつくり、実学がおこり物産の国内体制もうまくいきそうになってはきたものの、国際関係のなかの日本という国家の秩序には、なんらの理屈も保証も成り立ってはいないのです。

一方、中華秩序をとりいれるために当初に導入した儒学のイデオロギーのほうは、徳川社会のそこかしこにどんどん流出していきました。それなのに、その儒学イデオロギーをつかった日本モデルを幕府はつくれてはいない。

三代将軍の家光時代の前後になると、内乱なき日本列島で（内乱は島原の乱を最後になくなっています）、そもそも「日本とはどういう国であるべきか」という議論が澎湃《ほうはい》と沸き上がってきたのです。これには幕府も焦りました。

焦ったのは幕府だけではありません。水戸藩の徳川光圀《みつくに》らも憂慮した。水戸黄門《こうもん》です。光圀は明の王室から逃れてきた重臣の朱舜水《しゅしゅんすい》が長崎にいるという情報を聞きつけ、いったいどのように日本という国家の本来と将来を考えていけばいいのか、そのヒントを得ようとします。ここでは詳細を省きますが、このとき朱舜水が与えたヒントが、光圀が彰考館《しょうこうかん》を創設して『大日本史』という大部の日本史書を編纂《へんさん》するトリガーになったのでした。明の崩壊は、さまざまな意味あいで日本人に「日本史」というものをどのように組み立てるかをはじめて突き付けたのです。

山鹿素行の日本モデル

幕府の内外で日本史や日本モデルについての新しい考えかたが出てきたということは、「日本という国家」をめぐる議論がやっと本格的に出てきたということです。これはいままでになかったことです。国を憂えて議論を展開する例は、たとえば日蓮の『立正安国論』や北畠親房《きたばたけちかふさ》の『神皇正統記』をはじめいくつか著されていましたが、そこに国際性を意識した日本モデルが提案されているということはありません。

では、徳川社会でいったいどういう議論が生まれていったのでしょうか。実は、そこにあったのは「中国にモデルがないのなら、日本自身をモデルにすればよい」というものだったのです。わかりやすくいえば「日本こそが真の中国になればいいじゃないか」というもの、つまり中華思想（華夷秩序）の中軸を日本にしてしまえばいいという考えかたでした。

これなら、日本の天皇は中国皇帝から分かれたとか、古代神話をなんとか解釈しなおして中国皇帝と日本の天皇を比肩させるといった変な理屈を持ち出さなくてもいい。「日本が中華なんだ」とみなせばいい。しかし、日本にそんな中華秩序の中軸を担うような根拠がオリジナルにあるというのでしょうか。あるはずだという議論と、そんなものはないんじゃないか、それでもいいじゃないかという議論が噴き出ました。

いろいろの仮説があったのですが、最も代表的な議論をとりあげておきます。山鹿《やまが》素行《そこう》が『中朝事実』という著作に提案したものです。

山鹿素行の日本モデルは、「日本＝中華モデル」です。山本七平さんは『現人神《あらひとがみ》の創作者たち』では「中朝論」と表現していました。中朝、すなわち中国と日本（本朝）の朝廷をくらべると、日本のほうが一貫性をもっているのだから、日本が新たな中華秩序の中心となるのは当然だというプランでした。一言でいえば「中国離れ」のロジックをつくろうということです。

素行はこのなかで中国の王朝がしばしば異民族の王朝になっているのに対して、日本の王朝は天皇家という同一王朝のもとに保たれていたことに意義を見いだします。そこで皇統の一貫性を説いた。天皇家の皇統が一貫しているのだから、その一貫性のある日本は中華の秩序の発信地になりうるという論法です。これはこのあとの日本モデルにさまざまな影響を与えます。いってみれば日本の天皇がそもそもの〝真の皇帝〟ということになるわけですから、このロジックが独り歩きすると大変です。

なぜなら『中朝事実』を拡大解釈すれば、話は日本列島にとどまらなくなってしまうのです。中軸としての日本の歴史的発展こそが中華文化圏全体の発展を促進するものだというような、まるで本末転倒したイデオロギーになっていく。これはのちのちの「八紘一宇《はっこういちう》」や「大東亜共栄圏」や「五族協和」の考えかたと同じです。

もっとも幕藩体制を固めている時期には、まだそこまでの構想は出ていません。ともかくも中国軸に頼らない日本軸が設定されるべきだという議論が確立されてきたというだけでした。

素行のロジックも、実際には十分に検討されたものではありません。出来もよくなかったし、すぐ影響力も発揮しなかった。しかし多くの亜流を生みました。日本の社会思想史ではこの亜流のほうがめんどうになることが少なくありません。日本主義であれマルクス主義であれグローバリズムであれ、亜流はつねに本流を駆逐する勢いをもつのです。徳川社会でもそうでした。

徳川経済のモデル

さてこのあたりで、いったん国家議論から目を転じて少し別の話をしてみたいと思います。

徳川社会は実に多くのことを試した時代でした。明が倒れ、鎖国がなかったらこうはならなかったかもしれませんが、まさに国産化が試され、芝居が試され、農事が試され、染めが試され、浮世絵が試され、思想が試され、メディアが試されています。しかもそれらをいま眺めても、そのほとんどがそれぞれ究極の仕上がり近くにまで達していたのではないかと思えます。つまり近代以降の技芸ではとうてい達しえないものに到達している技芸や遊芸が多いのです。

加えて、そのうちのいくつもの技芸や遊芸が、歌舞伎や俳句や文人画がそうであるように、現場から創発されて生まれていました。文化財や奨励制度などといった保護政策で育ったのではないのです。むしろ幕府は多くの自由表現を禁圧ばかりしていたのです。けれどもそれをかいくぐって文芸から工芸にいたる諸芸が起爆した。徳川社会ほどに文化実験的な創発力が熟成していた例は、世界史上でもめずらしかったと思います。

江戸という都市文化だけに照準をおいても、私はかつて十八世紀のロンドンとバグダッドと江戸を詳細に比較したことがあるのですが、その充実には目を見張ります。そこではある意味ではなにもかもが大仰に、ある意味ではなにもかもが故意に、そしてある意味ではなにもかもが極端に向かって、仕込まれ、析出され、演出され、消費され、洗練されていました。そのうえ、その生産消費サイクルは現在よりよほどリーズナブルです。

とくに派手と地味のどちらの方向でも、個性を賭けた方法の錬磨が競いあわれたということには、しばしば驚嘆させられます。それが諸国各藩にまで及んでいて、その地域の特色も組み上げていたのです。

たとえば武芸ですが、実戦の場で役立つことなどほとんど無縁であったのに（武力行使は禁止されていた）、なぜあれほどに磨きがかけられたのでしょうか。たとえば根付《ねつけ》ですが、なぜあれほどまでに精巧をきわめたのでしょうか。また遊郭ですが、なぜあれほどに花魁《おいらん》のふるまいを洗練させたのでしょうか。近松門左衛門の人形浄瑠璃など、それを超える仕組みをわれわれははたして近代以降に作りえたでしょうか。今日のITゲームに文楽を凌駕《りょうが》できるものがあるでしょうか。常磐津《ときわず》や清元《きよもと》や新内《しんない》に匹敵する音曲を昭和社会はつくったでしょうか。

しかもそれらは「おもかげの国」と「うつろいの国」という主題面から見ても、編集文化や編集方法という述語面から見ても、まことに絶妙で精妙な集約性と奔放で官能的な多様性をあらわしていたと思えます。

文化や芸術や職人の面ばかりではありません。経済社会の面においてもさまざまな試みが半ば成功していました。少々、経済の話にも注意を向けておきたいと思います。そこにも実験的な日本モデルはあったのです。たとえば「株仲間」という仕組みです。猫も杓子《しゃくし》も株式会社になっている今日の日本からみて、徳川の株仲間などたいしたものではないと想像するでしょう。M&AもTOBもない気楽な経済だと思うでしょう。ところがどっこい、そこには今日の株式資本主義には見られないものも創発していたのです。

宮本又次さんの『株仲間の研究』や岡崎哲二さんの『江戸の市場経済』によれば、徳川社会の株仲間では敵対的買収などはまったくありません。むろん制定商法などなかったからこれは当然のことですが、仲間のあいだでなんとか訴訟や仲裁を工夫して未然に事態を解決しようとしていたわけです。しかもよくよく見ると、そこには市場経済のシステムの萌芽がさまざまな場面に読みとれる。とくに天保《てんぽう》十二年（一八四一）

の株仲間解散令と嘉永《かえい》四年（一八五一）の問屋再興令に注目してみると、いろいろ学ぶべきことがおこっています。

徳川幕藩体制の経済システムの基礎が何でできていたかといえば、石高制《こくだか》と兵農分離制で支えられていました。

石高制は土地の標準的な米の収穫量を基準にして、知行と課税をおこなうしくみです。石高制での主要な貢租は現物の米で領主に納入され、領主とその家臣の武士たちはそれを生活必需品や武具や贅沢《ぜいたく》品と交換します。兵農分離制というのは、武士は農村から城下町に集められ、それにともなって武士に武具や生活用品を供給している職人や商人も城下町に移住したことをいいます。そういう武士たちが農村から分離したことによって、城下町に農産物需要も発生した。こうした城下町における貢租米と武具・生活用品の交換や、城下町と農村とのあいだの生活用品と農産物との交換を成立させている市場を「藩領域市場圏」といいます。

藩領域市場圏には、そこで自給交換できないものもいろいろあります。そのばあいは、とくに大坂・京都・江戸の三都が構成する中央市場でその不足の財が取引され、調達されました。

大坂は豊臣政権の本拠地であったことも手伝い、商工業機能が集中します。たとえば絞油業、綿業などが加工業を発達させ、各地の原料とそのような加工業をつなげるための東廻《まわ》り航路と西廻り航路の要衝として、大坂は機能した。京都は絹織物や武具や工芸で高度な技芸を提供しました。江戸は畿内《きない》からの手工業品と地方領国からの農産物を消費することが多いのですが、その消費ぶんを幕府による貨幣供給が補った。江戸は、いわば他の地域との貿易収支が大幅赤字なのですが、その赤字ぶんを貨幣収支で黒字決済していたのです。

このような三都と地方のあいだに徳川市場経済が成り立ったのは、各地の特産物が十七世紀後半には目立つようになり、そうした特産物の評判が経済行為に付加価値を提供できたからです。

こうなってくると大坂もたんなる財貨交通の要衝という機能から、財貨そのものの価値を動かすセンターに変貌していった。そのシンボルが大坂堂島《どうじま》の米相場《こめそうば》でした。世界に先駆けた先物市場の登場です。堂島では「帳合米《ちょうあいまい》」とよばれる先物の標準米が清算機能と会員組織をもった市場で日々取引されました。帳合米は一定の期間のなかの取引です。その初日の価格を初相場、最終日の価格を仕舞相場とよんだ。米の倉庫証券とでもいうべき「米切手」さえ売買されていたのです。

株仲間の独自性

徳川社会のもうひとつの特色は、司法と行政が分離していなかったところにあります。幕府は「法度《はっと》」によって慣習法を制定し、それ以外にも「条目・高札《こうさつ》・触《ふれ》・達《たっし》」を発令したのですが、地方大名にも独自の法を制定する権利が認められて、これを「自分仕置《じぶんしおき》」として藩法にしていきました。いわば地域解決型の地方自治です。

徳川司法はまた、行政機関である寺社奉行・町奉行・勘定奉行が同時に基本裁判機関の役割をもたせました。そのため寺社奉行は裁判を担当する吟味物調役を、勘定奉行は勝手方と公事方に分かれて財政と裁判を専門化していった。この三奉行で処置できない案件は評定所《ひょうじょうしょ》にまわり、そこでは今日の刑事事件と民事事件にあたる「吟味《ぎんみ》筋《すじ》」と「出入筋《でいりすじ》」の区別もおこないます。

その「出入筋」に、民事としての商取引問題や株仲間の問題がふくまれる。というのも出入筋はさらに「本公事《ほんくじ》・金公事《かねくじ》・仲間事《なかまごと》」に分かれていて、金公事は借金銀や売掛金などの利息付きの無担保の金銭債権をめぐる訴訟を、仲間事は組織のメンバー相互の利益配分をめぐる訴訟をあつかったからでした。

なぜここまで徹底していたかといえば、あまり知られていないようですが、徳川経済ではすでに分割払いとしての「切金《きりがね》」や、債務者に一括返済をさせるための「日限《ひぎり》済方《すみかた》」や、また当事者間で示談にもちこむ「内済《ないさい》」などがちゃんと機能していたからです。

徳川社会で「株」といえば、公共的に認可された営業特権のことをさします。「切り株」の株からとった用語です。株仲間はその営業特権としての株をもつ者たちが集まって結成する集団のことで、株仲間では、営業特権を示す「株札」を売買・譲渡することも、そこに書き入れ（抵当権の設定）をすることも、質入れをすることもできた。そのように株によって利益が確保され、権利が保証されることを「株式」というのです。

実際に売買された株の価格は営業から生まれる収益に依存します。江戸の十組問屋では、下廻船塩問屋株は二〇〇〇両から四〇〇〇両の、蠟《ろう》問屋株や木綿問屋株は一〇〇〇両の、それに対して熱田《あつた》の薪炭問屋株はせいぜい二五両か三〇両ほどの価値でした。

株仲間には「寄合」や「行事（行司）」という役柄《ロール》があって、株主総会にあたる機関は寄合が、今日の株式会社の社長にあたる役柄は行事がうけもちます。まさに室町の会所《かいしょ》の伝統や連歌の張行主や茶の湯の亭主の伝統が生きているのです。寄合は株数の多い株仲間（たとえば江戸の三所綿市問屋仲間）で月に二回を、ふつうは大坂の藍《あい》仲買問屋のように年に二回ひらいたようです。今日のような年一度の形式的な株主総会とはまったくちがっていた。

ちなみにヨーロッパで株式会社が生まれたのは、一六〇二年に設立されたオランダの東インド会社からですが、そこで「ストック（株）」と呼ばれたのも「切り株」の意味をもっていました。

徳川社会の株仲間が注目されるのは、仲間どうしにイコール・パートナーの思想が貫かれていたからです。中世には株仲間のようなものがまったくなく、もっぱらギルド的な「座」に頼っていました。中世の座は公家や寺社と結びつくことで荘園領主すなわち本所《ほんじょ》の力を強化するものです。

そのため諸課役の免除も特定商品の専売権も、さらには通行権や営業形態も本所によって仕切られるケースが多くなっていた。信長やそれにつづく大名が、領国一円支配を展開するために「楽市楽座」をおもいきって断行したのは、このような事情によっていました。

かくて徳川社会の株仲間は新しい経済力を発揮していったのですが、これを促進させたのは、吉宗の享保《きょうほう》の改革のときの株仲間の公認、大岡越前守忠相《ただすけ》による株仲間の監視制度の強化、さらには田沼意次《おきつぐ》が明和《めいわ》年間に実施した株仲間結成促進策と、そこから運上金や冥加金《みょうがきん》を取って幕府財政に直結させたせいでした。

近年の研究では、とくに田沼時代の経済政策の斬新さが見直されています。側用人から老中となった田沼は、今日に近い株式会社の利益によって幕政を潤わせるしくみがあることに気がついていたのです。賄賂《わいろ》経済に批判が集中する田沼時代にはもうひとつの顔があったのです。

ところが、天保の改革はこうした株仲間の可能性に水をさした。株仲間のしくみに文句をつけた。天保の大飢饉《だいききん》によって物価上昇が社会不安を拡大させていた時期、徳川斉昭《なりあき》や水野忠邦は物価騰貴の原因が十組問屋などの株仲間の価格コントロールにあるのではないかと見たのです。

それでどういうことになったかというと、天保の改革はまったく逆のほうへ進んでしまう。天保十二年、株仲間解散令が施行されてしまったのです。規制緩和が断行されたのです。たとえば菱垣廻船《ひがきかいせん》などの積荷はこれまで株仲間がその取引を仕切っていたのですが、これ以降は一般人が自由に売買してよろしいという触書でした。翌年には全国の株仲間にこれが適用された。しかし、この方針は物価騰貴を解決しなかったばかりか、いたずらに流通機構の混乱を増大させます。さっそく大目付の筒井政憲《まさのり》(いまの株式会社の社長)は、老中の阿部正弘に「株仲間を復活させれば株は担保となって資金の融通に寄与し、価格高騰に対する奉行所の監視もゆきとどくだろう」という提言をした。江戸町奉行の遠山景元《とおやまかげもと》も同様の提言をした。

幕府はこれに耳を貸さず、事態を悪化させてしまいます。規制緩和や民間主義は正しいと思いこみすぎていたのです。

結局、これらの提言が採用されたのは、株仲間解散令から十年もたった嘉永四年のこと、それが問屋再興令というものです。けれども経済政策が十年もまちがっていたらどうなるか。この十年のあいだに徳川経済は混乱し、こういうときにかぎってちょうど重なってきた黒船騒ぎの外圧によって、社会全体が幕末に向かって軋《きし》んでいくことになってしまいます。

経済政策というものはまかりまちがうと怖いもの、たいていは現場の声を無視するところからおこるのでしょうが、社会の危機はその声とは別の様相を呈することが多いのです。規制緩和が事態を好転させるともかぎらない。とくに問題は取り締まりを受けたほうの声が無視されることにあります。

江戸の株仲間を解散させた見通しのない経済政策は、今日のわれわれにも何かの重要なヒントを告げているようです。

第8章　朱子学・陽明学・日本儒学

二宮金次郎が読んでいる本

かつて全国の小学校の校門や校庭の多くには、薪《たきぎ》を背負って熱心に本を読んでいる二宮金次郎の像が立っていました。最近はあまり見かけないようですが、東京駅近くの八重洲《やえす》ブックセンターの前には金色の金次郎がいまも俯《うつむ》いて立っています。〝読書する少年〟という像だから書店にはふさわしい。

なぜ薪を背負った金次郎像が小学校に立つことになったのか。井上章一さんが『ノスタルジック・アイドル二宮金次郎』でその謎に挑んだことがありますが、明治の教育勅語的な政策が昭和になって延長され拡張された事情をみごとに裏側から暴いて、なかなかおもしろいものでした。

ところが、この二宮金次郎が歩きながら熱心に読んでいる本は何かというと、案外、知られていません。歩きながら読んでいるのだからよほどの名著でしょう。けれども私がこれまで問うたかぎりは誰も知らなかった。

この本は『大学』という本です。『大学』とは何でしょうか。四書五経のひとつです。儒学の九つの根本テキストのひとつです。では金次郎はなぜその『大学』を読んでいるのでしょうか。歩きながら読んでいるなんて、かなり熱心です。ここに、徳川社会における中国的な儒学の受容をめぐるさまざまな経緯を解くヒントがあります。前章でのべてきたようなこと、徳川社会はなぜ日本自身を中華にしようとしたのかといったことの、基本的な問題の背景が含まれています。

四書五経とは『大学』『中庸』『論語』『孟子』の四書、『易経』『書経』『詩経』『礼記』『春秋』の五経をさします。この順は中国でこれらのテキストが成立した順ではなく、中国で習う順です。その最初に『大学』があがっているのです。

こういうことを決めたのは宋の朱子《しゅし》（朱熹《しゅき》）でした。古代中国にはなかったオーダーです。中世になってから朱子が勝手に決めた。それまで科挙《かきょ》には五経を課していました。科挙は隋の文帝《ぶんてい》から始まっているのですが、唐代で文芸中心の進士科が重んじられ、宋代で朱子によって四書五経を対象とすることが確立するのです。五経はそのうちの一経だけを選択受験すればよかったから、いきおい四書が流行しました。なかでも『大学』はいわば共通一次試験の入門テキストのようなものだったので、みんなが読んだのです。

もっとも『大学』というテキストは古代からあったわけではなく、『礼記』の一部にすぎなかったものを朱子が自立させて『大学』としたものです。本来の大学の意味は「学の大なるもの」という意味で、漢の鄭玄《じょうげん》は大学を「博学をもって政となす」「博大聖人の学」と説明しています。大いなる学によって国がつくれるのだと説いていた。やがてこの大学の重要性を司馬光《しばこう》が拡張して、「正心・修身・斉家《せいか》・治国よりもって盛徳、天下に著明なるに至るは、これ学の大なるものなり」と解義しました。大学の思想はついに国の礎とみなされたのです。

朱子は、それを三綱領八条目に整理しました。三綱領は「明徳」「新民」「止至善」のこと、「明徳」は自分を修める「修己」のためのコンセプトで、「新民」(親民)は人を治める「治人」のコンセプト、「止至善」はそれらのコンセプトを維持していくというものです。八条目のほうは「格物・致知・誠意・正心・修身・斉家・治国・平天下」の八つのサブコンセプトをさしています。

このうちの「格物《かくぶつ》・致知《ちち》」が社会人が営むべき儒学全容の学問としてのヴィジョンをあらわしていて、「誠意・正心・修身」が徳行を、「斉家・治国・平天下」が行動(功業)のテーゼを集約します。日本ではよく「修身斉家治国平天下」というふうにひとつながりで表現されるのですが、もともとは修身は徳行に、あとの三つが行動に当たっているのです。

『大学』は「己を修めて人を治める」ための、すなわち国を愛する者のための必須の一冊なのです。ここに儒学のエッセンスがすべて凝縮していると朱子は考えたのです。

ひるがえって儒教は孔子や孟子に始まるものを、儒学はその孔孟の教えを学ぶことを意味します。一方、朱子学というのは十一世紀の宋代に出現した周敦頤《しゅうとんい》、程明道《ていめいどう》、程伊川《ていいせん》、朱子（朱熹）が連携して構築していった学問体系のことで、「宋学」ともいわれます。宋代にこのような新たな儒学体系ができあがったことについては、いろいろ条件が重なります。

もともとは始皇帝の焚書《ふんしょ》によって孔子や孟子をはじめとする多くの儒書が焼かれたため、漢代以降の儒教が弱体化して訓詁《くんこ》（文献学・注釈学）ばかりが流行していたことに原因があります。そこへもって唐代にあまりに仏教が多様に浸透していったこと、教団道教の複数の確立があったこと、さらにその後は北方民族などのノン・チャイニーズの異民族の度重なる蹂躙《じゅうりん》と支配によって華夷秩序が守れなかったことなどの要因が重なりました。

とくに仏教の波及が大きかった。理論のスケールにおいても、信仰や修行をもちこんで日々の生活に革新を与えて民衆の心をとらえたことにおいても、また古代儒教（旧儒教）が避けていた死や実存をめぐっていたことにおいても、とうてい古代儒教は仏教には対抗できるものではなかったのです。だから儒教儒学の低迷はそうとう長くつづいていたのですが、それがやっと宋代になって漢民族のおかれた状況を深くふりかえる好機がやってきたわけです。

宋代そのものは北方の遼《りょう》や金やモンゴルの脅威を受けつづけ、それらと手を結ぼうとする内部の敵もかかえていました。安定な政権ではなかった。けれども逆にそのぶん、民族意識がよみがえるには好機です。そこへ商業資本が勃興《ぼっこう》し、家範・家訓・家規を重視する傾向が生まれ、有産階級のなかから士大夫層が輩出してきた。それを機会に、古代以来の中国自身のオリジネーションによる思想や理論の体系化が求められていったのです。柳宗元《りゅうそうげん》・韓愈《かんゆ》らが準備し、司馬光が『資治通鑑《しじつがん》』をもって歴史の筋をただした。

そうした状況のなかで登場してきたのが周敦頤や朱子による道学、すなわち新儒学であって朱子学です。これが理気哲学体系の確立と中華思想のイデオロギーをもたらしました。日本も五山僧このかた少しずつそのイデオロギーのなかに呑《の》みこまれていったのです。

漢民族にとっては、中華思想はアジア社会のみならず宇宙の原理とも合致していなければなりません。朱子学の下敷きとなった周敦頤の『太極図説』は、陰陽思想や五行思想を新たに組み直した一種の宇宙生成論です。これは中華思想を宇宙的な原理に直結させるにははなはだ都合がいいものでした。

太極が陰陽の「二気」を生じて木火土金水の「五行」となり、さらにおびただしい現象や生物や事物を派生するというふうに組み立てられ、「気」の流出と分化のシステム化と中華思想を合致させられている。中国ではこのような考えかたを好んで「万物化生」といいます。ちなみにこれを「万物資生」というと、御存知、資生堂のネーミングになります。

朱子は、こうした「気」の流れがつくる万物化生のすべてを統括するものを「理」とみなして、「気」と「理」を対応させればいいと考えた。これが理気哲学の発端です。「理」に超越的性格を与えて、「気」と対応させたのですから、これはまがうかたなき二元論でしょう。その後の朱子が理気哲学をどのように膨らましていったかということはここでは省きますが、朱子が古代の儒学を組み替えて新儒学にしたので、これを朱子学というわけです。

朱子学と陽明学の導入

こうした四書五経のエッセンシャルな基本テキストとしての『大学』が、徳川日本にも伝わってきたわけでした。とくに日本は科挙（官吏登用試験）をしなかったので、五山寺院や私塾や寺子屋などでももっぱら『大学』が自主的に読まれたのです。だから金次郎は歩きながらも『大学』を読んでいた。

ちなみに金次郎はその後、二宮尊徳《そんとく》として小田原藩の分家領地の農村改革をなしとげ、その思想を「報徳思想」としてのこしました。その尊徳が少年時代にすでに「誠意・正心・修身・斉家・治国」の第一歩を『大学』から踏み出していたということが、のちに大日本帝国の道徳教化のお手本としてふさわしく、修身教科書の勤倹シンボルに仕立てるのにはもってこいだったのでした。金次郎像が全国の小学校に立つことになったのはそのためです。

ところでそれならば、敗戦後にはこのシンボルは地に堕《お》ちてもよかったのです。「修身斉家治国平天下」だなんて、それこそ戦後民主主義にはふさわしくない。金次郎像は壊されてよかった。ところが、そうはならなかったのです。歴史というものはつねに意外な反転をおこすもので、この金次郎の言動と成果をあらわした姿は、実はGHQ当局によって民主主義のシンボルと解釈され、結局、全国の小学校に残されたのです。

まことに皮肉な話です。いわばGHQのほうが日本社会における朱子学効果を見抜いていたということになる。しかし私はときどき思うのですが、日本の封建性のシンボルや古い因習のアイテムだと片付けられたことのなかには、GHQの高官に教わらなくとも、もっと残すべきことがごまんとあったのではないでしょうか。金次郎像のこと、ちょっと考えさせられる顚末《てんまつ》です。

さて前章にのべたように、徳川幕府は林羅山らに命じてこうした朱子学の国家形成的なイデオロギーを導入しようとしました。日本儒学は御用学問としてスタートを切ったのです。

儒学（朱子学・宋学）を学ぼうとしたのは、これもすでにのべておいたように、中国を借りて日本モデルを設定したかったからでした。しかし儒学を入れたのはそれだけでもなかったのです。家康が信長・秀吉時代のめまぐるしい政権変動にうんざりして、政治体制の絶対化と幕藩社会のための道徳の確立とその範囲での宗教の許容をはかるため、世俗社会の規範や道徳を儒学に借りたのは、残された手がそこにしかなかったからだともいえます。

もはや仏教の力は使いたくない。仏門をほうっておけばまたぞろ一向一揆や本願寺の勢力が跳ねまわる。それを抑えるにはコストがかかりすぎる。仏法をもって王法に対抗してもらっても困る。家康は一方で寺請《てらうけ》制度で経済的保護を与えつつも、他方で宗門改めや本末寺制などによってその勢力を無力化させようともしていたのです。むろんキリシタンは御法度《ごはっと》です。キリスト教を入れていけばヨーロッパの侵略を招く。

かくて幕府は儒学イデオロギーの全面的導入に踏み切るのですが、それはいわゆる儒教儒学一般ではなくて、右にのべておいたように新儒教・新儒学だったのです。それも、最初の藤原惺窩は朱子を正統とする朱子学派であったのが、次の林羅山では朱子とともに「陸王《りくおう》の学」（陸象山《りくしょうざん》と王陽明《おうようめい》の学）も同時に摂取していきます。陸王の学とはのちの陽明学のことで、朱子より約三〇〇年ほどたって確立したものです。それが一緒に採り入れられた。つまり日本には三〇〇年の隔たりのある朱子学と陽明学とがごっちゃに入ってきたのです。

何でもないことのようですが、こういうことは日本の社会思想のばあいはしばしば大きな混乱になるのです。たとえばマルクス主義とポストモダン思想にはその成立からするとざっと一五〇年のへだたりがありますが、それが一緒に入ってきたようなものです。さあ、どっちがいいかということになるでしょう。これに似たことがおこって日本の儒学イデオロギーにさまざまな特色と異色を与えたのでした。

朱子学と陽明学の両方が入ってきたというのは、何をあらわしているのでしょうか。ごっちゃになると何がおかしくなるのか。やや遠まわりの話になりますが、ここで陽明学についてもかんたんな案内をしておきたいと思います。

陽明学と徳川社会との関係をあらわす例に、たとえばこういう問題があります。儒学では古代このかた次のような難問をかかえてきました。それは「父子天合《ふしてんごう》」に対して「君臣義合《くんしんぎごう》」という考えかたがあるのですが、これをどう解釈するかという問題です。

まず、「父子天合」とは、もし父親がまちがった行為をしたら、子たるものは、「三タビ諫《いさ》メテ聞カザレバ、スナワチ号泣シテ之《これ》ニ随《したが》ウベシ」という教えです。三回にわたって父親に忠告しても言うことを聞かなければ、父親に従えというのです。一方の「君臣義合」は、誤った君に対しての臣は「三タビ諫メテ聞カザレバ、スナワチ之ヲ逃ル」ということでもよいという教えです。三回諫めても義が合わなければ、主君のところを去ってもよかったのです。『大学』はとくにこのことをよく訴えていました。

そこで朱子はこの「父子天合」と「君臣義合」のちがいをうまく訴えれば、「斉家治国平天下」を国に広げられるのではないかと予想したのです。

しかし徳川社会においては家族関係を示す「父子天合」はともかくも、主従関係をあらわす「君臣義合」が大問題です。家臣が三度諫めても殿様が言うことを聞かないなら家臣はその城や家を離れていいというのでは、幕府が嫌ったお家騒動はいくらでも正当化されてしまいます。徳川社会では「義」については安易なことは決めがたい。中国と日本の風土や気質や家族意識のちがいもあります。朱子学だけではどうも納得がいかないところが出てくるのです。

こうして「義」とはどういうものか、いろいろ議論が分かれます。

徳川社会では「武家諸法度」がその代表ですが、「義」には父祖に対する「孝」と主君に対する「忠」とがあって、そのいずれの「義」をも管理しようとしていたのです。そのため、元禄《げんろく》期の赤穂浪士《あこうろうし》の仇討《あだう》ちを「義」と見るかどうか、大いに意見が交わされました。

これが忠臣蔵問題、すなわち日本独得の「忠臣とは何か」という問題です。西鶴や近松もそこを問い、西鶴は「義理」を、近松は「人情」を新たに想定して、その深みを文芸思想によってあらわそうとしました。明治時代にも忠臣議論はくすぶりつづけます。乃木《のぎ》大将の自決は自分が天皇の忠臣ではありえなかったという自戒に発しています。昭和維新をおこそうとした青年たちにも忠臣議論は継続し、さらにおそらくは日本企業の中にも忠臣的サラリーマン像は生きつづけました。それが高倉健の任侠《にんきょう》映画では「義理と人情を秤《はかり》にかけりゃ、義理が重たい男の世界」というふうになります。明確に「義」による行動を上位においたのです。これはどういうことでしょうか。健さんは黙って行動をおこすのです。

まさに、そうなのです。義理や忠孝の問題はここに行動をもってくると突然に明瞭になるところがあるのです。「君臣義合」がきわめてラディカルな行動方針になっていくのです。その理由の一端はあとでのべますが、江戸の儒者や行動家たちはそのあたりに共鳴して、しだいに陽明学に関心をもっていったのでした。

王陽明とは何者か

陽明学というのは、朱子に遅れて三四〇年後に王陽明が朱子学に反旗をひるがえして登場して披瀝《ひれき》した思想です。ふつうは「知行合一《ちこうごういつ》」の行動思想とみなされます。朱子学のロジックをあらためて一言でいえば「格物致知《かくぶつちち》」というものです。現象をよく見て知に致る。それを朱子は一人一人が真理を正しく知るべきであるというメッセージにして、正しく知るには居敬《きょけい》を正しくしなければならないことにつなげました。そうすれば一人一人が聖人になりうると説いた。居敬とは心身を修練《しゅうれん》して「本然の性」を日々まっとうに守ることをいいます。そこに朱子学は個人一人一人に天下を正しく考えてもらうという理念をおいたのです。それゆえ朱子学は宋朝によって国教に採用されたのです。

ところが、この理念を実践するにはどうするか。朱子学は居敬を正しくして理知的になれと言うけれど、行動の方針は言及していません。それは問題ではないのかという批判がやがて出てきたのです。最初に陸象山（陸九淵《きゅうえん》）が異議を唱えます。陸象山は朱子学に実践性がないのはそもそも理論にも問題があるのではないかと考え、朱子が「性」を「理」とみなしたことに反論した。そして「心」をこそ「理」とみなすべきだと言い出した。朱子が「性即理」であるのなら、陸象山は「心即理」でした。心がそのままにおいて理になれば行動もおこるだろうと訴えた。そうでなければ理念は形而上学におわってしまう。もっと心を重視すべきだ。そう提唱したのです。

これを「心学」といいます。この陸象山の心学をさらに行動に重心を移してラディカルに発展させたのが王陽明の陽明学なのです。

王陽明（本名は王守仁《しゅじん》）は晩生《おくて》の政治思想家です。よくある聖人偉人とちがって幼児から神童ぶりを発揮したのではなく、苦渋のすえに覚醒《かくせい》していった。しかもそれまでは逸脱の道を歩んでいた。大部の書物をのこしたのでもありません。作戦軍略家として音に聞こえ、世間にはその功績が知られる程度で、死んだ。

けれども王陽明を慕う者は多く、その言葉は『伝習録』やさまざまな文集として残りました。しかも陸象山とともに朱子に並び称されるにおよんだ。それで「陸王学」ともよばれます。

陽明は、明代の一四七二年の生まれです。浙江《せっこう》省の余姚《よよう》に出身したので、陽明学のことをしばしば「余姚之学」という。父親が進士に合格したのをきっかけに、少年期は北京に住んだ。高級官僚の御曹司の身分だったといっていいでしょう。十八歳のときに江西《こうせい》の婁一斎《るいっさい》をたずねて「宋儒の格物の学」を告げられ、科挙にみる朱子学ではない本物の朱子学に触れた気分になりました。これで聖学をまっとうする決意はできたのですが、二度の進士の試験に失敗し、三度目に合格したころには明の辺境に韃靼《タタール》などが迫ってきていて、政府はその対策を練れる者を募集していた。陽明はこういうことには燃えました。任侠にも騎射にもじっとしていられない。まとめて方策を奏上し、雲南《うんなん》の司法官に任命されます。

それで諸事激務にあたるようになるのですが、過労のせいか労咳《ろうがい》に罹《かか》り、しばしば喀血《かっけつ》した。それでも近くの山に道士が伏していると聞けば会いに出かけ、その教えを聞こうとします。教えられた導引《どういん》の術なども試している。禅僧にもしばしば会っている。陽明には禅機をよくするところもあったのです。ようするに、どんなものからも長所をとりいれる。屈託がないといえばそうなのですが、これでは道学者でもないし、まして朱子学者でもありません。むしろ遊学者です。

弘治《こうち》十八年（一五〇五）、陽明が三三歳のときに名君とよばれた孝宗が病没して、幼い武宗が即位すると、幼帝にとりいって八虎とよばれる宦官《かんがん》たちが跋扈《ばっこ》するようになります。頂点に劉瑾《りゅうきん》がいて、これに呆《あき》れた戴銑《たいせん》・薄彦徽《はくげんき》らが改革の上奏文を出すと、逆に禁固されてしまいます。

このとき陽明が烈火のごとく怒ったのです。戴銑の解放を求めて劉瑾を弾劾し、救済活動を開始した。まさに「君臣義合」を貫こうとしたのです。しかしたちまち投獄されて杖罰四十を受け、気絶してしまった。

陽明は貴州の竜場の駅長という低い職に流されます。ここは筆舌に尽くしがたいほどの僻地《へきち》で、まともな言葉を話す者もなく、疫病が蔓延《まんえん》し、掘っ建て小屋を自分でつくって住むような場所だったようです。これでは陽明もさすがに天を知り、自らを知ろうとする以外はありません。かくてこの僻地で本気で読んだのが『大学』だったのです。辺鄙《へんぴ》な荒涼たる地で『大学』を読むと、心に響くのでしょう、一気に「格物致知」におよんだ。陽明学にいわゆる「竜場の大悟」です。

以降、陽明は土地の人民の教化に努めます。そのため令名を聞いた者がしばしば陽明を訪れるようになります。多くは朱陸（朱子と陸象山）の同異を尋ねるものばかりだったのですが、陽明はこれに答えるうちに、自身の考えかたを言葉であらわす習慣をもちました。それがまとまって「知行合一」の説となっていったのです。

知ることと行うことは同じだという説です。朱子が「知先行後」であるとすれば、知と行の同時的根本合一を主張した。いわば「知行同時」です。こうしてしだいに朱子の朱子学は、理に走った主知主義にすぎるということがあきらかになっていくのです。

陽明が竜場にいるあいだに劉瑾一派の宦官勢力が衰え、ついに一掃されました。陽明は吉安《きつあん》府の知事に任命され、仕事をしながら心を鍛え、明鏡の精神をもつべきことを確信する。この、仕事をしながら鍛えるという方法は「事上錬磨《じじようれんま》」とよばれているもので、陽明学はつねにこのことを強調します。陽明自身は「立志して、事上錬磨する」ということを奨めました。「事上」とはオン・ザ・スポットということで、現実の進行においてそのつど知を磨くことをいうのですが、それには志が必要だと説いたのです。

べつの観点からいうと、いたずらに「虚禅」に浸るなということです。虚禅というのは座禅や瞑想《めいそう》に耽《ふけ》っているようでいて、その実なんらの収穫もなく、大悟もないことをいいます。私も安易な瞑想主義は大嫌いです。陽明はその虚禅に陥ることを戒めた。

こういうことをしながら、陽明は朱子が『大学』にほどこした解釈には問題があったことに気がついていきます。とくに「新民」の解釈に問題を感じた。民をはたして新しくすべきなのかという問題です。民は新しくなるのではなく、もともとそこにいる者たちなのではないか。陽明は「新民」はむしろ「親民」であるべきだとして、親しむ民のイメージへの切り替えこそが必要だと感じていきます。そして、その親民がそのまま立ち上がればよい。そう、考えた。

そのうち陽明は自身の哲学が「良知」と「知行合一」というものをめざしていたのだという結論に達し、その解説を門人たちに何度も説くようになっていきます。なかでも「本体」と「工夫」を離さずに心を前進していくという「本体工夫合一」の説明には力を尽くします。

ざっとこのように、陽明学は仕上がっていった。そのあいだ、陽明自身はついに体系には着手しようとしなかったのですが、つねに唱えていたことは「知行合一」と「抜本塞源《ばっぽんそくげん》」でした。枝葉末節にこだわらずに由《よ》ってきたる根本を抜いて、その源を塞《ふさ》ぐことによって知行を一致させた行動をおこせ、それに尽きる、という結論です。

日本の陽明学の動向

以上がごくおおざっぱな王陽明と陽明学の点描です。

一言でいえば「知行合一」と「抜本塞源」を説いたのが陽明学なのですが、これが日本では異様に過熱したのです。行動派に熱情をもって迎えられました。またたいへん多様な解釈を生んでいきました。

ところで、内村鑑三《かんぞう》に『代表的日本人』という有名な本があります。そこには五人の日本人があげられているのですが、そのうちの三人が陽明学に打ちこんでいます。

中江藤樹《とうじゅ》と二宮尊徳と西郷隆盛です（ほかの二人は日蓮と上杉鷹山《ようざん》）。中江藤樹は日本陽明学の泰斗《たいと》であって、天人合一を謳《うた》って近江聖人と敬われました。林家の朱子学を徹底的に批判して「心」「権」「明徳」「良知」を説くうちに、陽明学こそ日本の心のありかたを支える思想だと確信します。その藤樹の弟子に備前《びぜん》の熊沢蕃山《ばんざん》が出て水土論と正心論を説くのですが、その蕃山も陽明学に神道や和学を入れて、日本的思想づくりに陽明学が欠かせないというふうに実感しています。その後も淵岡山《ふちこうざん》、佐藤一斎《いっさい》、大塩平八郎、山田方谷《ほうこく》など、多くの日本的陽明学派が藤樹の系譜に輩出しました。

二宮尊徳については、すでにのべました。西郷隆盛についてはいうまでもないでしょう。王陽明を読み、その『伝習録』を座右にし、「敬天愛人」を心に決めた。

なぜキリスト者の内村が陽明学に関心をもったのでしょうか。似たような話があります。キリスト教と陽明学を比較した幕末の志士がいたのです。才気煥発《かんぱつ》の高杉晋作です。高杉は当時の聞きかじりの知識ではあるものの、それでも幕末や上海のキリシタンの動向や心情を見てキリスト教の本質を嗅《か》ごうとしていました。なぜバテレンやキリシタンたちが強い決意をもっているか、その理由を知りたかったのです。それが長崎で『聖書』を読んでパッとひらめいた。「なんだ、これは陽明学ではないか」。

つまり日本では、陽明学は格別の行動思想の有効なデバイスとして受け取られてきたのです。とくにリーダーの「知」と「行」とが一致していないときに、もっぱら陽明学が持ち出され、その不備を突くことに使われた。また東洋や西洋にある思想を日本と比較するときに、伝家の宝刀のように持ち出された。そういうことが多かったのです。

陽明学に対する行動派日本人の心服には、やや異様なものや頑固なところや他の追随を許さないところがあります。だからこそ幕末維新には吉田松陰から真木《まき》和泉《いずみ》まで、会沢正志斎《あいざわせいしさい》から西郷隆盛まで、陽明学は日本革命の旗印の思想として言挙げされたのです。

ところがそのような日本で、陽明学はめったに本格的な議論がされてこなかったと言わざるをえません。行動に走る危険な思想としてほったらかしにされてきたのです。日本的陽明学が近代以降、危険視された理由はわからなくもありません。さきほどのべたように「君臣義合」にも新たな日本的解釈が加わってきて、そこには日本人の感情や行動にぴったりする「義」が浮上しやすいのです。しかも主君に楯《たて》突いた行動が「義」として評価されることになるのです。理屈が通らなくても正当化を主張することも少なくない。二・二六事件がそうですが、天皇を仰ぎ、そのために行動し、それが認められずに諌めてなお聞き入れられなければ、自身で死を選び天皇万歳を三唱する。こういうことがおこりやすいのです。

成功しても失敗しても、陽明学はひるまないという噂も広がっていきます。そのため武士道と結びついて主君を諫めて死んでいく者もふえました。事実、徳川社会では多くの諫死《かんし》が流行したのです。それが日本独特の切腹や追腹《おいばら》に結びついたのです。のちに森鷗外が『興津弥五右衛門《おきつやごえもん》の遺書』や『阿部一族』に壮烈に描いたことでした。小林正樹《こばやしまさき》にも仲代達矢《なかだいたつや》が演じた『切腹』という壮烈な映画がありました。

安岡正篤と三島由紀夫

右翼的な言動や国家主義的な言動にも、陽明学は使われました。

いささか時代がとびすぎますが、わかりやすい例かもしれないのであえて話しますと、たとえば年長の保守政治感覚の持ち主ならば、安岡正篤《やすおかまさひろ》が戦前戦後を一貫して陽明学を読講して、その東洋思想の啓蒙をはかりつつ政界のご意見番をつとめていたことを知っているでしょう。

安岡は昭和二十年八月十五日の終戦の詔勅を書いた漢学者の川田瑞穂《みずほ》の文章にも手を入れていました。それ以前に安岡がどういうことをしていたかというと、金鶏《きんけい》学院をつくっていた。大正末期・昭和初期のことです。

安岡を知るには、この金鶏学院で制度学を講義していた権藤成卿《ごんどうせいきょう》という人物のことがわかると推測しやすいと思います。権藤は農本主義者とも東洋的無政府主義者ともファシストとも皇典学者とも言われた人物で、日韓合邦運動や「鳳《おおとり》の国」構想に邁進《まいしん》したのち、一転して自治思想と制度学に没入していった特異な人物です。日本近現代思想史でも、蠟山政道《ろうやままさみち》と丸山真男《まるやままさお》と滝沢誠《たきざわまこと》がその思想と行動に関心をもった以外にはほとんど研究されていません。しかし権藤は昭和の行動思想の要《かなめ》を握っているようなところがあるのです。

そういう権藤の近いところに安岡がいた。昭和四年に代々木上原に三軒並んだ家があり、一軒に権藤が住み、隣に金鶏学院とその番頭にあたる四元義隆《よつもとよしたか》が住み、その隣に井上日召《にっしょう》が住んだことがあったのですが、この顔触れで見当がつくように、ここにはきわめて危険な香りが集っていたのです。

四元はのちに右翼の大物となり、井上日召は「一人一殺」をスローガンに血盟団を結成した日蓮主義者で、それが五・一五事件の引き金になった曰《いわ》くつきの人物です。この三軒並びの顔触れに似て、権藤や安岡の周辺にはつねに北一輝《きたいっき》・大川周明《しゅうめい》・下中弥三郎・橘孝三郎《たちばなこうざぶろう》らが出入りしていました。大川は日本主義とイスラム主義を結びつけようとした国家主義者、下中は世界連邦を唱えていた平凡社の創業者、橘は農本主義者で井上・権藤・安岡を橋渡しした人物です。

私の勝手な憶測かもしれませんが、今日、陽明学というと、おそらくそういう安岡の言動と結びつけて語られることが多いはずです。安岡の言動というのは、終戦の詔動に手を入れたとか、大平正芳《まさよし》に池田《いけだ》派結成のための「宏池会《こうちかい》」の名を贈ったとかということです。もっとも最近は安岡正篤の最後の伴侶《はんりょ》となったのが細木数子だったことのほうが知られているかもしれません。

また、昨今の陽明学の議論の周辺では、三島由紀夫が陽明学に凝っていたと思われているのではないでしょうか。

三島が陽明学に本格的にふれているのは『行動学入門』の中だけでのことなのですが、この本は市ケ谷で自決した年（一九七〇）に発売された。それも大塩平八郎の「殺身成仁」（身を殺しても仁を成す）の能動的ニヒリズムを、三島らしく「革命哲学としての陽明学」というふうに規定したものです。だから三島の行動は陽明学によって最後を疾走したと思われているところがあります。

たしかに大塩平八郎は陽明学を体であらわしたような革命者で、まさに「知行合一」を体現してみせました。水戸の浪士たちがそうした大塩の行動に煽《あお》られて動き出したことはよく知られています。三島は『豊饒の海』第二巻の『奔馬《ほんば》』でも、主人公の飯沼勲が大塩平八郎に託して「身の死するを恐れず、ただ心の死するを恐るるなり」と引いた場面を描いています。三島も自衛隊のバルコニーで天皇を諫めてその声が届かず、そのため自決したというふうに見られているのです。

しかし安岡や三島をして陽明学を語らしめようというのは、実はちょっと無理があるように思います。安岡はまったく行動しなかったし、三島は陽明学をかじったにすぎません。三島の自決にはもっと別な事情がからんでいたでしょう。もっとも、安岡や三島にも同情の余地がある。なぜなら東アジアが生んだ思想のなかでも、陽明学ほど短期間の有為転変が激しいものはなかったからです。だから、いつ、どこの陽明派の思想に感じたかによって、その感想が大きく変わることがあるのです。

おまけに陽明学は中国で廃《すた》れて、日本で独自に復活したものです。このこと自体がすでにしてひとつの謎なのです。

陽明学がなぜ本場の中国で廃れて、日本で復活したのかということは、今後の研究すべき課題です。この謎はまだ解けてはいません。私もわかりません。日本の何がそれを受け容《い》れたのか。私は日本では行動思想のデバイスとして使われたというふうに説明しましたが、そのデバイスが昭和維新のときに集中して復活してきたことについては、なおいくつもの仮説を投入する必要がありそうです。その復活にしてもまったく一様なものではなかったのです。

ひょっとしたら、陽明学には「日本という方法」の真骨頂があるというふうに託されたのかもしれません。井上哲次郎や三宅雪嶺《みやけせつれい》や徳富蘇峰《とくとみそほう》の陽明学案内を読んでいると、そういう気になるときもある。けれどももしそうだとしたら、昭和維新の挫折とともに日本的陽明学は潰《つい》えてしまったのです。

しかしそうではないのではないか。陽明学は「日本という方法」を埋められなかったと考えたほうが当たっているのではないでしょうか。そこは空欄だったというふうに見たほうがいいのではないかと、私は思っています。その空欄はどうなったかというと、放っておかれたのではありません。

この空欄は日本的な陽明学が埋めたのではなく、実は古学や国学が埋めたのです。このへんの経緯と思想事情はたいそう複雑で、また難解なところが多いのですが、しかし「日本という方法」にとってはどうしても欠かせないところでもあるので、やや腰を落として説明してみます。以下、今度は古学と国学に注目します。

新しい日本儒学の心

前章から徳川社会におこったいくつかの重要な変化を話してきました。幕府のレジティマシーをめぐる問題から鎖国や実学や自給自足体制や株仲間の実験をへて陽明学の問題まで、そこには一見するとつながりにくい問題がひしめいていました。

しかし私はこれらを通して、徳川社会における「中国離れ」とは何かということを暗に語っておきたかったのです。その「中国離れ」があまりに紆《う》余《よ》曲折しているので、まずはそのいちいちに付き合っておいたのです。

まとめれば、「中国離れ」の先頭を走ったのは、すでにのべたように明の倒壊を前提に「中華の軸を日本にもってくる」という考えかたでした。これは山鹿素行の『中朝事実』に顕著だったのですが、そのためには天皇家か将軍家が普遍的な軸をもっているということを証明しなければなりませんでした。将軍家はその重さには耐えられない。そのため問題は万世一系を標榜《ひょうぼう》できそうな天皇家ということになりますが、これをそのまま援用していくと八紘一宇《はっこういちう》になりかねない。「中国離れ」はかまわないけれど、そこに東アジアを入れることには、とうてい無理がある。つまりこのロジックでは「中国離れ」と「中国含み」が衝突してしまうのです。

もう少し柔らかい方法が追求されるべきです。それは思考や言語そのもののなかから「中国離れ」をおこそうというものです。「知」そのものを日本化しようという方法です。それがもうひとつの民間思想における「中国離れ」でした。古学から国学への道でした。

いったい日本に必要な儒学思想とは何だったのか。これが日本儒学の根本問題でした。中国思想をそのままあてはめても、「君臣義合」がその例のひとつですが、どうもあてはまらないことがある。かえって日本人の思考を妨げてしまうものがそこにあるらしい。

そのため、初期の儒学論争では何が日本人の自由な思索を妨げているか、邪魔をしているかという議論がしだいに目立ってきます。なかでも中国的儒学のもつ天人合一型の「理」についての曲解が邪魔をしているという見解が多くなります。幕府がつくろうとした林家らの儒学思想では、この「理」を無理にでもひっぱり出そうとした。しかし江戸時代の思想家たちは、そんな方法は儒学が本来もっているものを歪《ゆが》めていると判断した。そこで、なんとかしてこの無理を変更させようとして、それまでの時代社会にはなかった新しい思想を育《はぐく》もうとしたのです。

その思想的な方法に、大きくいうと三つの流れがありました。

第一に、伊藤仁斎《じんさい》から荻生徂徠《おぎゅうそらい》にいたる流れがあります。その考えかたは林家によって歪められた朱子学（儒学）を元に戻し、そこからしだいに古学や古文辞学のほうに進んでいって、そこで本来の理想国家にもとづく思索をしてみようというものでした。

そのことを考えるには、徂徠の用語でいうのなら、近時に使われている「今言《きんげん》・今文《きんぶん》」ではない「古言《こげん》・古文《こぶん》」をもって当たらなければならない。そういう考えかたです。そのばあい、日本人は日本語を使っているのですから、日本の理想国家にもとづくシステムのなかで思索をするには、日本の「古言・古文」が必要だと主張したのです。

仁斎は京都堀川の商家に育った儒者です。旧来の朱子学をまっこうから批判しようとした。『論語古義』『孟子古義』『語孟字義』『童子問』などに掲げられた方法は、ひたすらに「古《いにしえ》」に遡及《そきゅう》することでした。そのため『論語』にのみこだわった。それゆえ仁斎に始まった学問をもっぱら「古義学」というのですが、仁斎はその古義は人倫日用に流出するべきもので、それを古色蒼然《こしょくそうぜん》たる形而上に鎮座させておくことを嫌ったのです。

仁斎の古義学から荻生徂徠が躍り出ました。柳沢吉保《よしやす》に仕えて、五代綱吉《つなよし》の学問御用にも八代吉宗の下問に対する上表にも応えた儒者ですが、その「古学」のアームはかなり深いところまで届いていました。

徂徠は仁斎の「孔子の道」に対して、さらにそれより深い「先王の道」を理想としますます。そのため『論語』よりも六経の言辞に依拠します。またそのために、漢文訓読を排して口語による解読や華音直読《かおんじきどく》（中国音でそのまま読むこと）を提案し、究極の「読み」とは反復してその奥に脈動する意表をそのまま呑みこむことだという方法を提示した。

一言でいうのなら、人間が理想をもって原初に描いた「場」のようなところに立ち返り、そこに立ち上がったであろう最古層の「文」によって思考できないものなのか、という提案です。これが徂徠の「古学」というものです。

第二は、日本聖学派あるいは経世済民《けいせいさいみん》派ともいうべきもので、代表的には中江藤樹、熊沢蕃山、野中兼山《けんざん》、山崎闇斎《あんさい》、山鹿素行らが名前を連ねます。が、ここには必ずしも系統的な流れはありません。それぞれがそれぞれの考えかたと編集方法で理想を掲げた。

いずれも幕府の朱子学イデオロギーに反発し、そこから出生した日本儒学の精髄です。幕府の朱子学とは林羅山らの林家がおこしたもので、明徳をもって「上下定分《じょうぶん》の理」や「名分《めいぶん》」をあきらかにし、「修身斉家治国平天下」のイデオロギーを確立しようとしたものでした。一言でいうなら「分」の理論です。つまり身分の理論。それが学問のすべてであるかのように上から言明しようとしたため、これに反発していくつもの民間学が登場してきたのです。

たとえば藤樹は「明徳」や「孝」を説き、闇斎の垂加《すいか》神道《しんとう》は「敬」「忠」「道」を説き、素行の聖学は皇統の一貫性を根拠に「士道」を説いて、それぞれ新たな「分」の根拠を仕立て上げていったのです。ちなみに素行はその著『聖教要録』が幕府に睨《にら》まれて赤穂に流されるのですが、そこでの訓話などが赤穂浪士の心をかきたて、それが吉良《きら》邸への討入りにつながりました。

第三には、契沖《けいちゅう》から荷田春満《かだのあずままろ》や賀茂真淵《かものまぶち》をへて、本居宣長におよんだ歌学と国学の流れがあります。

これについては次章に私なりの要約点を話しますが、とくに宣長は徂徠の影響をうけて「古言」を重視するとともに、徂徠のように儒学の歪みを正すだけではまったく足りないとみて、あえていっさいの「からごころ」（漢意）を排し、一途《いちず》に「いにしえごころ」（古意）を探求することこそが最重要課題だと決断したものでした。「中国離れ」を「からごころ」の排除で確立しようとしたのです。次章はこの「からごころ」から「いにしえごころ」に進んだ宣長の方法を紹介します。

このほかにも、戸田茂睡《とだもすい》から塙保己一《はなわほきいち》に流れた和学派、合理主義を儒学から離れて西欧に学ぼうとした洋学（蘭学）派、仏教史の全面的な読み替えをしなければ展望がないとした富永仲基《なかもと》などの仏教史学派、まったく独創的に「条理」の哲学を打ち立てようとした豊後国東半島（大分県）の三浦梅園《ばいえん》のような単独派などなど、さまざまな思索者たちが出現しました。

また、貝原益軒らの本草学、野中兼山の倫理、水戸の修史学や新井白石《はくせき》の独自の歴史観、さらには鈴木正三《しょうさん》や山本常朝《つねとも》の「葉隠」武士道につらなるものなど、徳川日本の思想はいろいろ多様に開花した。ここでは案内を省きます。

いずれにしてもこうした思想は、すべてどこかで「中国離れ」をなしとげようとしているといっていいでしょう。「アメリカ離れ」に苦労している今日の思想状況とは隔世の感があります。むろん一長一短も濃淡も相互の確執もあるものの、それなりに日本社会や日本文化の本質をなんとか「日本という方法」で見極めようとしたのです。

つまりこれらは、どの学派もどの思想者も日本の面影の正体を追求しようとしたものだったのです。

第9章　古学と国学の挑戦

日米安保と「からごころ」

いま、私の世代の前後の人たちが日本や日本人の本来や将来のことを考えようとすると、その途中の場面で必ずや日米安保体制と憲法第九条にぶつかることになります。そこで思考が止まってしまって、この「安全のための桎梏《しっこく》」をどうにかしないと、その先に進めなくなるという苛立《いらだ》ちを感じることがあるようです。おそらく日本の将来を案じている多くの人が実感し、体験していることでしょう。

徳川社会や明治維新でも、似たような問題をかかえていました。徳川では中華思想を外すこと、そのことが最大の課題でした。「中国離れ」をおこしたいのです。しかし黒船来航以降は、むしろ列強との同盟関係を結ばざるをえなくなります。それをしないかぎり、日本は中国の属国にならなかったかわりに列強の餌食《えじき》になってしまう。そう考えざるをえなかったのです。

一八四〇年のアヘン戦争がそのことを突きつけていました。イギリスが中国に仕掛けたいじめですが、幕府はそのことをオランダ商館長による「風説書《ふうせつがき》」で教えられ、「次はわが国か」と戦々兢々としていました。

明治ではどうか。第10章で明治の話をいたしますが、明治では一方で王政復古という古代回帰をはたすという姿勢を見せつつ、他方では列強と伍《ご》するために鹿鳴館《ろくめいかん》をつくり、徴兵制を導入し、日清・日露の戦争を敢行して、富国強兵と資本主義の徹底をはかることになりました。ここにもやはり日英同盟をはじめとするさまざまな互恵的な同盟関係が必要になっていったのです。

むろんこのような同盟問題は、明治であれ現代であれ、国際社会で一国が自国の安定をはかるには必要不可欠なことでしょう。その同盟関係は明治日本が不平等条約の撤廃に時間がかかったように、それなりに多くの条件闘争がつきまといます。その有利不利をナショナル・インタレスト（国益）に照らしつつ、一国の船は逆巻く波濤《はとう》をこえていかざるをえません。そこまでは当然のことです。

このような問題は、現在の私たちがかかえている問題とはかぎりません。すでに七世紀の日本が煮え湯を呑《の》んだ白村江の海戦のころから、何度となく体験してきた外圧問題なのです。

しかし、仮りにそのように国家の安全保障的な航行というものが国際関係のなかでなんとか進んでいったとしても、ではそれで一国の社会文化が気分のよいものになるのかといえば、必ずしもそうならない。また、そのような国際同盟のなかで保たれた日本が、私たちが抱く日本の面影と合致しているかどうかといえば、それも必ずしもままならない。

徳川社会が成熟するにしたがって、いったい日本とはどういう国なのか、日本語とはどういうものなのか、日本人はどのような日本人らしさをもっているのかということが問われるようになりました。これは日本自身という問題です。

本章でとりあげる本居宣長が日本や日本人の宿命や将来を考えようとしたときも、そのことにひっかかりました。それどころか、その問題を考えようとすると、どこかでそれ以上に思考が進まないところがあったのです。つまり、あるところで、本来のことを考える力が失《う》せて、将来のことを展望する気力が萎《な》えてしまうようなものがあると感じたのです。あたかも日米安保による桎梏に似ていました。宣長は長らくその中国的思考法ともいうべきものです。

ことを感じ、その桎梏《しっこく》が「からごころ」というものではないかと突きつめたのです。

現状の日本人にも「からごころ」にあたるものがこびりついているかどうかは、それはさておきます。おそらくは「アメリカごころ」のようなものがあるでしょう。合衆国の五一番目の州に属している気分もあるでしょう。それに抵抗する力を半ば喪失していると感じている人も少なくないでしょう。

　が、宣長の時代、「からごころ」を取り除いて日本の本来と将来が考えられるのなら、それをこそいったんは徹底して思索してみたいと考える者がふえてきたのです。自分たちが日本人自身であることの根拠をきれいに言おうとすると、その「からごころ」が邪魔をする。そういう実感をもたらすものを取りのぞいた思索をしてみたい。そう考えたのです。

　これがいわゆる「国学」というものでした。


　宣長が生涯を通して迫ろうとしたのは「いにしえごころ」というものです。「古意」と綴《つづ》ります。それに対してその古意を失わさせるもの、それが「からごころ」です。「漢意」と綴る。

　漢意といっても、必ずしも中国趣味とかシノワズリーということではありません。唐物数寄《からものすき》でもない。宣長は『玉勝間《たまかつま》』に、こう書いています、「漢意《からごころ》とは、漢国《からくに》のふりを好み、かの国をたふとぶのみをいふにあらず、大かた世の人の、万の事の善悪是非を論《あげつら》ひ、物の理をさだめいふたぐひ、すべてみな漢籍の趣なるをいふ也」と。多くの日本人は中国のことを引き合いに出しては、それをものごとを考える基準にしているけれど、その日本人の中途半端な編集の仕方が「からごころ」というものだと言っているわけです。

では、どういう編集方法で日本の本来や将来を考えればいいのでしょうか。それを宣長は、『古事記伝』だけをとっても全四四巻を著述しつくして、三五年をかけて考えたのでした。

本居宣長の編集方法

宣長の主張については、次のように理解しておくといいと思います。

宣長は、世界に通用するような原理やどこにでも適用したくなるような普遍的な原則などをつかって思考したり説得したりするようなことは、思想の力とは認めたくないと言っている、そう理解してみることです。柄谷行人《からたにこうじん》さんや長谷川三千子さんが採っている見方です。宣長は、普遍とか中軸とか基軸というような考えかたはしたくない、そう、言っているのです。

宣長はどうしたいのか。宣長は和歌や古典の物語に日本人の思考の本来があるはずだと考えます。そこで歌論の『排蘆小船《あしわけおぶね》』を出発点にして『源氏物語』を研究しながら、「もののあはれ」という心情が発動していることを発見しました。宣長がいう「あはれ」とは、「見るもの聞くことなすわざにふれて、情《こころ》の深く感ずる事」というものです。『石上私淑言《いそのかみのささめごと》』の言葉です。

この、「わざ」にふれて「こころ」が感ずるというところが宣長らしい図抜けた明示で、ここでいう「わざ」は歴史や文化の奥にひそんでいる情報を動かす方法のこと、またその方法を言い当てている言葉をしだいに実感しながら、それを存分に使うことです。

使ってどうするのか。ふつうなら、そこで文芸に向かうとか、何かを表現することに向かうにちがいないでしょう。私などもついついそう考えます。けれども宣長はそうしない。だいたい宣長は和歌を詠んでもヘタクソでした。そういう文芸的表現では自分の思索や感情をあらわすことはできなかった。贔屓目《ひいきめ》にみてもそういう才能はなかった。では、どうするかというと、そのまま歴史の奥のほうへ、言葉のもつ意味の初源のほうへ降りていくのです。それならそれは神話研究だろうなと思いたくなるのですが、たしかに神話研究もしているのですが、それが目的ではないのです。

宣長は古学を媒介点にして、最初は荻生徂徠《おぎゅうそらい》の方法と同様に、古言古文の中に分け入っていくことをめざしていました。

ところが、このことは当時の知識人ならたいていその問題にぶつかったはずなのですが、何かが思索の邪魔をしている。途中でどうしても漢語や漢字での思索をしてしまうのです。いまでいうなら、世界の中の日本のことを考えていると、三分の一とか、人によっては半分くらいは英語で考えてしまっているというような、そういう事情に似ています。

べつだん、それだっていいじゃないかという考えかたもあります。たとえば私は第4章で神仏習合の話をして、日本の宗教的体質は宗教学ではシンクレティズムといいますと書きました。そして、いや、そういう言葉ではいいあらわせないとも書きました。

このときシンクレティズムという外来語で問題を規定できたほうが、すっきりする人だっているのです。けれども、そう思えたとしても、シンクレティズムという概念はヘブライ主義や新プラトン主義やミトラ教やバール信仰やらの研究から生まれた概念ですから、いざその概念で日本の信仰を見ていこうとすると、いちいちそれらの宗教文化との照らし合わせによる比較をせざるをえません。

そうすると、日本の信仰の細部でその特色を発見するよりも、海外文化とのちがいだけで何かを決めたくなる。それが可能なこともありますが、そうでないことも少なくない。だいたい八幡《はちまん》信仰とミトラ教なんてくらべようがありません。

宣長も、いったんは漢語や漢字のもつ古層に戻ってみようともするのですが、そこでハタと気がついたのです。こういう思考をしている以上は、つまりは借りものの言葉で日本の本来を考えようとしている以上は、この先にまでは踏みこめまいというふうに。その借りものが邪魔な作用となっている。それが「からごころ」だと気がついたのです。

こうして漢意《からごころ》の排除に向かいます。思考そのものの中における「中国離れ」です。けれどもそれは中国や中国文化を排除しているのではなく、宣長の思考そのものにそのような要素が入らないようにすること、そのこと自体であったのです。

この気づきを促したのは、宝暦《ほうれき》年間に賀茂真淵《かものまぶち》と「松坂《まつさか》の一夜」として知られる有名な出会いをしたことでした。宣長は真淵の教えと手引きで『古事記』の注釈にとりくみはじめます。

それはたしかに神話研究でもありました。しかしそれとともに、そこで「わざ」にふれて「こころ」が感ずるように日本の初源を読むという行為そのものでもあったのです。それを宣長はかぎりなく進めていったのです。

かくて、宣長の国学というものがしだいに形をあらわしていきます。それは現実としての日本をどのように管轄すべきだとか、どのようなシステムが日本にふさわしいかというようなことではなくて、そもそも本来からどのように将来が生まれてきたのかというような、いわば「ウツ」（本来）から「ウツツ」（将来）が生まれてきたプロセスだけをひたすら解明しようというような、そういう「日本という方法」になっていったのです。

宣長の独自な編集方法による国学の成果を、国学の変遷を通してざっとふりかえっておきたいと思います。

契沖・荷田春満・田安宗武

本居宣長が約四十年をかけた大著『古事記伝』には（岩波文庫で全四冊）、巻一の末尾に『直毘霊《なおびのみたま》』という序がついています。「道といふことの論《あげつら》ひなり」という副題がつきます。

これは一言でいえば儒学批判にあたっています。この儒学批判こそは、のちに宣長が漢意《からごころ》を離れて古意《いにしえごころ》に投企していく最大の契機となったものです。が、このときはそこまで徹底していません。なぜなら宣長は漢語漢文を離れればそれで古道に入れると決断するまでに、ある意味ではもっと重要な歌の本質や物語の本質についての用意周到な思索を練り上げて、それからこの投企に向かっていくという方法的な自信があったからです。

たとえば、物語の本質には「儒仏にいう善悪にあづからぬものがある」というような洞察は、当時も今もびっくりするほどの洞察であって、こういう圧倒的な前提を積み重ねていたことが、『古事記伝』を不朽の記述にまで高める（深める）だろうことを予知していたからでした。

そもそも国学の原点や宣長の原点がどこから始まっているかといえば、契沖《けいちゅう》がその嚆矢《こうし》を放ちました。宣長は師の堀景山《ほりけいざん》に示唆されて契沖の『万葉代匠記《まんようだいしょうき》』を読み、ここで最初のパラダイム・チェンジをおこしたのです。宣長がいなければ契沖を深く読むことはできなかったし、契沖がいなければ国学はおこっていなかったといえるでしょう。

契沖は武家の出身で、出家して真言《しんごん》の求《ぐ》道僧《どうそう》となった僧侶です。空海を慕う学僧です。そのため高野山で修行して、大坂生玉《いくたま》の曼陀羅院《まんだらいん》の住持になった。ただし、ありきたりな寺院生活に不満をおぼえて出奔すると、室生山《むろうさん》で死のうとしたり、山村に隠《いん》棲《せい》したりしています。けれどもそのあいだ、つねに古典研究をしつづけた。その探求領域はすこぶる広く、和歌・歌論・源氏の研究から、悉曇学《しったんがく》・五十音図・発音論におよんでいます。契沖はそのような斬新を極めて、因習的な和歌の見方や国語の見方には決して与《くみ》しなかったのです。

たとえば、徳川光圀《みつくに》に請われて万葉注釈をしていた下河辺《しもこうべ》長流《ながる》が病気になったので、バトンタッチを頼まれて引き受けたのが契沖の代表作の『万葉代匠記』なのですが

(だから「代匠」と表題した)、光圀が成果を評して出仕をもちだすと、契沖はこれを固辞して、孤高の生涯をおくります。契沖は「俗中の真」を求めた秋霜烈日の人、まさに無我無私の人でもあったのです。この契沖の研究態度に、のちの国学のすべてがアーキタイプを発見していったのです。

もうひとつ注意を促しておきたいことがあります。契沖や長流が武士の出身であったことが(契沖の家は加藤清正の遺臣だった)、国学準備の背景になっているということです。この時期の武士は宮本武蔵《むさし》や由井正雪《ゆいしょうせつ》や丸橋忠弥《まるばしちゅうや》がそうであったように、たとえ「武の魂」を求めても、それをもはや戦場に生かすことができなくなっていました。武闘は禁止されていたのです。そこで、それを内面に求めるようになっていきます。この「武の魂」が剣術や剣法に向かっていったのが、宮本武蔵や柳生但馬守《やぎゅうたじまのかみ》や山本常朝《つねとも》の『葉隠《はがくれ》』です。一方、「歌の魂」や「文の魂」に向かって昇華していったのが、長流や契沖だったのです。そう、見るといいでしょう。

契沖には早くから「本朝は神国なり」とか「上古は神の治め給ふ国」という皇道的思想の萌芽があらわれていました。それを「神道」として歌学の中央に浮上させた研究者がいました。荷田春満《かだのあずままろ》です。

春満は伏見《ふしみ》稲荷の祀官家の出身で、当然のことながら、神祇《じんぎ》をもって歌学にあたり、古語をもって精神教化にあたろうとした。その熱情にはただならぬものがあり、一種の国学の学校を起草した『創国学校啓』には、「神皇之教」「国家之学」という言葉がしばしばつかわれています。この学校は幕府に願い出て許可もされ、東山の一隅に卜《ぼく》するまで計画が進んだのですが、あと一歩のところで病没のため実現しなかったものです。

春満の学は、甥《おい》で養子ともなった荷田在満《ありまろ》に受け継がれます。その在満に声をかけたパトロンがいました。徳川吉宗の子の田《た》安宗武《やすむねたけ》です（このとき国学ムーブメントはついに幕閣の頂点にまで届いたのです）。宗武は古典を好み、有職故《ゆうそくこ》実《じつ》に明るく、なんとか和学を復興させたいと考えていた。そこで在満に和学御用を務めるように命じます。

在満は自分は有職故実は専門にしたけれど、歌のことはよく存じませんと遠慮したのですが、宗武の切望に押され、それで書いたのが『国歌八論』になります。ところが、それが波紋を呼んだのです。国学はここで新たなステージに突入します。

詳しいことを省いて結論をいうと、宗武は在満の『国歌八論』が気にいらなかったのです。在満は歌源・翫歌・択詞・避詞・正過・官家・古学・準則の八項目をたて、それぞれで歌の役割を論じたのですが、その主張は、歌というものは六芸（礼・楽・射・御・書・数）とはちがって、天下の政務にはなんらあずからないもので、日用常行の助けにもならない。むしろ詞華言葉の翫《あそ》びをこそ美とするので、それには上古の質朴な古語にこだわらずに、古今以降の優美な雅語によって風姿幽麗な風体を深めればいいとしたのです。

万葉批判と美学主義にどっぷりはまった歌論でした。この主張は宗武を憤《いきどお》らせ、宗武自身に『国歌八論余言』を書かせるにいたります。こうして宗武はこれを賀茂真淵に提示して、その意見を求めました。これが国学運動史における最も大きなターニングポイントとなったのです。

賀茂真淵の古意の力

荷田春満の門に、遠州《えんしゅう》の諏訪《すわ》神社神官の杉浦国頭《くにあきら》と五社神社の森暉昌《てるまさ》という二人がいます。この二人に、同じく遠州浜松の賀茂真淵が出会います。

国頭はすでに浜松の国学サロンの中心にいた人物で、春満の教えにしたがって「真心もて思をのみ述べる歌風」を育てています。真淵はその歌風の奥に没入していった。遠州国学の芳醇がここに発しました。

真淵が育った岡部家は賀茂新社の禰宜《ねぎ》の家でした。真淵が「賀茂県主《あがたぬし》」とよばれたのはそのせいです。春満といい真淵といい、このあたり国学が神官ネットワークによって広がり、支えられていたことが見てとれます。ここではふれませんが、その後に真淵を継承した商家出身の内山真龍《またつ》が遠州国学にもたらした人脈もまた驚くべきものでした。

それはともかく、この真淵に田安宗武が『国歌八論余言』を示したのです。真淵はそれを読んで『国歌八論余言拾遺』を書き、そのまま在満の後任として和学御用を担当し、田安家に十五年にわたって出仕します。

真淵の所見はどういうものだったかというと、和歌の政教的意義についても、古歌や古語を重視することにおいても、おおむね宗武の見解を認めるものではあったのですが、ひとつ決定的なちがいがあったのです。それは宗武には朱子学的な「理」がなお強く残響していたのに対して、真淵は「理」では解けないものがあるとしていたことです。朱子に対する陸象山の心学の批判に似たものが、ここにはあります。

真淵はどう考えたのか。真淵の学は「わりなきねがい」に発しようとしていたのです。歌は「ことわり」ではなく「わりなきねがい」として生まれたもので、そこには治めようとしても治めきれない人の心があるとしたのです。

この「わりなき」とは「割りなき」で、「ことわり」が「言《こと》・割り」であることを前提にした見方です。割れないものがある、割り切れないものがある、分割しちゃいけない情報というものがある、それをそのまま編集したいという方法を意味しています。まさにヨーロッパ的二分法を拒否した方法です。

もともと真淵は、新古今よりも古今を、七五調の古今よりも五七調の万葉を偏愛していた。その真淵が契沖の『万葉代匠記』に接したのが四一歳前後のときです。強い衝撃をうけて一気に『冠辞考《かんじこう》』『万葉解』『万葉新採百首解』を、そして『万葉考』を著します。

そこに追究されたのは、集約すれば「まごころ」「まこと」「ますらをぶり」です。「ますらを」とは大丈夫と綴るもので、われわれもいまなお「大丈夫ですか」「大丈夫だよ」と言いあっている、その大丈夫です。その大丈夫の心底を真淵は考えた。それは万葉に戻れ、古代に戻れという叫びでした。

こうして真淵が到達した心境は、『にひまなび』と『国意考』にあらわれます。そこには、「おのがじし得たるまにまになるものの、つらぬくに高く直きこころもてす」という直覚が貫かれて、その「高く直きこころ」には「ひたぶるに、なほくなむありける」という心情が傾倒されました。その新しい学びの到達点で見極められたのが、「安波礼《あはれ》」の詠嘆なのです。

この万葉に学んだ真淵の「直き心」には、あらためて対決すべきものがありました。それこそは「からごころ」というものでした。真淵は古言を求め、その奥に「直き心」を認めたのですから、異国の儒仏による言葉は排除されるべきものだったのです。『国意考』はその「からごころ」と対決するために、文意・歌意・語意・書意の上位にかぶるものとしての著作となっているのです。

真淵は日本の面影にひそむ「あはれ」を感じるには、「からごころ」に惑わされない国意が必要だと考えたのです。

真淵から宣長へ

宝暦十三年（一七六三）、五月二五日、宣長は伊勢松坂日野の旅館新上屋《しんじょうや》で憧《あこが》れの真淵に出会います。二人は託宣ともいうべきメッセージを交わします。「からごころを清く離れよ」というものです。このとき宣長三四歳、真淵六七歳。

宝暦十三年は、宣長が真淵とまみえたというだけでなく、その一ヵ月後に宣長が『紫文《しぶん》要領』と『石上私淑言』を書き上げたことでも、ついに『古事記伝』の筆を起こしたことでも特筆されます。

ひるがえって宣長が松坂に戻って医事を開業したのは、真淵の『冠辞考』を読んだ宝暦七年のこと、二八歳のときです。すでに堀景山に入門して契沖を教えられ、和歌も古典も学びはじめていましたが、真淵の一書を手にするまでは素人同然だったでしょう（言い忘れましたが、堀景山は荻生徂徠とはかなり深い親交をむすんでいます）。

それが真淵を読んだ翌年からは、宣長は源氏を、古今を、伊勢を、土佐日記を、百人一首を講じはじめた。真淵が「すべては源氏ですよ」と言ったからでもあります。

それがすべての起爆となったのです。

ところで、文芸評論家の小林秀雄には最晩年に十年以上かけた『本居宣長』の大著があるのですが、その小林もこの「源氏ですよ」に参ってしまった一人でした。『本居宣長』は冒頭にその話がおかれていて、そこから始まっているのです。ただし「源氏ですよ」と小林に言ったのはむろん真淵ではなくて、かの折口信夫《おりくちしのぶ》でした。

戦時中のこと、小林は大森の折口宅を訪れたことがあるようです。何かのはずみに話が『古事記伝』におよんだところ、折口は橘守部《たちばなもりべ》の宣長評を詳しく話してくれた。宣長に詳しくなかった小林は、それでもちょっとした読みかじりの印象から、「宣長の仕事は、批評や非難を承知のうえのものだつたのではないでせうか」と言ってしまったのです。

小林秀雄は、こう書いています。「折口氏は、黙つて答へられなかつた。私は恥しかつた。帰途、氏は駅まで私を送つて来られた。道々、取止めもない雑談を交して来たのだが、お別れしようとした時、不意に」と書いて、小林はそのときの折口の言葉を書きとめています。「小林さん、本居さんはね、やはり源氏ですよ、では、さやうなら」。

このエピソードは小林の宣長像も決定づけたようです。小林秀雄は宣長の源氏論の「もののあはれ」から古道を閲見《えっけん》することにしたのです。

ふたたび宣長の話に戻りますが、宣長は青春期には「私有自楽」をモットーとしていた人物でした。それが契沖を読んで「自然の神道」に惹《ひ》かれ、和歌を道徳的道義的に見るのが誤りだと直感できました。

契沖は『勢語《せいご》臆断《おくだん》』で伊勢物語を解きながら、従来の伊勢についての解釈を変更しようとしていました。たとえば細川幽斎《ゆうさい》の「伊勢は好色を綴ったのではなく、男女の情に託して政道の本を描いている」といった解釈を斥《しりぞ》けた。契沖はむしろ男女の情愛こそ自然の神道なのであって、それを読まなくては伊勢など読んだことにならないと喝破したのです。

これで宣長に「和歌と人間の本来的関係」ともいうべき問題を考えることの火がついた。そう思っていいだろうと私は見ています。第6章に「数寄」は王朝の「色好み」に始まると書きましたが、そのことを思い出してください。そこで宣長が京都遊学中に書いたのがさきほどあげた『排蘆小船《あしわけおぶね》』でした。「歌の本体、政治をたすくるためにもあらず、身をおさむる為にもあらず、ただ心に思ふことをいふより外なし」と書いている。

いよいよ宣長は「もののあはれ」の面影に触れたのです。かくて『石上私淑言《いそのかみのささめごと》』において、「すべて何事にても、殊《こと》にふれて心のうごく事也」「阿波礼《あはれ》といふは、深く心に感ずる事也」と喝破する。このとき宣長は「わきまへしる」ということをメモしています。この「わきまへしる」が「もののあはれ」と分断されないで一緒に動きまわってくれるかどうかということが、このあとの宣長の命懸けになっていくのです。

『古事記伝』の壮絶な読み

宣長は、和歌の本質には神代の世界が内在していると考えていました。記紀神話についても少年のころから親しんでいた。「神書といふすぢの物、ふるき近き、これやかれやと読みつるを、はたちばかりのほどより、わきて心ざしありしかど」（玉勝間）と書いています。

そういう宣長がついに『古事記』にとりくんだ。これは心からやりたかったことであって、かつ、どんなに壮絶な作業となっても宣長の全身を粟立《あわ》たせるにふさわしい夢中な作業だったはずです。宣長の論争の相手であった上田秋成は、そういう宣長をあしざまに〝古事記伝兵衛〟と名付けたものですが、宣長はその伝兵衛をこそしたかった。

宣長にとっての最大の焦点は、神々の出来事がどのような言葉で語られたかということと、その神々の出来事のつながりが皇祖とどのようにつながっているのかということでした。宣長はそこには、「おのずからしからしむるみち」というものだけがインターフェースになるべきだと考えます。「おのずからしからしむるみち」とは、漢意をつかわないで、古語のまま日本の面影の奥へ分け入れるはずだと宣長が確信した方法のことです。そこに宣長の日本読解が始まっていったのです。

その方法にはいくつも脱帽したくなるような工夫があるのですが、その根幹にあったのは、「言《こと》」は「事《こと》」である（言語は事象そのものである）という信念と、断固として漢語を用いないで読み切ってみせるという信念だけだったかと思われます。しかし、それが壮絶なのです。日本思想史上最大の情報編集といっていいでしょう。

それでは、全四四巻にもわたる壮絶な『古事記』解読の、その、たった一カ所だけをここに案内するにとどめることにします。それでも宣長の「日本という方法」の独創は伝わるでしょう。たとえば「神代一之巻」の冒頭、「天地初発之時、於高天原成神名…」です。宣長は最初の二文字から考え抜いていきます。

いったい「天地」はアメツチで、万葉仮名では「阿米都知」であるはずなのに、なぜ天地と漢字のまま綴ってあるのか。それは文字をもたなかった日本が漢字を借りたからしかたないとして、しかし、それはあくまで借りただけなのだというふうに読んでいきます。

稗田阿礼《ひえだのあれ》はアメツチと声を出して誦《よ》んだはずでした。それなら「天」はアメであって、その意味はまだわかってはいない。それを「天」という漢字にしたのでは、また漢字の天の意味にしたのでは、本来の意味など見えてはこないのではないか。そういうふうに見ます。そこで宣長はアメは「そらの上にありて、あまつかみたちの坐ます御国なり」と読むことにする。

では、「地」はどうか。これはツチです。ツチは「ひじ」(泥土)がかたまって「くに」になった状態ではないか。そういうふうに、宣長は解釈して、なぜそのような解釈ができるのかの例証を万葉・祝詞そのほかの資料を引いていくのです。

たった二文字だけでもこれだけの〝考証〟と〝推理〟をするのですから、これは壮絶です。こうしてあたかも虫が地球を歩むような思索歩行によって、やっと次の「於高天原成神名」にたどりつく。まだ『古事記』の数行目です。しかし宣長はここで「成」(なりませる)に注目をします。

宣長は、この「なる」には三つの意味があると考えます。第一には、なかったものが生まれ出るという意味、第二は、何かのものが変わって別のものになるという意味、第三は、なすことがなしおわったという意味。それぞれ、人が生まれること、一体の神が別の神になること、神が国を生んだこと、などにあてはまります。

宣長はそうだとすれば、日本本来の「なる」とはこれらのどれにもなりうることを意味する「なる」をもっていたと仮説したのです。いや、そう決めたのです。

なんという読みでしょう。詳しく案内すればきりがないのですが、このような方法で宣長は日本の面影をどんどん、どんどん、突き止めていったのです。むろん、すべては仮説でした。

それでは、このような宣長の編集読解の方法によって何があきらかになってきたのか、私なりにかんたんにまとめておきます。

「本来」と「将来」のあわい

世界の神話にはたいてい民族の起源や国土の創成や、また神々や歴史の発生に関する物語が語られています。そこでは、「つくる」や「うむ」や「なる」といった基本動詞によってその発生が説明されています。

このなかで、「つくる」はユダヤ・キリスト教やギリシア自然哲学が重視した言葉でした。そこには造物主という絶対的な単体の主語があって、そこから次々に、系統的に国土や民族や習慣がつくられてきた。つまり創造の起源に想定されていたものが、主幹から分枝に向かって次々に分割されていったというふうに、発生のプロセスは語られます。一神教の得意な文法です。

ところが、日本の神話や風土記では、もっぱら「うむ」や「なる」がたくさん使われていて、そこで何がおこったかといえば、「そう、そこで、そうなったのです」というような、説明にならないような説明ばかりが使われているのです。これは分割や分配とは、どうもちがいます。宣長はそこに注目した。

そこで宣長は「なる」「つぎ」「いきほひ」、そして「むすび」という古語に関心をもちます。たとえば宣長が注目した「なる」の用法は、「無かりしものの生り出る」という言いかたでした。この言いかたで「神の成り坐《いま》すこと」が説明されていたり、「此のものの変はりて彼のものになる」という意味や、「作す事の成り終る」という意味が説明されているのです。どう見ても、日本における生成の観念が「うむ＝なる」という関係を秘めているように思えます。

それが、「なる」につづいて「つぎ」（次＝継ぐ）という言葉にも継承されている。そしてそれらの継承が、そのうち「いきほひ」（勢＝息追ひ）にまで及ぶ。

それなら、このような「なる」や「つぎ」は何によってわかるのかというと、そのつどそこには「むすび」が見えてくるのです。ムスビとは、ヒ（霊威）がムス（産出する）という意味で、その姿や形はまさに「影」のように見えないのですが、それをいったん感じたらそこに人々はムスビのしるしとして、たとえば注連縄《しめなわ》や神籬《ひもろぎ》を示したり、そのとき詠んだ歌や句のようなものを残したので、それでわかるというのです。

ここには、まさにウツからウツロイをへてウツツが派生してくるという光景が見えるようです。

このような作業を通して、宣長は「もののあはれ」や「やまとだましひ」とは、どこか一点に求められるものではなく、また、どこかに起源が特定できるものではなく、それはたえず本来《ほんらい》から将来《しょうらい》に向かう途次にしかあらわれないだろうということを主張したのです。これはまさに「ウツロイの論理」です。

以上のようなことは、おそらく多くの日本人が「もののあはれ」や「やまとだましひ」について抱いてきた感想とは、ずいぶん異なっているのではないかと思います。また、宣長の国学を勝手に流用したナショナリズムや国家主義の言いぶんともかなり違っていると思います。

そうなのです。実は宣長は、国学もまた古学も、いま思索している対象そのものが孕《はら》んでいる言葉以外の概念をもってきてそれを規定してみたところで、何かを考えたことにはならないと、それだけを言ったわけなのです。そうしてどうしたかといえば、規定しようとしたり、普遍軸を求めようとしたり、分割思考したりすること自体をやめて、日本の奥に動いているらしい動向や趣向をそのまま取り出せないだろうかと、そのことを言いつづけた。

いったい、こういう宣長をどう見ればいいでしょうか。これは神秘主義なのでしょうか。それとも不可知論《ふかち》でしょうか。言語研究に打ちこんだだけでしょうか。そういう面もあるでしょう。しかし、ここで思い出すべきなのは、われわれはこの宣長の『古事記伝』によって初めて『古事記』を日本人として読めるようになったということなのです。

万葉仮名の羅列のなかで、宣長が初めて古代日本人の頭の中にあった意向と意表というものを想定して、ついに『古事記』を日本語で再生したのです。知的想像力で解いたのではありません。本来から将来に向かって日本語がそのようになろうとしたしくみを解明して、再生したのです。これは「おもかげの国」の正体に迫るたいそう効果的な方法だとは言えないでしょうか。

ところで私は、宣長の思想には「触れるなかれ、なお近寄れ」というメッセージがあるように思っています。

そこには普遍すら近寄れないというメッセージです。そこにはひたすら「清きもの」「稜威《いつ》なるところ」「明き心」が覗《のぞ》いているだけなのです。

まことに近接しがたい思想です。フラジャイルであるだけではなく、複雑です。宣長は自分が思索した世界を隠したかったのでしょうか。あるいはキリスト者がイエスに合体できたような気持ちになっていたのでしょうか。そうではないでしょう。宣長においては、まさに方法だけが思想になり、方法が世界になっているのです。そんなことがありうるのかと思うでしょうが、宣長においてはありえたのです。

しかし、時代はこのようなメッセージを理解する余裕を十分にもたないうちに、まったく予想もしなかった「外からの変更」に出会うことになりました。

ペリーの黒船が来てしまったのです。宣長の死後、日本は開国と尊皇攘夷《そんのうじょうい》とのあいだで大揺れにゆれました。あげくに公武合体と王政復古と富国強兵です。そういうなかで、不平等条約と明治維新をくぐり抜けた日本が、それでもなお「おもかげの国」を抱きつづけられたのか、どうか。そこにはいったいどのような「うつろいの国」が待っていたのか。

次章以降では舞台をいよいよ近代日本に変えて、何人かの哲学者や作家や軍人や詩人の思索方法と表現方法のなかに立ち入ってみようと思います。

第10章　二つのＪに挟まれて

海を意識しなかった日本

日本という国にとって「外国」とはどういうものなのか。かなり特別なものなのでしょうか。どうも、そのようです。そこには畏敬《いけい》と恐怖、好奇と劣等、同化と排外の目が、つねにまじってきた。尊大になりすぎたり、卑下しすぎたり、そのバランスがうまくとれてはいません。

中江兆民《なかえちょうみん》はそういう日本人の傾向を「恐外病《きょうがいびょう》」と名付け、そのくせこの病気はしばしば「侮外病《ぶがいびょう》」にもなると見抜いていました。

たとえば半鎖国（海禁）という奇異に見える稀《まれ》な体制をとった日本は、外国に対して自信があってこういう対外政策をとったとはとうてい思えません。しかし恐れて鎖国をしたのかといえば、それも当たっていない。日本は外国に神経質になりすぎてきたというべきなのか、それとも外国に対してあまりに野放図《のほうず》だったのか、そこが見えにくいのです。おおかたの日本人も黒船がくるまではそのことがわからなかったのではありますまいか。

そこへもってきてロシアの南下、異国船打払令、黒船来航、日米修好通商条約の締結、横浜・長崎などの開港、生麦事件《なまむぎじけん》、薩英戦争《さつえいせんそう》というふうに予想もつかないことが次々に連打されたわけですから、これで、かつてあったかもしれない自負もほとんど吹っ飛んだのです。本書の冒頭に書いたように、われわれは最近になって自信を失ってきたわけではないのです。

その後の日本は、遣欧米使節団のように諸外国の事情を窺《うかが》い、明治の欧化政策のように外国を取り込み、また日清・日露では外国に挑みかかり、白樺派《しらかばは》のように外国を慕い、そして満州国《まんしゅうこく》の樹立に向かっては外国を蹂躙《じゅうりん》しました。いったい何をもって対外政策を貫いてきたと言えるのか、すべてが相手の出方を見て右顧左眄《うこさべん》するようになったかのようです。

まことに日本にとって「外国」は特別のものであるようです。漱石《そうせき》は『現代日本の開化』で、こういう日本は「外発的」だと断じました。内発がないと見た。

なぜこれほど外国対策に苦労するかといえば、答えははっきりしています。日本が「海国」であるからです。しかし海国であるのに、海国らしからぬ歴史を歩んできたのです。

本来は、安心して海国であることを満喫するには、よほどの航海術と造船術と兵力に富んでいなければなりません。ヴェネチアやイスパニアやイギリスのことを考えれば当然ですが、それなのに日本はいっこうに航海術も造船術も発達させなかったのです。シーレーンを守る海防政策もろくなものではなく、海防兵力もまったくお粗末なまま、寛政四年（一七九二）にラックスマンが根室《ねむろ》に、文化元年（一八〇四）にレザノフが長崎に来たときも、本当ならここでだいたいのことに気がつくべきなのに、あまり大きな問題とはとらえていませんでした。第1章に引用した小林一茶の「これからは大日本と柳かな」や「日本の年がおしいかおろしや人」のほうが、よっぽど覚悟がありました。

もっとも林子平《はやししへい》のようにラックスマンが来航する以前から『三国通覧図説』や『海国兵談』を著し、海岸防備の必要性を説く人物もいましたが、子平の海防論は敵前上陸をしてくる連中を水際で次々に叩《たた》くというもので、「寛政のハリネズミ論」と揶揄《やゆ》された。そんなことを揶揄しても、それまでは海防論すらなかったのです。子平はとりあえずそのことには気がついていた。

しかしもうひとつ、その子平にすらあてはまることがあります。それは、日本には専守防衛論ばかりが多いということです。自ら外へ出て海上権を制するという発想がない。これでは「国」は守れない。今日の憲法では専守防衛は唯一の軍備思想になっていますが、それでも海上権を制するという動きを、海上保安庁もしていない。

海国日本が海防に意識を集中できなかったのは日本史の大きな謎のひとつです。考えてみればメルヴィルの『白鯨』のようなスケールの大きい海洋小説もほとんどないし、海洋美術や海洋音楽もあまりない。海の神話すら海幸山幸、住吉《すみよし》三神伝説、宗像《むなかた》三神伝説、因幡《いなば》の白兎《しろうさぎ》などを見るばかりで、全般としてはあまり目立っていない。

海辺を詠んだ歌は少なくないのに、海洋に出て詠った歌は極端に少ない。遠洋漁業や鯨とりは日本の大きな産業資源と食糧資源であったはずなのに、それらに関する重要な思想も政策も文学もありません。小林多喜二《たきじ》の『蟹工船』や野上弥生子《やえこ》の『海神丸』などはかなりめずらしい。日本は海に囲まれていながらも、海を適確に生かしてこなかった国でした。沖縄のニライカナイ信仰にまつわる祭祀《さいし》が最も遠望力をもっているばかりです。

べつだん比較すればいいというものではありませんが、海国イギリスはながらく商本主義であり、植民地主義であり、三角貿易主義です。清盛や幕末の薩摩藩などのいくつかの例外をのぞいて、日本はこういうことはまったくしていません。そのかわり日本は、国内や領地内の治水に長《た》け、産物を育て、それを加工する工夫に熱心だったのです。これがやがて時計やカメラやトランジスタや半導体技術の凱歌《がいか》になったのだから、これはこれですばらしいともいえますが、しかし他方では、あいかわらず外交面や渉外面のダイナミズムを欠いてきたのも事実です。

そういう意味では網野善彦《あみのよしひこ》さんの「海の日本史」や川勝平太《かわかつへいた》さんの「海洋国家構想」など、まさに新たに挑戦すべきものとして魅力があります。が、それは今後の展開に待つとしておきます。

どうしてこうなったかという理由はいちがいには語れませんが、黒船から明治政府までの推移を見ていると、たとえば日本に「制定法」がほとんど機能しなかったということも、その理由のひとつだったと思われてきます。日本はつねに「判例法」や「慣習法」を重視してきた国で、どんなことも実態を見てから法令をくみあわせて切り抜けてきた。

これに対してアメリカなどは、制定した法が新たな現実そのものになっている。法は理想であって、かつまた現実化そのものなのです。それゆえべつだん褒める気などまったくないのですが、アメリカでは正義と義務の法が一つ通りさえすれば、大規模な空爆も可能なのです。

日本ではめったにこういうことはない。少年犯罪が多くなると少年法の対象年齢を下げ、構造設計のミスが多いとその基準を変えるわけで、現実のあとを追いかけるのが法律なのです。したがって尊皇攘夷という国の決定的な外交政策になるかもしれない方針なども、幕末の四分五裂の動向が象徴しているように、何一つとして法的な制御力をもったわけではないのです。それなのに、そのようななかで会沢正志斎《あいざわせいしさい》の「国体」が浮上し、公武合体をしているうちに、天皇を「玉《ぎょく》」と戴《いただ》く立憲君主制があっというまに選択されていくのです。

江戸後期の出来事をふりかえってみればわかりますが、天皇を戴く立憲君主制という発想は、安政の開国を決定したときの方針にはこれっぽっちも入っていなかったのです。まず開国を余儀なくされ、ついで尊皇攘夷か公武合体かを争い、そのうち大政奉還と王政復古になだれこんだだけでした。その間、たった十数年。よくぞそんな短期間に維新をおこしたともいえますが、わずか十数年先の後の国家像すらまったく見えていなかったともいえるのです。

近代日本の「忘れもの」

結局、日本は海を破られて近代を迎えたのです。したがって明治政府が「日本という国家」を急造しようとしたことは疑いえません。大日本帝国憲法が発布された明治二二年(一八八九)は、そういう意味では日本が初めて「国家」となった日であったのです。

しかしこの近代国家は、いろいろの大事なことをどこかに置き忘れてしまった。この国家（大日本帝国）は一言でいえば、議院内閣制度をもった立憲君主制というもので、岩倉具視《ともみ》や大久保利通《としみち》の構想が示したように、「玉《ぎょく》」（天皇）を戴くことによって成立した有司専制国家でした。つまり官僚国家でした。もともと法制度と法意識が甘い日本において、とりわけ超法規的な存在だとみなされていた天皇をもって近代国家をつくろうというのですから、これはどうみても権力者としての天皇を確立するという意味が追求されてはいません。

それは今日の憲法でも、しょせんは同じです。このことはカレル・ヴァン・ウォルフレンが『日本／権力の構造』で指摘しましたが、日本国家に権力《パワー》のシステムが明示的に確立できていないことを示すひとつの証左です。

明治の時点で選択した立憲君主制がまちがった選択だったというわけではないのです。そういう選択はあってもよいと思います。けれども、どのように天皇と議会の関係を機能させるかということについては、ほとんど明示的なことをつくれなかった。岩倉使節団が条約改正のためにアメリカを訪れたときのことですが、グラント大統領は使節団が日本という国家を代表する者だという天皇の認定書（全権委任状）を持ってきていないことを詰《なじ》りました。そこで大久保利通と伊藤博文が慌ててその文書を取りに帰ったというくらいなのですから、天皇制とはいっても、また王政復古といっても、まだ制度でも機構でも何でもなかったのです。

こうして明治の有司(官僚)たちがやったことは、維新の断行者の多くによる二年におよぶ遺外使節であり、富国強兵と欧化政策と脱亜入欧と殖産興業であって、対外的には征韓論や大陸浪漫や日清戦争だったのです。

それでも陸奥宗光《むつむねみつ》らの粘りによって、列強が次々に押しつけてきた懸案の不平等条約を撤廃させることだけは、ようやく成功した。この成果は明治期最大のものだったといえると思います。けれども、そうした努力をへてやっと手にした成果が何だったかというと、列強に伍《ご》して戦争に乗り出し、三国干渉に踏みにじられ、満州鉄道敷設権をめぐる競争では押しこまれ、日露戦争開戦に向かうしかなくなったというのでは、近代日本の「忘れもの」が何であったかという、そのことのほうが気になってくるのです。

とくに、王政復古による明治維新とは何だったのかとふりかえると、黒船艦隊のような圧力の前で、ひょっとしたら別のプランもあったかもしれない天皇制というものを、あのように慌てて「統帥権《とうすいけん》の最高責任者」にしてしまったのは、やはり外交政策がほとんど機能せず、それがまわりまわっての「外国」に弱い日本の恐外病と侮外病の症状の露呈だったかと言われても、仕方がありません。

島崎藤村の『夜明け前』

島崎藤村《とうそん》に『夜明け前』があります。幕末維新の約三十年の時代の流れとその問題点を、ほぼ全面的に、かつ細部にいたるまで扱っています。藤村はこの長編小説を通して、日本人のすべてに「或るおおもと」を問い、その「或るおおもと」がはたして日本が必要とした歴史の本質だったのかどうか、そこを描きました。

それを一言でいえば、いったい「王政復古によって国家をつくる」とはどういうことだったのかということです。いま、このことに答えられる日本人はおそらくたくさんはいないと思われます。今日、日本で王政復古などまったく考えられもしませんが、そしてそれでかまわないのですが、しかし皇室と内閣と官僚の関係や、元首としての対外行為などをどう解釈するのか、そのことだけでも本格的に議論できないでいるのです。

藤村が『夜明け前』を書きはじめたのは昭和四年（一九二九）で、五七歳のときです。前々年の金融恐慌につづいて前年に満州某重大事件（張作霖《ちょうさくりん》爆殺事件）がおきて、翌年は金輸出解禁に踏みきらざるをえなくなった年、すなわち日本がふたたび大混乱に突入していった年です。ニューヨークを発端に世界大恐慌が始まっていました。

そういうときに藤村は明治維新に戻って、王政復古を選んだ歴史の本質とはいったい何なのかと問うた。その王政復古は維新ののちに歪《ゆが》みきったということを、藤村は見てきたのです。よく見れば、ただの西欧主義だったのです。それが悪いというのではなく、「脱亜入欧」がひたすら喜んで迎えられただけなのです。

しかしそれを推進した有司たちは、その直前までは「王政復古」を唱えていた。いったい何が歪んで、大政奉還が文明開化になったのか。藤村はそこをじっくり描こうとしました。

名作『夜明け前』は「木曾路《きそじ》はすべて山の中である」という冒頭に象徴されているように、物語は木曾路の街道の木の葉がそよぐように静かに始まります。主人公は青山半蔵。馬籠《まごめ》の本陣・問屋・庄屋の「役」を兼ねた地域リーダーで、藤村の実父にあたります。ですからこれは半分以上は実話です。

馬籠は本陣・問屋・年寄・伝馬役《てんまやく》・定歩行役《じょうほこうやく》・水役・七里役などからなる百軒ばかりの家々と、六十軒ばかりの民家と寺や神社とでできています。日本の近世を代表する村社会というものでしょう。

そういう村の一角にあるとき芭蕉の句碑が立ちました。「送られつ送りつ果ては木曾の秋」。江戸の文化の風がさあっと吹いてきたようなもので、青山半蔵にも心地よいものでした。

半蔵はそういう江戸の風を学びたいと思っていた青年だったので、隣の中津川《なかつがわ》にいる医者の宮川寛斎に師事して平田篤胤《あつたね》派の国学を学びます。この国のことを馬籠の宿から遠くに想うには、せめて国学の素養やその空気くらいは身につけたかったのです。

そんなとき、「江戸が大変だ」というペリー来航のニュースが届きます。馬籠に飛《ひ》脚《きゃく》が走り、江戸に向かう者が目立ち、物語は黒船の噂が少しずつ正体をあらわすにつれ、大きく変化を見せていく。村が江戸を震源地として激変していくのです。その激変に半蔵は古代を思い、王政の「古《いにしえ》」の再現を追慕するようになるのです。

時代はものすごい変化を見せます。安政の大獄、桜田門外の変などを、藤村は馬籠にいる者が伝え聞く不安のままに、国難を案ずる半蔵の心境のままに、巧みに描写していきます。

そこへさらに皇女和宮《かずのみや》が降嫁して、徳川将軍が幕政を天皇に奉還するというニュースです。しかも和宮は当初の東海道下りではなく、木曾路を下る模様替えとなったため、馬籠はてんやわんやの用意に追われます。加えて、三河や尾張《おわり》あたりから聞こえてくる「ええじゃないか」の声は、半蔵のいる街道にも騒然と伝わってきて、半蔵は体中に新しい息吹がみなぎっていくのを実感するのです。

かくて「御一新」。半蔵はこれこそ「草叢《くさむら》の中」から生じた万民の心のなせるわざだろうと嬉《うれ》しく感じ、王政復古の夜明けを「一切は神の心であろうでござる」と得心します。けれども「御一新」の現実はそういうものではなく、半蔵が得心した方向とはことごとく異なった方向へ歩みはじめてしまった。それが半蔵にはたんなる西洋化に見えるのです。半蔵は呆然《ぼうぜん》とし、東京に行くことを決意、自分なりの行動をおこしてみるつもりになります。

教部省に奉職してみると、ついさっきまでは国の教化活動に尽くしたはずの平田国学の成果（平田篤胤派の国学）はまったく無視されていました。祭政一致などウソだったのです。半蔵は「これでも復古と言へるのか」と呟《つぶや》きます。

けれども半蔵はこの自分の問いに堪えられない。ついに、とんでもないことをしてしまう。和歌一首を扇子にしたためて、明治大帝の行幸の列に投げ入れたのです。青山半蔵が半生をかけて築き上げた面影の思想は、この、たった一分程度の惨めな行動に結実しただけでした。

この半蔵の行動は、その後の昭和史で何度かくりかえされることになるプロトタイプです。しかし、すべてはこれでおジャン。木曾路に戻った半蔵は飛騨《ひだ》山中の水無《みなし》神社の宮司として、ただ「斎《いつき》の道」に鎮《しず》んでいくことを選びます……。

内村鑑三が苦悩した「二つのJ」

いささか『夜明け前』の話が長くなりましたが、なぜこの物語を紹介したかはわかってもらえたかと思います。これは幕末維新の日本が何をとりこぼしていったのかという物語なのです。

保田與重郎《やすだよじゅうろう》は『明治の精神』で、こんな感想を書いていました。「鉄幹も子規も漱石も、何かに欠けてゐた。ただ透谷の友、島崎藤村が、一人きりで西洋に対抗しうる国民文学の完成を努めたのである」と。ずっとのち篠田一士《はじめ》は『二十世紀の十大小説』で、プルーストの『失われた時を求めて』、カフカの『城』、ジョイスの『ユリシーズ』などと並べて、『夜明け前』をあげました。日本の小説のなかで唯一のベストテン入りでした。

しかし藤村は保田が言うように、西洋に対抗して国民文学を樹立しようとしたのではなく、日本の「本来と将来」を全力をあげて問うたのです。それは藤村自身の「内発」の問題でもあったからです。それがかえって世界文学ベストテン入りを果たしたのです。

信州馬籠に生まれた藤村が九歳で上京したのは明治十四年（一八八一）のことでした。泰明小学校に入り、三田英学校から共立学校（開成中学）、明治学院に進んで、そこで木村熊二から洗礼を受けます。二十歳のときには有名なキリスト者である植村正久《うえむらまさひさ》の麴町《こうじまち》一番町教会（富士見町教会）に移って、キリスト教にめざめた青年としての日々を送っています。

ところが北村透谷《とうこく》の自殺に出会い、藤村は自分がキリスト者であることに責任を感じはじめます。この苦悩がその後にしだいに大きくなって『夜明け前』になったともいえます。というのは、当時の日本のキリスト教は、内村鑑三《かんぞう》や海老名《えびな》弾正《だんじょう》や新渡戸《にとべ》稲造《いなぞう》がそうであったように、日本人の理想の生きかたを問うためのものになっていたのです。新渡戸がキリスト教と武士道を結びつけたように、キリスト教はどこかで神道や武士道の精神性とも近いように見えたのです。このことは、青山半蔵が水無神社の宮司になって終わっていることにもあらわれています。

しかし、明治キリスト教も苦悩していました。それについては、私はとくに内村鑑三が札幌農学校の理想を携えてアメリカに渡り、そこで大学に通いながら現地のボランティア活動に従事したところ、アメリカのキリスト教徒たちの慈善主義と功利主義ともいうべきものに失望して帰ってきてからの苦悩に、大きなものを感じています。少し、そのことを話しておきます。

内村鑑三が抱えた苦悩とは、端的にいえば「二つのJ」ということです。「二つのJ」とは何でしょうか。内村は、生涯をキリストに捧《ささ》げた篤厚《とっこう》のキリスト者でした。したがって、一つのJは"Jesus"（ジーザス）でした。しかし内村はそれとともに断固たる日本人であろうとし、日本の本来を問いつづけた愛国者でもありました。すなわち、二つ目のJは"Japan"（ジャパン）でした。

この「二つのJ」はまったく融合できないでいる。股裂《またさ》きにあっている。内村の苦悩はそこにあったのです。この苦悩は透谷の自殺でうけた衝撃を抱いていた藤村の胸中にも膨らんでいく。しかし、なぜ、日本人はこのような胸の痛みをもたざるをえないのか。

こうして内村の日本研究が始まります。「日本という方法」の検討に向かいます。内村の代表作は『羅馬書《ロマしょ》の研究』であり、そのライフワークは厖大《ぼうだい》な個人誌「聖書之研究」に結実しますが、その扉には、しばしば「日本人の生活信条の中にはキリスト教に匹敵するものがある」という信条が書きこまれています。のみならず、すでに第8章に紹介した『代表的日本人』では、日蓮・中江藤樹・二宮尊徳・上杉鷹山《ようざん》・西郷隆盛の五人を選んで、その「跋《ばつ》」に次のように書いたのです。

私は、宗教とはなにかをキリスト教の宣教師より学んだのではありませんでした。その前に日蓮、法然、蓮如など、敬虔にして尊敬すべき人々が、私の先祖と私とに、宗教の真髄を教えていてくれたのであります。何人もの藤樹が私どもの教師であり、何人もの鷹山が私どもの封建領主であり、何人もの尊徳が私どもの農業指導者であり、また何人もの西郷が私どもの政治家でありました。その人々により、召されてナザレの神の人の足元にひれふす前の私が、形作られていたのであります。

内村鑑三にあっては「二つのJ」は重合交差するべきものであり、そこには日本の先達への敬愛がこめられるべきであり、キリスト教と武士道さえ融合すべきものであったのです。

本気の日本が動いた境界線

内村の『代表的日本人』は英語で書かれたものでした。原題は"Japan and the Japanese"です。キリスト者の内村は、英語で中江藤樹や西郷隆盛の精神の何たるかを「外国」に説いたのです。

同じ時期に、日本人によって書かれたもう二冊の本がありました。新渡戸の"Bushido"（武士道）、天心の"The Book of Tea"（茶の本）です。この三冊はちょうど明治三三年（一九〇〇）を挟んで約五年ごとに世界に向けて発信され、いずれも大きなセンセーションをもたらした。こんな時期はその後の日本の近現代史にまったくありません。ここでは「日本」と「外国」はほぼ同じ問題を考えていたのです。

明治三三年は日清戦争と日露戦争の真ん中にあたっています。近代日本の問題を考えたいのなら、この時期の日本と日本人の動向を徹底して研究してみることを奨めたいと思うほどです。ここには、今日こそ考えるべき多くの行動と思想とが、勇気と愛情とが、冒険と計画とが集中しているのです。

象徴的に明治三三年のことを紹介しておきますが、数人の日本人が海外に発《た》ちました。夏目漱石はロンドンへ、日本画家の竹内栖鳳《せいほう》はパリへ、新劇を提唱する川上音二郎《おとじろう》は貞奴《さだやっこ》とともにニューヨークへ。長岡半太郎はパリの第一回国際物理学会議に出席し、翌年は滝廉太郎《たきれんたろう》がライプツィッヒへ行っています。

次に、きわめて重要な出版物が刊行された。内村鑑三の「聖書之研究」と与謝野鉄幹《よさのてっかん》の「明星」は雑誌として、新渡戸稲造の『武士道』はフィラデルフィアで刊行の英文書籍として。このほかにも国内では泉鏡花《いずみきょうか》の『高野聖』と徳冨蘆花《とくとみろか》の『自然と人生』が、このあとの幻想派と自然派を分ける岐路になるような作品を問うた。この明治三三年前後の簡単な年表を見てください。

明治27（1894）日清戦争始まる
志賀重昂《しがしげたか》『日本風景論』
内村鑑三『代表的日本人』

28（1895）内村鑑三『余は如何にして基督信徒となりし乎』
正岡子規《しき》、日清戦争の従軍記者になる
29（1896）ラフカディオ・ハーン、東京帝国大学文学講師
東京美術学校に西洋画科設置
30（1897）「日本主義」「ジャパン・タイムズ」創刊
31（1898）岡倉天心・横山大観《たいかん》ら、日本美術院を創設
32（1899）アーネスト・フェノロサ『世界史上日本の位置』
33（1900）新渡戸稲造『武士道』
与謝野鉄幹「明星」創刊
内村鑑三「聖書之研究」創刊
吉田東伍《とうご》『大日本地名辞書』刊行開始
34（1901）上海に東亜同文書院設立
英国グラモフォンが雅楽・邦楽・落語を録音
35（1902）日英同盟調印
36（1903）岡倉天心『東洋の理想』
37（1904）日露戦争始まる
ラフカディオ・ハーン『神国日本』

岡倉天心『日本の覚醒』
38（1905）夏目漱石『吾輩は猫である』
39（1906）大杉栄《さかえ》らの日本エスペラント協会
岡倉天心『茶の本』

日清・日露のあいだとは、このような時代です。あえて「日本」と「外国」の同時性を告げている出来事ばかりをあげておきました。

どうでしょうか。いささか本気の日本が懸命に動いているとは思いませんか。命懸けとは思いませんか。ここに境界線があったとは思いませんか。私は、この時期の年表だけで七種類くらいを自分なりに作成しています。そのような作業を折りにふれて身につけることによって、忘れていたことを蘇《よみがえ》らせたいという気持ちがおこってくるからです。

「和魂」の問いなおし

私は本書の前半で「和漢」の併立と「和」の自立について、『和漢朗詠集』から『土佐日記』までを取りあげて話し、また「和漢のさかい」をまぜこぜにした村田珠《しゅ》光《こう》の話をしておきました。そこまでは「和魂漢才」が問われていたのです。

後半になって、私は「中国離れ」がどういう経緯でおこってきたかをスケッチしてみました。それは、日本にとっての「からごころ」や「からざえ」とは何かという問題にまですすんで、その究極の問い方を本居宣長の国学のなかに見いだすことになりました。明治においては、この問題は今度は「和魂洋才」の問題として浮上してきます。またまた和魂が問題になりました。

そもそも和魂洋才論は、幕末に向かって洋学がさかんになってきて、青年武士や科学派たちが言い出していたことでした。たとえば、橋本左内《さない》は「器機芸術は彼に採り、仁義忠孝は我に存す」と言っていましたし、佐久間象山《しょうざん》は「東洋道徳・西洋芸術」とみなしていた。左内の言葉はさしずめ「儒魂洋才」というもので、象山のほうは東西を道徳と芸術とに分けているものです。

ところがいざ維新政府がつくられて、一方では古代天皇制に近い王政復古をして太《だ》政官《じょうかん》・神祇官《じんぎかん》を配し、他方では洋才の導入をして富国強兵とお雇い外国人の受け入れに転じてみると、これがとうていバランスを保てない。一方的な欧化主義ばかりが驀《ばく》進《しん》していった。これでは青山半蔵ならずとも、何か一石を投じたくなります。

そこへさらに、東洋をも考慮から外してしまう福沢諭吉による「脱亜入欧」の提案が出てきたのですから、せっかくの西洋研究という本気の趣向さえ失われて、もっぱら西洋哲学や西洋倫理や西洋技術をそのまま日本に次から次へと植林するような風潮になったのです。

ここで、こうした風潮を食い止めようとして出てきたのが、天心・新渡戸・内村の三冊の英文書であり、また、鉄幹や子規の短歌運動であり、さらには、徳富蘇峰の国民主義や、三宅雪嶺、志賀重昂、陸羯南《くがかつなん》たちによる日本主義の標榜《ひょうぼう》でした。

おそらくは、ここまでは当然の防衛だったと思います。和魂と洋才を並び立たせるには、このような活動も必要だったでしょう。「二つのJ」はいかに悩ましくとも、この両足を踏ん張って立ち上がっていくしかなく、また国家と個人にまたがる両足だって、二つながらに踏んばるしかなかったのです。

漱石も『私の個人主義』のなかで、「国家が危くなれば個人の自由が狭められ、国家が泰平の時には個人の自由が膨張して来る、それが当然の話です」と言い、さらに「国家の平穏な時には、徳義心の高い個人主義に矢張《やはり》重きを置く方が、私にはどうしても当然のように思われます」と書いていました。漱石ですら国家が先決の問題で、その国家に危難がないのならそのあとで徳義を磨く個人主義に耽《ふけ》るのもよかろうというのです。

でも、いったい大日本帝国というできたてホヤホヤの国家のなかで、国家と個人の関係をちゃんと考えるという強靭《きょうじん》な精神をどのくらいの人々がもてるかというと、日本はそこがまだ見えていなかったのです。日清戦争を通過した直後の日本人は、そこでやっと和魂をもういっぺん問いなおそうとしたのです。ラフカディオ・ハーンやアーノルド・フェノロサやジョサイア・コンドルの日本発見に驚いたのです。

こうして急先鋒《きゅうせんぽう》を引き受けたのが日本主義の面々でした。しゃにむに和魂を近代的に理論化しようと考えた。徳富蘇峰・三宅雪嶺・志賀重昂・陸羯南たちです。ごくかんたんにかれらの言動にふれておきたいと思います。

一言でいえば、「国民之友」を創刊した蘇峰は「平民主義」という言葉をつかって、武備社会から生産社会に日本が向かうべきことを訴え、明治初期のあまりに過度でエリート的な欧風主義に待ったをかけました。欧風化そのものがダメなのではなく、性急で専断的な維新の欧風主義がおかしいと見たのです。のちに蘇峰は変化していきますが、当時の二五歳の蘇峰の意図はそういうものでした。ようするに国家進化主義でした。

蘇峰が東西の文化の混成を意図していたのに対して、二九歳の三宅雪嶺と二六歳の志賀重昂は雑誌「日本人」を創刊して、純度の高い「国粋保存」を主張します。「日本国粋ナル胃官《いかん》」や「日本ナル身体」を固定強化しようというもので、至理至義だけではなく至利至益を標榜します。これは和魂に資本主義を接《つ》ぎ木したわけです。和風資本主義です。政論家の陸羯南は、新聞「日本」で「国民主義」という名の日本主義を訴えて、日本人が「国民」になるべきだと説いた。日本における国民思想の登場はこのあたりになります。いわば国民日本主義です。これらの動きは合流して雑誌「日本

内村鑑三の提案

平民と日本人と国民。この用語が日本主義の主体でした。

したがってこれらは、今日予想されるような国粋主義やウルトラ・ナショナリズムとは異なるもので、日本は「西洋の開化」をめざすのではなく「日本の開化」をめざすべきだというものです。すなわち「外部の必要」ではなく「内部の必要」を説いたのです。

漱石の言葉でいえば「外発」ではなくて「内発」。国体論を書いた加藤弘之《ひろゆき》は「内養」と言った。そういう意味では開明的保守主義ともいうべきものです。

けれども日清・日露の戦勝ムードのなかでは、このような主張は歪められて受け取られてしまいます。のみならず高山樗牛《ちょぎゅう》や木村鷹太郎《たかたろう》のように国家膨張と天皇賛美を一緒くたにする極端なウルトラ・ナショナリズムも躍り出て、時の知識人を代表し、仏教にも明るかった姉崎正治《あねさきまさはる》は洋行無用論さえ唱えました。姉崎はドイツに留学して、

そのドイツから雑誌「太陽」にあえて留学の無用を説いたのですから、これは洋学派にも影響を与えます。「中国離れ」ならぬ「西洋離れ」です。

しかしあれほど「中国離れ」に傾注した日本人も、「西洋離れ」はとことんヘタでした。なかなかうまくいかない。それでどうなったかというと、こうした傾向がだんだん日本人優秀説のようなものに逆転していってしまったのです。あげくは日本人の民族性や国民性そのものの賛美が広まって、鈴木券太郎《けんたろう》の「人種体質論」、法曹家《ほうそうか》桜井熊太郎《くまたろう》の「ハイカラー亡国論」、芳賀矢一《はがやいち》の「国民性十論」など、排外的なガイジン蔑視《べっし》にまで暴走していった。

ここでは、とうてい和魂を分析しているとはいえません。ただ日本人の「血族」を称揚するのみでした。そうなるとそれに対する反論もまた、綱島梁川《つなしまりようせん》・浮田和民《うきたかずたみ》・千葉江東・島田三郎といった論客による〝日本限界説・日本人ダメ説〟になってしまい、そのうち自虐的な指摘ばかりに終始したのでした。

たとえば曰く、仏教の「寂滅《じゃくめつ》」こそ日本人の陰湿な悲観主義をつくった、たとえば[illegible]、日本人にはおよそ独立心がない、たとえば曰く、日本人は海外排撃思想をもつ[illegible]たとえば曰く、日本人は主我のない没我的国民である……云々《うんぬん》。こ[illegible]、日本人が日本人を自虐的に自己非難する言いっぷりが、この時期に一挙に噴き出たものであったことがわかると思います。こういう見方は、江戸時代には、幕府にも庶民にも、儒学者にも国学者にも洋学派にも、ほとんどなかったものなのです。議論の多くはなお核心を見いだせないまま、また両極に大きくぶれていって、明治を駆け抜けていくのです。

これはすでに兆民が日本人の恐外病は一転すれば侮外病になる、と喝破していた通りの推移となったのでした。

そこでふたたび内村鑑三に戻ります。「二つのJ」の苦悩に挟まれて、その後の内村は『キリスト伝研究』(先駆者ヨハネの章)では、キリスト教と神道と国学をもつなごうと試みています。

こんな文章があります。「其意味に於て純潔なる儒教と公正なる神道とはキリストの福音の善き準備であった。伊藤仁斎、中江藤樹、本居宣長、平田篤胤等は日本に於て幾分にてもバプテスマのヨハネの役目を務めた者である」。

内村にとっては、仁斎・宣長・篤胤も中江藤樹と同様のヨハネなのです。神道にも福音を聞きたいのです。おそらくいまどきこんなことを言えば、暴論あるいは無知として笑われるに決まっているでしょうが、内村は真剣でした。焦りもしていた。そして、「私は二つのJを愛する。第三のものはない。私はすべての友を失なうとも、イエスと日本を失なうことはない」という有名な宣言をするのです。

あきらかに内村は、日本の矛盾に直面していたのでした。それまではアメリカで体験したキリスト教の矛盾に直面していた。けれども日本を研究してみると、やはり日本にも問題がある。仁斎も藤樹も宣長も明治にはまったく継承されていなかった。これはキリスト教の低迷と同様の深刻な日本自身の問題です。それらは一緒の問題でした。こうして内村は、日本の問題を解決することがキリスト教の低迷の解決であると覚悟したわけでした。

近代国家の勃興《ぼっこう》のなかで、日本人は本来の和魂を見失っていたのです。あるいは和魂を軽く扱いすぎたのです。なかにはすぐれた見解も数々見うけられるのですが、如《い》何《かん》せん、大勢は洋風思想と国粋主義とに両極分解していきました。

さきほど私は、日本には「制定法」がないということを言いました。それが黒船以降の幕末の動揺を決着させられなかった原因のひとつであって、ひいては「王政復古と欧化体制」というバランスを崩させて欧米一辺倒となったこと、その反発が日本主義や排外主義やウルトラ・ナショナリズムへと日本を駆りたてたという経緯ものべておきました。けれども、内村から見るとキリスト教社会では最初から制度がありすぎて、その制度から抜け出せないことこそがその精神を根底から腐敗させていると感じられたのです。

これは私などがなかなか気付けなかったことです。内村を読んでいてここにさしかかったときは、呻《うめ》くように唸《うな》ったものでした。

そうしたなか、内村鑑三はついに次のような提案をするに至ります。そのひとつは、西洋に育ったキリスト教を非制度化したいということです。キリスト教に真の自由をもたらすには、それしかないという結論に達したのです。そのうえで「日本的キリスト教」を打ち立て、非武装日本をつくりたかったのです。

もうひとつは「小国主義」を唱えることでした。内村は日本を「小さな政府」にしたかったのです。そして、そういう日本を「ボーダーランド・ステイト」と呼びました。境界国です。いまでこそ「小さな政府」という日本モデルはよく知られるようになっているものの、この時期にこのような提案があったとは、まさに驚くべきことです。かくて「日本の天職は」と内村は書きました、「日本が日本を境界国としての小国にすることなのである」と。これがきっと、内村鑑三が心に描く「おもかげの国」のサイズだったのです。

ちなみにこのサイズは昭和中期、石橋湛山《たんざん》によってふたたび提唱されますが、その湛山をふくめていまだに誰も本気ではとりくんではいないサイズです。

第11章　矛盾と葛藤を編集する

「てりむくり」の可能性

日本にはさまざまな対比や矛盾や葛藤《かっとう》が渦巻いています。前章では欧化主義と日本主義を、恐外病《きょうがいびょう》と侮外病《ぶがいびょう》を、ジーザスとジャパンの「二つのJ」をくらべました。そのような矛盾や対立を打倒したり、整理したり、統一することははたして可能なのでしょうか。また、それらを解消することができるのでしょうか。

一部的なことならば可能なこともあるでしょう。しかしそれをやりはじめるとキリがない。虱《しらみ》つぶしになりかねません。中国の例でいうなら、秦の始皇帝や文化大革命のようなことをしてみたくなるだけです。むしろときには矛盾や葛藤のよってきたるところを眺めることも重要です。

では、おまえは矛盾とか対立を放っておくのかと言われそうですが、私はある程度の矛盾や葛藤は放っておいてもいいと思っているのです。あとで二人の哲人の例を通して話しますが、矛盾と葛藤のない社会や人生などはなからありえないし、そもそも人間という存在が矛盾と葛藤のうえに成り立っていると思っているからです。純化と粛正は紙一重、やたらに凹凸をならしてしまわないほうがいいことも少なくない。

が、放ったらかしにしておく以外の方法もありえます。もともと矛盾とか対立とか葛藤というものは、そこに現象している二つ以上の出来事や人物や思想をそのまま固定しているから、あいいれないものと映るわけです。それらが何かのぐあいでつながっていたら、どうか。あるいは、ちょっとした工夫でつながったら、どうか。

矛盾や葛藤があったぶん、それらのつながりには意外なものが出来《しゅったい》するばあいがありえます。ここでひとつの実例をお目にかけたいと思います。それは「てりむくり」という曲線です。二つの相反しあう曲線が結びついてできあがった厚みのあるカーブラインのことです。立岩《たていわ》二郎さんの『てりむくり』を参考に案内してみます。

奇妙な言葉に見える「てりむくり」は「照り・起くり」と綴《つづ》ります。照りは反りのこと、起くりはゆるやかな起き上がりのことです。「てりむくり」の典型はいまでも風呂《ふろ》屋や和風旅館の正面の唐破風《からはふ》のカーブの線でよく見かけます。

左右に広がった屋根の端が反った照りの流れを中央にうけ、そこからむっくり起き上がった柔らかい起くりが構える。中央がなだらかな山、左右に流れた線がすこし反る曲線。そのつながりぐあいが「てりむくり」です。西本願寺《にしほんがんじ》などの各地の寺社の唐《から》

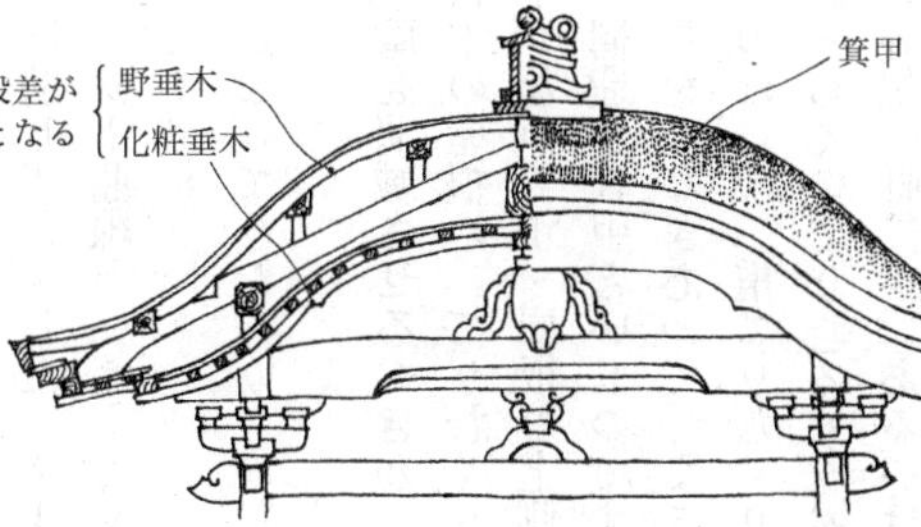

箕甲の構造がわかる唐破風の断面図（立岩二郎『てりむくり』中公新書より）

門《もん》に端的です。神社建築や神輿《みこし》などの屋根にもたいていこの「てりむくり」が生きています。私はこの曲線が大好きで、とくに唐破風にはなんともいえない「絶対矛盾的自己同一」（西田幾多郎）を感じるほどなのです。

日本家屋の屋根は直線的で平面的な切妻《きりつま》をベースにして、寄棟《よせむね》屋根や入母屋《いりもや》屋根などのヴァージョンをつくってきました。そのなかにカマボコ型にふくらんだ起くり屋根の曲線と、軒先に向かって反っていく照り屋根の曲線とがありました。この起くり屋根と照り屋根の曲線はまったく相反する関係にあって、その凸曲と凹曲との相反する曲線を連接させたのが「てりむくり」です。

これはたんなる波状曲線ではありません。ヨーロッパ建築にも、古代ギリシア期にイオニア式の柱頭を飾ったヴォリュートや、バロック期の軒先や窓枠を飾ったカルトゥーシュという線がある。流水文様あるいは植物文様のような線で、これが複雑に組み合わさった装飾線は美しい。ヨーロッパならではの景観を補助してきました。アールヌーボーにもこの線が乱舞しています。また放物線やカテナリー曲線というものもある。紐《ひも》の両端をもって撓《たわ》ませていったのがカテナリー曲線です。

しかし「てりむくり」はこれらとまったく異なるものなのです。

矛盾を消滅させるべきか

日本の屋根の「てりむくり」は、箕甲《みのこう》という二層構造の厚みが生んだ独得の構造的カーブなのです。屋根の上側の野垂木《のたるき》の曲線と下側の軒裏の化粧垂木の曲線の幅がつくる構造を箕甲というのですが、その曲面ウェハース型ともいうべき箕甲が、照りと起くりをつなぎあって、まことに優美で永遠な二重曲線性をつくったのです。私が好きなのはこの二重てりむくり曲線です。

おそらく「てりむくり」が出現したのは弘仁《こうにん》・貞観《じょうがん》以降のことでしょう。最初は密教寺院の軒先か、あるいは神仏習合がすすんだ神宮寺の前面にあらわれたかと想定されます。

奈良時代の寺院は物を安置する金堂中心の建物で、そこには僧堂や礼拝のための空間はつくられてはいません。それが密教導入後は多様な機能をもつ空間構造が要求されるようになると、このニーズにこたえる建築意匠の工夫として、ひとつには正堂の前に礼堂を新たに一棟つくってしまう方法、もうひとつは正堂の前面の庇《ひさし》を長くのばし、その軒下に生じた空間を拡充していく方法が派生してきたのです。後者の方法は元の屋根をそのまま活用する方法なので、別棟を立てるよりもコストがかからない。庇を長くとったぶん孫庇を設ければ、そこに別空間もつくれます。

ただし、重い瓦《かわら》屋根のまま長く延長するのは建築的強度に限界がある。そこで途中から檜《ひ》皮葺《わだぶき》の屋根をくっつける。接合したのです。そしてその檜皮葺の屋根に正面性をもたらすために、破風《はふ》という様式を工夫した。そうするとそこにさらに和漢折衷の感覚が加わっていった。瓦屋根が本来もっているテリ（照り）に、檜皮のもっているムクリ（起くり）の曲面加工性が連続した。

いわば神仏習合や顕密習合が「てりむくり」を生んだのです。対立や矛盾をあえてつなげあうことが、新たな構造曲線にいたったのです。相反する現実から構造的情報を取り出して編集していったといえるでしょう。

立岩さんは「てりむくり」が中国・韓国にも、インドや東南アジアにも、またイスラム寺院にも見られないことを点検しています。むろんヨーロッパにも装飾文様をのぞいてそんな様式はない。すなわち「てりむくり」は日本独自の方法だろうというのです。

しかもいったん生まれた「てりむくり」は、明治以降に国際社会に打って出ることになった日本が、日本人の造形感覚の代表的なものとして、象徴的にプレゼンテーションしていくことになりました。和漢折衷から生まれた「てりむくり」は、明治を迎えて和洋折衷の象徴にもつかわれたのです。

近代の「てりむくり」は国内各地に出現します。まずは「擬《ぎ》洋風《ようふう》建築」にあらわれた。立石清重《たていしせいじゅう》の設計による松本開智《かいち》学校はその典型でした。つづいて海外の万国博の日本館にも頻繁に活躍した。とくに一九〇四年のセントルイス博覧会では久留正道《くるまさみち》が寝殿造りの釣殿風のパビリオンに唐破風をつけ、日本フェア会場の入口にも日光陽明門《ようめいもん》を擬した「猫の門」をつくって、そこに千鳥破風《ちどりはふ》と唐破風をくみあわせた。久留は一八九三年のシカゴ博でも平等院鳳凰堂を模した日本館をつくって、フランク・ロイド・ライトに強烈なインパクトを与えた建築家です。

その後も、妻木頼黄《つまきよりなか》・伊東忠太《ちゅうた》・岡田信一郎たちが唐破風の「てりむくり」を記念碑的な建築や東京歌舞伎座のような建物に頻繁に登場させるのですが、やがて日本が満州事変に向かうなか、多くの大日本帝国式（日本ファシズム建築ともいわれた）の建築は「帝冠《ていかん》様式」とよばれる照り屋根だけのものになってしまいます。

36もの唐破風が連続する大阪新歌舞伎座。2015年に解体され複合施設に生まれ変わったが、建築意匠はいまも継承されている。（写真提供：朝日新聞社）

ここはよくよく注目すべきところです。帝冠様式は九段《くだん》会館（軍人会館）にみられるように、「てりむくり」の矛盾的造形を排除していたのです。これでおわかりのように、昭和の一部の建築家たちは「てりむくり」を矛盾とみなし、その矛盾を解消して帝冠様式を提唱したのです。私なら矛盾に満ちた「てりむくり」のほうに方法的軍配をあげます。

　戦後、「てりむくり」は現代建築に蘇《よみがえ》ってきます。最も「てりむくり」を導入したのは村野藤吾《とうご》でしょう。大阪新歌舞伎座、日比谷日本生命ビル、宝塚カトリック教会、箱根樹木園、小諸《こもろ》小山敬三美術館、新高輪プリンスホテルなどには、大小の

「てりむくり」が組み合わされている。

村野藤吾は、大阪新歌舞伎座の前面のように実に三六もの唐破風が連続するという大胆を主張するのですが、その後は「てりむくり」を建築の基本構造のコンセプトにまで深めていきました。それは「建築そのものを地表の皮膜の起りととらえ、立ち上がった起りはその根源で照りながら地表に還元されていると見立てている」というようなところにあらわれます。宝塚カトリック教会にはこの思想がよく具現化されていると思います。

二項同体とミニマル・ポシブル

以上の「てりむくり」の話を念頭において、では次の例を読んでください。今度は明治の二人の哲人の話です。

明治初期の仏教者に清沢満之《きよざわまんし》がいました。明治三六年に四十歳で亡くなっています。清沢が立ち向かうことになった明治の仏教は、維新とともに神仏分離令と廃仏毀釈《はいぶつきしやく》で壊滅的な状態です。たとえば佐渡《さど》には明治元年には約五〇〇ヵ寺があったのですが、それがわずか二年で八〇ヵ寺になってしまった。この政策は明治維新最大の失策だったといっていいでしょう。

清沢はそうしたなか、島地《しまじ》黙雷《もくらい》や近角常観《ちかずみじょうかん》や大内青巒《せいらん》らの仏教再興運動につづいて、自分が所属する浄土真宗の改革に挑んだ仏教者でした。「白川党」という運動をおこし、「精神界」という雑誌をつくり、『宗教哲学骸骨』といった著作を次々に書いた。創立したばかりの京都府尋常中学校の校長先生だったのですが、ある日、決然とフロックコートを脱いで明治の今生《こんじょう》の浄土のために闘うことを決意したのです。その清沢満之に、まことにユニークな「二項同体」という考えかたがありました。

ヨーロッパの哲学や宗教哲学は、基本的にはつねに「二項対立」を前提にしています。たとえば善と悪、生と死、正義と犯罪、精神と物質、合理と非合理といった二項対立が前提になっている。それがないと先に進まないのです。いわゆる二元論、二分法《ダイコトミー》です。

弁証法もそういうもので、まずもって「正」と「反」が必ずあって、そのうえでこの二項を止揚して「合」にいたると考えます。それも有効な思考方法でしょう。ただし止揚がうまくいかないときは、二項対立が残るばかりになる。いや、それまではちょっとした対立や矛盾でしかなかったものが、かえって二極対立として強調されたまままこびりついたように残ります。

清沢はそれではまずいのではないかと考えたのです。二項対立ではなく、二項同体であるべきだと考えた。事態や現象や情報を二項同体とみなす方法こそ必要だと見たのです。のみならず根本においてちょっとした撞着《どうちゃく》があることこそ、次の発動をおこす原動力になると感じたのです。

根本撞着こそが新たなものを生む——。これはまさに「精神のてりむくり」です。清沢は十分にヨーロッパ哲学の洗礼をうけていたのです。それなのに二項対立に立ち向かっていった。あっぱれです。

しかしこのような清沢の考えかたは消極的すぎると批判を浴びました。事態の責任をとろうとしていない考えだとか、事態の解決に介入しない立場にいるとかと批判された。そのときです、清沢は断乎として「私は消極主義をこそ標榜《ひょうぼう》する」と宣言するのです。

消極主義とは何でしょうか。消極とは、二極を消すということです。あえてどんな極にも軸にも属さない。それが清沢の消極主義でした。これを清沢はときに「ミニマル・ポシブル」と言ったものでした。内村鑑三の「ボーダーランド・ステイト」や「二つのJ」にも重なります。

二項同体、消極主義、ミニマル・ポシブル——。まさに「日本という方法」です。私たちの先祖たちは、水を感じたいからこそ枯山水から水を抜いたのです。墨の色を感じたいから、和紙に余白を担ってもらったのです。それはすべてを描き尽くす油絵とは異なります。油絵は白を塗って光や余白をつくるのですが、日本画は塗り残しが光や余白をつくるのです。

禅がもたらした日本哲学

清沢満之のような思考方法は、その後はどうなっていったのか、中江兆民は「わが日本、古より今に至るまで哲学なし」と『一年有半』に書きましたが、私はこのような方法は、たとえば空海に、たとえば道元に、たとえば三浦梅園に、たとえば富永仲《なか》基《もと》に、たとえば本居宣長に、はっきりと自覚されていたと思います。

しかし明治近代、脱亜入欧と和魂洋才に走った初期の知識人たちには、「二項同体」はめずらしいものになっていたと思います。まして列強に伍《ご》することを国家の方針としていた時期、消極主義には理解が届かなかった。

このことを知ってか知らないでか、この兆民の嘆息を清沢につづいて覆《くつがえ》してみせた哲人がいました。西田幾多郎です。

西田の生涯には一貫して「禅」と「無」があります。自分を語りながら禅と無を語り、禅と無を語って、語ることを問うています。それがつねに起爆しつづけている。また、西田の人生は「人生そのまま坐《すわ》り込み」でした。畳に坐り、思索に坐り、板に坐り、書に坐り、悲哀に坐り、日本に坐り、壁に向かって坐り、直観に坐り、夜半に坐り、無に坐り、石に坐って、逆にも坐った。

西田の禅の師は雪門玄松《せつもんげんしょう》です。生涯の同級生は鈴木大拙《だいせつ》です。雪門玄松は京都相《しょう》国寺《こくじ》の荻野独園《おぎのどくえん》の法を嗣《つ》ぎ、しばらく国泰寺《こくたいじ》の管長を務めているうちに突如としてそこを辞して、金沢郊外の卯辰山《うたつやま》の洗心庵に庵居を結びます。雪門については、水上《みずかみ》勉《つとむ》さんが『破鞋《はあい》』という作品にその日々を克明に描いています。水上勉という作家が目を注いだ人物は、どれもこれも聞きずてならない日本人たちばかりなのですが、雪門もその一人でしょう。そこへ西田は通ったのです。

西田は明治三年に石川県河北《かほく》郡の宇ノ気《うのけ》村に生まれ、四高に入ったときに北条時敬《ときゆき》という数学者に出会っています。北条はのちの東北帝大の総長とも学習院の院長ともなった人士で、明治を代表する傑僧であった今北洪川《いまきたこうせん》のもとで居士《こじ》となっている。この人もそうとうの変わり者で、謡曲と将棋と野球には目がなかったが、相手が気にいらないと何も話さなかったといいます。

西田はその北条時敬のもとに十七歳から書生として入りこんだのです。そのかわり高校は中途退学した。することがあるなら、高校も大学も役所も企業も捨てればいいんです。

四高時代の同級生に鈴木大拙がいました。大拙も北条時敬に感化されて、おおいに唸《うな》り、こちらはさっさと東京帝大から鎌倉に入って今北洪川の門に身を投げ出します。

西田のほうは雪門老師に翻弄《ほんろう》されながらも、なんとか坐りつづけるのですが、どうも禅僧には向いていない。ひそかに哲学を志すなかで、それでも雪門老師の心に「透体《とうたい》脱落《だつらく》」を預けて、坐ることだけはやめないように決めました。「寸心」という居士号をもらっています。いまでも西田を偲《しの》ぶ会は寸心会といいます。

こうして西田は大拙を追って東京帝大に入り、禅門には入らず、金沢に戻って高校教師の職を得て、坐りつつ、哲学の準備にとりかかったのです。

座禅とは、存在が無から坐りなおすことです。直立二足をもっぱらとして文明文化を築いた歴史を、ただちに短絡ないしは終局させて坐る。世界も存在も恋も男も、山も両親も音楽も、坐り込んだら何もない。

しかし、座禅には座禅から立ち上がる「出定《しゅつじょう》」というものがあります。座禅が座禅のままであるなら、それはただの瞑想《めいそう》状態になってしまう。だから、どこかでガバっと立ち上がる。そして日常の作務をする。そしてまた迷って坐る。こうしてしだいに結跏《けっか》も出定も身についていくのです。

西田はこれに賭《か》けました。不動の座禅が立ち上がったまま、そのままのかたちで哲学できないかと観じたのです。しかもヨーロッパ哲学のすぐれた論理や概念をとりこんで、そこへ「無」の哲学をもちこめないかと考えた。片っ端から哲学書を読んでいます。

そんな西田が『善の研究』を書く直前の明治四十年、次女と五女をあいついで亡くしました。これが禅機となり、覚悟になります。「名利《みょうり》を思うて煩悶絶間なき心の上に、一杓《いっしゃく》の冷水を浴びせかけられた様な心持がして、一種の涼味を感ずると共に、心の奥より秋の日の様な清く温き光が照して、凡《すべ》ての人の上に純潔なる愛を感ずることが出来た」と『思索と体験』に書いている。

さらに、次のように加えました。「特に深く我心を動かしたのは、今まで愛らしく話したり、歌ったり、遊んだりしていた者が、忽《たちま》ち消えて壺中の白骨となると云うのは、如何なる訳であろうか。若し人生はこれまでのものであるというならば、人生ほどつまらぬものはない。此処《ここ》には深き意味がなくてはならぬ」。

人生は矛盾と葛藤の連続です。空海は「生まれ生まれ生まれ生まれて、生の始めに暗く、死に死に死に死んで、死の終わりに冥《くら》し」と言った。自分にそんなものが渦巻いているのも、日本にそんなものが渦巻いているのも当たり前。そこで西田はその矛盾と葛藤の只中《ただなか》に「疑うに疑いようのない直接の知識」を見る気になります。

人間にとって疑うことのできない確実なものとは何でしょうか。「自然」でしょうか。「運動」でしょうか。「真理」でしょうか。ふつうは、外界の事物や現象はわれわれの感覚や意識とは独立して確実に存在しているように思われます。主観がどうあれ、そういう客観的なものは実在しているように見えます。しかし西田はそれだって疑おうとおもえばいくらでも疑えると考えた。だいたいそれらを実感しているわれわれの感覚や知覚の実在性が突きとめられない。

そこで西田は、自分の主観と客観がまだ分かれる以前の、また知・情・意の区別もまったくない「純粋経験」というものを想定してみるのです。『善の研究』の冒頭には、まずは「色を見、音を聞く刹那《せつな》、未だ主もなく客もない」と書きました。主客は同時と見たのです。これは侘数寄《わびすき》の茶の心に通じます。道元の「朕兆未萌《ちんちょうみぼう》の自己」にも通じます。「自己が生まれる以前のもの」という意味です。道元の言葉通り、主客がそこにあったとしても、その主客が未《いま》だ分かれぬ以前をこそ、禅も茶もおもしろがったのです。西田もそのことを洋の東西をまたぐ哲学用語を駆使してうんうん考えこみました。

西田幾多郎の「無の場所」

西田の思索のあとを追跡してみることは、洋の東西のぎりぎりの結節点で「日本という方法」がどのように屹立《きつりつ》してくるかというプロセスに立ち会える作業です。使われている概念や用語はかなり難解なのですが、そこを少しずつ分け入っていくと、あるとき突然に風が吹き、すべてが透かれ漉《す》かれて、思想の数寄屋が見えてくる箇所にさしかかります。そうしたらしめたもの、そこで概念のウッとウッツがつながって、二項同体がおこっている光景に立ち会えるのです。少し追跡してみます。

西田が考えた「純粋経験」は、矛盾と葛藤の渦中に見えてくるものです。それゆえそこには、最初から「我」などというものは入っていないだろうと西田は考えた。きっと「我」は「純粋経験」のあとから派生してきたもの、あとから抽出されたものにすぎない。最初から入っていたのは何かに向かう意志のようなものだけではないだろうか。そうも、考えた。

ついで西田はこの「純粋経験」が発展した宇宙的なるものを「神」とみなし、またそれを人間が獲得しえた「善」とみなしました。

はしょっていえば、以上のところまでが『善の研究』の骨格です。この思索のプロセスには、ホワイトヘッドの有機体哲学やベルクソンの純粋持続の哲学のようにも感じられるものがあります。しかし残念ながら主客未分の哲学とはなっていません。風が吹いてくるようで、吹いてはこない。数寄《すき》の精神が際立ってもいない。あまりにも形而上学的で、最初から理想と理念で論理をはこんだだけとも見えます。

西田自身もそれをうすうす感じたようです。そこで自分の思索の限界を切り開いていくのですが、そのばあいひとつの方針を決めます。それは自分の思索は日本哲学である前に、まずもって「日本語哲学」でありつづけなければならない。あくまで日本語で思索を続けようと決めた。これは真淵や宣長に通じる方針でした。ただし西田が用いたのは近代日本が体得しつつあった近代日本語です。そこが挑戦でした。

大正六年、『善の研究』以後の西田の思索の成果を問う『自覚に於ける直観と反省』が発表されました。ここで西田は「直観」を相手にします。

直観を「主客の未だ分かれない、知るものと知られるものと一つである、現実そのままな、不断進行の意識」というふうにとらえたのです。純粋経験が原初の状態から意識の状態まで進んで、そこに主客未分の直観が生じているだろうと見たのです。しかし、それでも問題がのこります。その直観を反省する自分がそこにいる。ということは、直観する自分とそれを反省する自分がいるということになる。これは、二つの自分が分裂ないしは対比されてしまっているのではないか。そんなふうに観察したのです。

この二つの自分を西田は、ひとまず「意識する自己」と「意識される自己」と見ます。いわば自分をめぐるシニフィエ（意味されるもの）とシニフィアン（意味するもの）です。けれども、この二つの自分をうっかり固定してしまったら分裂したままの状態が続いてしまう。まさしく二項対立になってしまう。そこで、その二つの自分を統一する自己が必要になる。けれども、もしも統一する自己を新たにふやすとなると、その統一する自己を直観し、その自己を反省する自己がまた必要になり、やがて統一自己だらけになりかねません。これではまずい。

そこで西田は「意識する自己」（直観）と「意識される自己」（反省）の両方を生んだ「能動的自己」のようなものを想定しました。そんなものがあるかどうかはわからないのですが、またそんな保証もまったくないのですが、それを設定してみた。これがその後の西田哲学独得の「自覚」のはたらきというものになっていきます。

ここまでで西田哲学のだいたい前半の推論になります。後半になって西田は、この自覚のはたらきは「絶対自由意志」のようなものではないかという提案をします。自覚の根底にそういう動向のようなものがあるのではないかというのです。

自覚の根底とは最も深い自覚ともいうべきものですが、それは西田にとっては「思惟の極限」であって、それとともにいっさいの反省的な思惟を生み出す「創造作用の根源」でもありました。そこではあたかも雪門玄松老師のような「絶対自由意志」が世界をみずからあらわしているはずなのです。そうならば、そこはきっと「無から有が生ずる創造作用」の原郷なのでしょう。

しかし邪魔するものもあった。その原郷を説明しようとすると、その原郷がすうっと消えていくのです。何かが邪魔をしています。

大正七年から、西田にふたたび不幸が続きました。母の死、長男の死、子供たちの病気、妻の死などでした。これにはさすがに悩みます。西田はこの時期にかなり歌を詠んでいるのですが、そのときの苦悩がよくあらわれています。真っ正直な歌でした。「かくしても生くべきものかこれの世に五年こなた安き日もなし」「運命の鉄の鎖につながれて打ちのめされて立つ術もなし」。

西田は考えこんだ。ここまでの自分の思索は半ばは失敗だったかもしれない。『善の研究』に孕《はら》まれた胚種《はいしゅ》からの発芽は、なるほど日本哲学不毛の土壌に一条の芳香を放ったかもしれないが、それを受け取る論理やそれを開花させるイメージの花弁やそこに蜜《みつ》を蓄える説得力をついつい欠いてしまった。そんなふうに反省しました。西田は脱出を試みます。脱構築に向かったのです。それが「無の場所」の構想というものになります。

無の場所のはたらき

昭和二年、『働くものから見るものへ』という、ある意味では『善の研究』よりずっと重要な、日本哲学史上の最初の金字塔ともいうべきに思索のピッケルが打ちこまれました。これは前年発表の『場所』に続くものでした。

西田が「場所」を重視することにしたのは、ヨーロッパの「有の哲学」から東洋の「無の哲学」に向かうには、「於いて有る」ということの、その「於いて」に着目しなければならないと気づいたからです。この「於いて」がその後の西田が重視する「無の場所」なのです。だからこれは動いている場所です。

そこで西田は、これまでの自覚や絶対自由意志を「はたらく」という動作的な言葉にこめて、直観を「みる」という言葉に集約させてみます。そして、その直観の対象あるいは受け皿が「無の場所」であろうと踏んだのです。

それまで西田は主観と客観が分かれる以前の「純粋経験」に哲学の出発点を求めていた。それが『善の研究』でした。しかしここにきて人間の意識のはたらきというものは、主観が客観を包むのだと考えるようになったのです。何が何を包むのか。きっと自分という「みるもの」には、その自分を含む「無の場所」のようなものが介在していて、それがあるとき自分を包むんだと考えたのです。

かなり大胆な推理でした。たとえばカントの哲学では主観が客観にはたらきかけて客観を構成していく作用が認識であるというふうにとらえているのですが、それを西田は、主観が客観を包む「包摂関係」こそが認識であるととらえて、意識とはそのような包摂関係を反映して映し出す「場所」なのではないかと仮説したのです。

いったいこの発想はどういうものなのでしょうか。なんらかの主語や主語群によって思索が「無の場所」にさしかかったのではないことは、あきらかです。では、どのような思索が作動したのでしょうか。

幼児は「ブーブー」と「まんま」を連発しながら、やがて「ぼく」や「わたし」という中心像をもちます。最初から自分があるなどということはありません。そうだとしたら、「主語は述語のなかに含まれていた」はずなのです。「述語は主語を包摂し、それを分泌する」ということがおこっているはずなのです。

それをわれわれはいつしか忘れてしまっている。忘れてしまうのは、そのように意識をもった自己や自分や自我ができあがってしまっているからです。西田は、その途中に踏みとどまってみたかった。そして「主語＝客観＝特殊」が「述語＝主観＝一般」に包まれていて、それが蕾《つぼみ》から花の先っぽが出てくる様子のように観察したかったのです。これが第1章に書いておいた「述語的包摂」という方法です（18ページ参照）。

ちょっとだけ学問的なことをいいますと、これはのちの論理学者ゴットロープ・フレーゲの「述語は主語を包摂する」という述語論理の先取りでした。西田はそのことを「自覚」「場所」「無」などを媒介に単独で思索していったのです。そして、そうした包摂関係が生じる以前をさらに考えていったのです。いったい何がどこで主語と述語に分かれていくのか。どこかに分かれ道があるのか。そこを考えていきました。

ここでついに西田は、「主語となって述語にならないもの」や「述語になって主語にならないもの」があるだろうと考えます。意識のようなものはつねに述語的なもので、主語にはなりにくいと考えたのです。

いいかえれば、「自分」とか「われわれ」とか、また「エス」や「イド」や「絶対意志」などというふうに意識を統括しているもの、ないしは意識を動かしていそうなものを主語にもってこようとすると、意識は意識でなくなっていくということに、忽《こつ》然《ぜん》と気がついていったのです。

述語性にこそ意識が見えてくるにちがいない。そこまで推理した西田は、この述語的なるもののほうにこそ無限の入れ物のような作用をもつ「場所」があって、それを「みる」ことによってこそ直観が動くのではないか、そうだとすれば、その場所は「無の場所」の動向のようなものではないかと結論づけたのです。そして、このウツなる「無の場所」に、禅が到達してきた「絶対無」と言ってもいいようなものがひそんでいるのではないかというふうに、期待したのです。念のために言いますが、この「無」もウツロイのごとく動いているものです。

絶対矛盾的自己同一

昭和三年、西田は京都帝大の教授の席を退き、毎年、夏と冬を鎌倉でおくるようにしていました。このとき湧いて出てきたのが昭和五年の『一般者の自覚的体系』と昭和七年の『無の自覚的限定』でした。なかでも『無の自覚的限定』は冴《さ》えわたります。場所を述語性にのみ限定せずに、主語(客観)と述語(主観)の両方の相互作用を「底で担うもの」というふうに見直した。

西田は場所の思想に突っこんでいきます。すべてが「絶対無の場所」から成立している世界を想定し、その無の作用が世界を染め上げていくことを構想したのです。そこには、西田が六二歳にして初めて導入した「他者」というものが燻《いぶ》し銀のように光っていました。

このように辿《たど》ってみると、西田の思索はつねに大きく揺れながら進んでいることがよくわかります。ときには逆向きに考えたりもしています。

たとえば、晩年の『哲学の根本問題』でやってのけたことは、学者や研究者ではめったにできないことでした。西田はそれまで、主観は意識によって包む側にいて(述語面にあって)、客観が意識によって包まれる側にあった(主語面にあった)と言っていたのですが、これをこの論文でまったく逆転させてしまったのです。主観が包まれ、客観が包むようにしたのです。一八〇度、逆のことを言い出した。ラグビー用語でいうならターンオーバーです。

これはふつうでは考えられません。しかし西田はへいちゃらでした。それぱかりか、このへいちゃらを西田は「逆対応《ぎゃくたいおう》」と名付けた。

思索の型に正と負や凸と凹があるとして、それまで正で進んできた思索を、途中で正に向けた負によって、あるいは凸に応じた凹によって、あっというまに対応させてしまうのです。一枚のドアをこちらから向こうへ開けていって、あるところで向こうからノブを逆向きにして入ってくる自分と出会うということです。

ここでは西田がしだいに「相互作用そのものを考える」という方法に驀進《ばくしん》しつつあることがわかります。何かと何かを関係させるのではなく、概念と概念の関係を築くのでもなく、「相互作用する関係」そのものが概念を食べてしまったり、新たな概念を創発させているという見方をとっている。

この関係そのものが相互作用をおこすことを西田は「行為」とよんだのですが、また、そのような行為に気づくことを「行為的直観」とよんだのですが、こうすることで何を考えようとしたかというと、そこに西田は禅や茶にひそんでいた主客入れ替わりの方法の発露というものを見ようとしていたのです。まさに「日本という方法」を見いだそうとしていたのです。

まことに思い切った思索でした。いや、方法という思索でした。かつて西田は「見るものなくして見る」とか「形なきものの形を見る」というふうにしか言えなかったのです。それがしだいに「行為的直観」が作用そのものとなって動けるようになっていった。その作用が「主観と客観」や「我と汝」を通して相互作用になること自体をもって、二項同体のままに世界を語ろうというふうになっていったのです。

かくて西田に晩年の円熟が訪れます。ふいに、まったくふいに、有名な「絶対矛盾的自己同一」が持ち出されるのです。私は本書で、すでに何度か「絶対矛盾的自己同一」という用語を差し挟んできたのですが、ここでその正体をバラそうと思います。

その前に、最晩年の西田が自分の構築しつつあった哲学の特徴を「一即多」とか「多即一」というふうにみなしていたということを説明しておきます。いや、これは説明するまでもない。西田は個物と一般者の関係を、まるで晩年の鈴木大拙が華厳《けごん》に耽《ふけ》ったように、融通無礙《ゆうずうむげ》に動かすようにしていたのです。融通無礙とは華厳経が解いた世界観のための方法的コンセプトです。どんなものも互いに照応し、それらをまた互いが包摂しあっているという考えかたです。

西田はそんなことを考えているおり、その直後に、そのような「一即多」とか「多即一」を成立させている世界の見方は、ほら、「絶対矛盾的自己同一なんだ」とふいに断じてみせたのです。

いったいこれは何でしょうか。「絶対矛盾的自己同一」とは清沢満之ふうにいえば、二項対立をおこさないということでしょう。個物と一般者の関係でも、主観と客観の関係でも、精神と物質の関係でも、ヨーロッパ的に考えられてきた大半の対立的で対比的な現象や概念や感想を試みないということです。いや二項対立どころではない。多項対立も決めこまない。多項同体です。

そして、それらのすべてをいったん「一」と「多」に入れ替えてしまおうということです。けれども「一」と「多」がぴったり入れ替わるなんてことはありえない。そんなことはできません。その矛盾したはたらきを一挙に相互作用の一部始終として感じようということです。西田も「絶対矛盾的自己同一は一息に読むんです」と解説しています。

これを仏教哲学でいうなら、華厳の「相依相入《そういそうにゅう》」であって、禅の「撥無《はつむ》」なのです。「それぞれが鏡映しあっている」という思想であり、「持っているのならあげよう」で、「持っていないのなら奪うぞ」という行動原理なのです。「持っていないならあげる」ではなく、「持っているなら、もういいだろう」でもないのです。もてばもっと殖え、捨てればもっと捨てられるのです。盤珪《ばんけい》和尚の「このまま」から「そのまま」へ、なのです。そこによしんば矛盾や葛藤があろうとも、それも「そのまま」でてりむくりにしてしまおうということなのです。

日本の古層と深層

少々、急ぎすぎたかもしれません。西田を語っていると、後半のそのまた後半にいつも加速がついてしまうので困ります。しかし私としては、近代日本が最初に挑戦した哲学が清沢満之の「二項同体」や西田幾多郎の「絶対矛盾的自己同一」であったことに、一縷《いちる》の望みを賭けたいのです。

西田は、このような「逆対応」や「絶対矛盾的自己同一」を瞬時においておこせるときこそ、禅の「絶対無」も禅や茶の心としての「平常底《へいじょうてい》」があらわれると見たのでした。そして、そのようになること、そのようにすることを「人生そのまま坐りこみ」と見たのです。

すでに親鸞は「悪人こそが往生する」と言っていました。これは親鸞における「逆対応」といえます。その論理を超える論理には「絶対矛盾的自己同一」があるのです。日本仏教は早くからそれを「自然法爾《じねんほうに》」とも言ってきました。

鈴木大拙はそれを「即非《そくひ》の論理」とも言いました。「即非」とはイエス・ノーをいちいち言わずに事態と論理を一気に片付けることです。いちいち分別を持ち出さずにさっさとそこを片付けることです。西田も大拙も、何かにつけ、そこには「一抹の無」というものがまぶされているとよいと考えたようでした。

それにしても、まだまだ近代日本の思想は難しすぎるようです。それだけではなく、このような清沢や西田の思想的方法は、仮りにそれが日本人の思考方法や文化的な気質にあっていたのだとしても、取り出しにくいものだという見方も罷《まか》り通っているのです。

また、そのような方法は、方法として錬磨されていないのではないかという批判にさらされるばあいも多いのです。実際にも、たとえば丸山真男はこのような「日本という方法」のかなり充実したものを本居宣長の方法に認めるのですが、それは「古層」にあるか、ないしは「執拗低音《バッソ・オスティナート》」のようになっていて、はなはだ取り出しにくくなっていることを強く指摘しましたし、家永《いえなが》三郎は日本文化の特質は対立や相克を解消する不徹底にあるのだから、そこを明示するのは不可能に近いという指摘もしています。

まったくべつの角度から日本思想の未分性を指摘する意見もあります。日本的な思考をさぐっていくと、結局は日本的アニミズムや日本的シャーマニズムを再生させながら進めていくしかないのではないかというものです。

しかしその一方、これは柳田国男と家永三郎が対談をしたときの応酬なのですが、家永が「個人の頭で明瞭に自覚された思想」として日本文化も明示化できなければならないと言うと、柳田が「それでは逸話のつぎはぎになるのではないか」、「そんなものが思想といえるかどうかもわからない」と言い、ぽんと「むしろ漠然たる星雲《ネビユラ》みたいなものも含めて日本思想の対象にするべきではないか」と応ずるのです。このあたり、私としてはつい柳田の肩をもちたくなってくるのです。

津城寛文《つしろひろふみ》さんの『日本の深層文化序説』も、そのあたりに踏みこんでいます。日本文化の深層を取り出すには「なつかしさ」を伴いつつ探求するべきではないかというものです。私はこの観点に賛成です。けれども、その「なつかしさ」とは何なのか。それを近代以降の日本はどのように扱えたか。そこがやっぱり問題です。

つまりは「日本の面影」をどうすれば説明できるのかということです。しかし清沢や西田は、説明ではなくて一緒に「このまま」や「そのまま」にもってこられるかということを試みた。漉《す》いて梳《す》いて透《す》いて、数寄にできるかということです。問題はそこに戻ってくるようです。

第12章　日本の失敗

方法には誤謬もまじっている

ごくごく荒っぽく「日本という方法」が結節点をもったいくつかの節目だけを、古代から近代までを漉《す》きながらかいつまんできましたが、ここからの二章はいよいよ昭和日本の問題をとりあげようと思います。

昭和日本とは戦前の日本のこと、戦争をしつづけることになった日本のことです。一言でいうなら、本来の面影を失った日本です。本来と将来をつなぐプロフィールを見まちがえた日本です。どうしてそんなことになったのか。何が原因だったのか。いろいろ見方はありますが、このことをしばらく考えていくと、つまるところは「日本の失敗」とは何だったのかということを議論することになります。またこれは「日本という方法」も、その思いこみによってはひどい失敗がおこりうるということを反省する作業にもあたります。

方法ならどんな方法でもいいというわけではありません。本人たちの思惑とは異なって、方法そのものがまちがっていたということもあるし、その適用がとんちんかんだったということもある。とくに「これは日本的だ」と思いこんだ方法がそうではなかったという例は、日本史のなかにも、現代社会のなかにも、いくらでも拾えます。秀吉の大陸制覇計画や神仏分離令や日韓併合や日独伊三国同盟などは、まるまるおかしな計画だったのです。

半分はいいけれど、残り半分は全然ダメだということもあります。それが三：七、二：八ということもある。たとえば、百済との共同経営、長岡京急造計画、末法ブームの煽《あお》りかた、平清盛の遷都政策、後醍醐天皇の親政プロジェクト、堺の商業ネットワークの活用、セミナリオなどの学校建設、石田三成《みつなり》の糾合策、徳川活版印刷の実用化、談林派《だんりんは》の俳諧《はいかい》、漢方医学システムづくり、海防軍備計画、株仲間の拡張、攘夷《じょうい》戦争の準備、水戸天狗党《てんぐとう》の乱などは、意図と結果が食いちがった例でした。

また近代以降では日本語のローマ字化、有司型官僚機構と人事政策、中国革命支援シナリオ、シベリア出兵、天皇機関説論争、昭和の文楽統一運動、日米開戦作戦などでは、賛成と反対がうまく編集できなかった。

戦後も東京裁判への対応、桑原武夫《くわばらたけお》の第二芸術論、自衛隊設置議論、靖国神社の合祀《ごうし》、電気事業法の見通し、人間工学主義、地方交付税の適用のしかた、売春防止法の検討、田中・ブレジネフ日ソ共同声明、牛肉・オレンジ交渉、時短操業の導入、フェミニズムをめぐる議論、今日の和風ブームなどは、おそらくそういう例です。狙いはわかるけれど、どこかがおかしい。

こういう例はたくさんあります。だからこそ方法の吟味とその適用の検討は、どんな時代のどんなプロジェクトでも最重要課題でしょう。

では「日本の失敗」というばあい、どこを反省材料にしていけばいいのでしょうか。また、どこからどこまでが失敗だと見ればいいのでしょうか。それは方法の失敗なのか、主題の失敗なのか。とくに昭和史という国民全員が未曾有《みぞう》の体験を通過させられたような歴史のなかの出来事を、どのように見ていけばいいのでしょうか。

これはたいへん解きにくい問題です。問題の核心点がどこにあるのかが解きにくいのではなくて（それはいまや明瞭《めいりょう》でしょう）、どこまで話をさかのぼるかということが意外に難しい。

戦争への道をふりかえるにしても、真珠湾《しんじゅわん》攻撃がよくなかったのか、その前の「ハル・ノート」にいたる日米交渉の失敗が大きかったのか、南方作戦に固執しすぎたのか、ノモンハンに踏みとどまっているべきだったのか、いやいや国際連盟脱退をしなければよかったのか、満州国の建国がまちがった方針だったのか。考えていくといくらでもさかのぼれそうになります。考えようによっては日本の軍部の本質や明治維新のありかたまで検討しなくてはなりません。しかし、すべてが失敗の原因であるということもありえない。

たとえば松本健一さんにずばり『日本の失敗』という表題の好著があるのですが、そこには日米がほぼ同時に文明国の仲間入りをしたところから、失敗のルーツが説きおこされていました。これはひとつの有効な見方でした。

しばらく昭和前史のそのまた前史から今日のわれわれが考えなければならない「日本という方法」をめぐる問題のいくつかを浮き彫りにしていきたいと思います。

日米の仮想敵国と満蒙問題

まず、日米がほぼ同時に文明国になったのだとしたら、それはいつのことだったのかということを想定してみます。おそらくアメリカのばあいは明治三一年（一八九八）に米西戦争でスペインに勝ったとき、日本のばあいは明治三八年（一九〇五）に日露戦争でロシアに勝ったときでしょう。

たしかにほぼ日米同時です。しかし文明国になったことが原因だったのではない。松本さんによれば、この両国が互いに互いを仮想敵国にしたことがさまざまな失敗の遠因になっているのです。明治四二年にアメリカのホーマー・リー将軍なる人物が

『日米必戦論』を書き、大正三年に海軍中佐の水野広徳が『次の一戦』を書いたときに、はやくも何かが始まっていたのです。その後もこの手の煽動《せんどう》的な仮想戦争論は両国で刊行されつづけます。

こうしたなか、アメリカがはやばやと仮想敵国を日本に絞っていたのに対して、日本は陸軍がロシアを、海軍がアメリカを仮想して、その方針が割れていました。見方にもよるけれど、それがのちのち日本の陸海の軍部に暗雲を垂れこめさせた原因になった。では日露戦争に勝ったばかりだというのに、なぜ陸軍はその後もロシアをそんなに気にせざるをえなかったのでしょうか。

日露戦争とは何だったかというと、帝政ロシアがアジア北部に不凍港を求めて南下政策をとって満州・東北に進出し、武力を交えて清国と条約を結んで遼東《りょうとう》半島や大連《だいれん》の権益を手にしたことに始まっていました。ロシアは朝鮮半島の目と鼻の先まで降りてきていたのです。日本はこの朝鮮半島をほしがっていた（倭国や秀吉を思い出させます）。そのため日露ともに同じ地域でぶつかっていた。

一方、「扶清滅洋《ふしんめつよう》」をスローガンとした義和団《ぎわだん》事件をきっかけに清国が北京に駐留する列強に咬《か》みついて宣戦布告したとき、この動勢を抑えられるのは日本だという期待がヨーロッパ各国にありました。とくにボーア戦争で手がまわらなくなったイギリスは日本にアジアでのストッパー役を期待した。清国の宣戦を日本軍の活躍でたちまち制した連合軍は、これで北京議定書を結びます。このときロシアが満州をめぐって日本に圧力をかけてきた。イギリスは日本にストッパーの役柄を続行させたいので、日本を応援する。

これが日英同盟が結べた背景です。この同盟がなければ日本は交戦に決して踏み切れなかったはずです。

おりから第一次ロシア革命にもさしかかっていたレーニンのロシア事情にも助けられ、日本はロシアに勝ちました。世界は驚いた。まさに日本は文明国の仲間入りをはたせたのです。日本はおおいに沸いた。

それでどうなったかというと、日本が手に入れたのは、①遼東半島の大半（これが関東州《かんとうしゅう》）を清国から借りうけて自由に使える権利をもったこと、②南満州鉄道の長春《ちょうしゅん》から旅順《りょじゅん》までの鉄道敷設権、③安東《あんとう》から奉天《ほうてん》（いまの瀋陽《しんよう》）までの軍用鉄道の経営権、④鉄道付近に属する炭鉱採掘権、⑤その鉄道の守備隊のための駐屯権《ちゅうとんけん》でした。なかで⑤の駐屯権を手にしたことが、あとになって日本の運命を決する事態を左右していきます。

こうして日本は初めて満州に足を踏み入れ、軍隊を派遣することになるのですが、いつロシア（ソ連になりつつある）が捲土重来《けんどちょうらい》をしてくるかはわからない。そこでそこに防衛線をもうけ（これがのちに「満蒙《まんもう》の生命線」とよばれます＝満蒙は満州と内モンゴルのこと）、満州地域を特別に重視するようになる。朝鮮半島もロシアや列強が進出しやすい地域だったので、強引に日本化してしまう。明治四三年（一九一〇）のいわゆる日韓併合です。植民地化でした。韓国統監府がおかれ、その初代統監に伊藤博文がなるのですが、安重根《アンジュングン》にハルビン駅頭で射殺された。

ともかくも日本はここまで手を打った。もし満蒙地域を確保できれば、もうひとつの懸案の解決もできそうなのです。資源問題と人口問題です。

資源の乏しい日本は鉄・石油、錫《すず》・亜鉛などを他国に頼らなければなりません。それを東南アジアの輸入で賄《まかな》っていたのですが、それらの国々は当時はアメリカやイギリスやフランスの植民地でした。つまり英米に頼って日本は資源をやっと確保していたわけです。それが満蒙が見えてきたことで、展望が開けてきた。ただしこの地域には石油はなかったのですが。

また、そのころの日本は人口が急激にふえていた時期で、満州はその移民先としても期待できそうでした。ハワイ・ブラジル・満州への移民政策は明治政権と大正政権の課題でした。

ロシアに勝って朝鮮を併合したというのはこうした戦果と展望をもたらしたのです。しかし、これはその舞台にさせられた清国や朝鮮からすればとんでもない。いまアメリカは他国を砲撃やミサイルで蹂躙《じゅうりん》しておいて、その後にその地域の〝民主化〟に手を出すというシナリオにしているのですが、当時の日本はそういう方針も経験もない。だいたい列強との一番のちがいは植民地政策をした経験がないということです。

こうして日本が満蒙の経営に着手しようとして清国政府とさまざまな交渉を進めていたとき、三つのことがおこります。

ひとつは中国で辛亥《しんがい》革命がおこったことです。孫文《そんぶん》や黄興《こうこう》や宋教仁《そうきょうじん》らの日本で教育をうけた者たちが指導者になっていた。これで清が倒れて中華民国という社会主義政権のモデルがアジアに出現した。明治四五年（一九一二）のことです。しかし革命がおこったとはいえ、その波及には時間がかかる。中国では軍閥が反撃して、孫文や蔣介《しょうかい》石《せき》を相手に各地で内戦が続きます。

次に、大正三年に第一次世界大戦が勃発《ぼっぱつ》し、三年後にロシア革命が成就する。これは世界情勢の大きな変化です。辛亥革命とあわせると、この数年で国家というものを一挙に社会主義的に組み立て直すという可能性が急浮上してきたのです。日本でも幸《こう》徳秋水《とくしゅうすい》から大杉栄まで、多くの活動家たちがこのころに社会主義や無政府主義の思想にめざめます。

そしてもうひとつに、日本とアメリカがある権益をめぐってぶつかってしまったのです。

対支二十一カ条の要求

明治晩期、日本とアメリカが互いに仮想敵国視をしていたのは、まだフィクショナルな想定の段階でした。それが急速に現実味を帯びてくるのは、日米が中国の権益でぶつかったからです。

その直接のぬきさしならない原因は、「対支二十一カ条の要求」（対華二十一カ条の要求）にあります。大隈重信《おおくましげのぶ》内閣が大正四年に、かなり苛酷な要求を中国に突き付けた。日本としては清国とのあいだで交渉していた満蒙の案件が新しい中華民国によって無視されては困る。第一次世界大戦でドイツがアジアでの力を失いつつあったのを機に、なんとかねじこもうという作戦でした。

このときの日本側の要求はまとめれば、①青島《チンタオ》と山東《さんとう》省のドイツ権益を日本が継承する、②満州の租借権を九九年にわたって延長する、③鉄鉱山を日中で共同経営する、④日本人の商工業者の土地所有を優遇する、⑤必要に応じて中国全土で日本人警察官を配備できるようにする、というものです。

ヨーロッパの帝国主義的な侵略シナリオをまるごと踏襲したものですが、当時の国際関係を考えてもそうとう露骨なものでした。ところが、これに真っ先に反対したのは中国ではなくて、アメリカだったのです。

この時期、アメリカはまったく中国に進出できていなかったので、そこでこれがチャンスとばかり権益をほしがった。これはどう見ても〝後出しじゃんけん〟なのですが、大隈内閣はブライアン国務長官の談判に屈し、とくに⑤をまるまる削除した。アメリカが中国進出したときに、⑤が邪魔になるからです。

一方、中国の民衆はこの屈辱的要求を時の政権リーダーの袁世凱《えんせいがい》が受けたことをきっかけに、苛酷な要求を叩きつけた日本に対する嫌悪が一挙に噴き出します。五四運動の巨大なうねりです。こちらのほうも日本がまったく予想だにしなかったことで、あわてて弾圧と懐柔に乗り出した。しかしこのとき燃え上がった排日感情は、その後の日中関係を回復不可能のところまで追いこんでいきます。いまなおその尾は複雑な龍のようになって中国全土のそこかしこでのたうち、日本批判感情として口をあけています。

こうしたことが重なって、日本は引っ込みがつかなくなった。アメリカはさらに警戒と作戦を強めます。日本も戦争準備をしておかなければならなくなっていく。日露戦争からここまで、こういう推移がどこかが練ったシナリオであったかのように進んでいたのです。そうだとすると、「日本の失敗」はやはりこのころから始まっていたということになります。とくに「対支二十一ヵ条の要求」はあきらかにカードをとりちがえた失敗でした。かくて大正デモクラシーとか大正浪漫とかともてはやされた大正が終わり、日本は昭和史に突入するのです。

日本を改造してしまいたい

第一次世界大戦が終わってヴェルサイユ条約が結ばれると、世界は一挙に軍縮モードに入っていきます。国際連盟ができ、ワシントン軍縮条約が調印される。しかし日本は関東大震災という衝撃をうけ、大正デモクラシーも大正浪漫も吹っ飛んでいた。そうした大正十二年のこと、一冊の奇っ怪な本が改造社から刊行されました。削除と伏せ字の多い一冊でした。北一輝《きたいっき》の『日本改造法案大綱』です。

内容は驚くべきもので、天皇の大権による戒厳令の執行によって大日本帝国憲法を三年にわたって停止し、議会を解散しているあいだに臨時政府を発動させようというふうになっています。その三年のあいだに、私有財産の制限、銀行・貿易・工業の国家管理への移行を実現し、さらには皇室財産を国家に下付して華族制なども廃止してしまおうという大胆不敵な計画です。

そのほか普通選挙の実施を謳《うた》い、満十五歳未満の児童の義務教育を十年延長する。

その費用は国家が負担すべきだと書いてある。英語を廃してエスペラント語を第二国語とすること、男たちが女性の権利を蹂躙するのは許さないこと、国民の人権を擁護することなど、かなり進んだ言語観や社会保障論も謳われていました。

集約すれば、「天皇の活用」と「国家社会主義の実践」という二つの方針が爆薬のように埋めこまれていた。北の唱える日本改造は何を意図していたのでしょうか。

北一輝は中学時代の作文にはやくも尊皇心をあらわしています。ただし尊皇心はあるけれど、天皇自身のありかたについては一風変わった見方をしていました。「天皇は新たに進化するものでなければならない」というものです。『法案』にも、「天皇ノ原義。天皇ハ国民ノ総代表タリ、国家ノ根柱タルノ原理主義ヲ明カニス」とあって、大日本帝国憲法（以下、明治憲法とも表記）での天皇の機能とはかなり異なる天皇進化論を打ち出している。

少年のころ、北一輝が自由民権運動に影響をうけていたことは、ほぼ資料があきらかにしています。自由民権思想にそもそも近代の個人主義をめざめさせる動機がふんだんに動いていたことが気にいっていたのです（漱石も書いていることですが、明治末期大正初期は「個人主義」のブームでした）。

しかし、この自由民権的個人主義というもの、またしても中江兆民がなかなかうまいことを言っているのですが、実のところは「恩賜的民権《おんし》」だったのです。天皇という君主から与えられた恩賜の民権です。頂戴した民権です。敗戦後にアメリカから「頂戴した民主主義」がやってきたことを思わせます。

この日本的民権は半分は民衆から生まれ、半分は上から降りてきたようなところがあって、それを強引に折衷したものだったのです。青年期の北が生まれ故郷の佐渡にいたときは、こうした折衷的な民権個人の風潮が佐渡にも巻き起こっていた。

そこで、北は考えた。このように上の天皇と下の個人とがどこかで連動しているとなると、そして個人がニーチェやシュティルナーや高山樗牛《ちょぎゅう》や岩野泡鳴《ほうめい》が言うように、「超人」や「唯一者」をめざすというなら（この四人の著書は北の愛読書です）、天皇や君主にもそうなってほしい。北の「天皇の進化」という提言には、こうした少年期から育まれていた民権個人型の天皇への尊崇のニュアンスがこめられていたのです。

北一輝には、日本の革命と中国の革命はどちらが先行しても相互に影響がかぶりあって、連動がおこるだろうという予想もありました。

そのため宮崎滔天《とうてん》らの「革命評論」に迎えられ、孫文・黄興《こうこう》・宋教仁《そうきょうじん》らの中国革命同盟会の活動に接することにも当初から積極的でした。いったん中国革命にテコ入れをして、その余勢をかって日本に革命を再帰させようと考えたからでしょう。

北は「支那革命への没入」をはかり、彼《か》の地で『支那革命外史』を執筆する。北輝《てる》次郎《じろう》という本名を北一輝と中国ふうに改名したのもこのときです。北はここからざっと十年以上の時間を中国に投入するのですが、けれども、ここで北の予定が狂ってきてしまいます。「対支二十一ヵ条」によって中国の五四運動が拡大し、排日運動が北の周辺をとりまいてしまったことです。それなら、日本の天皇制を動かすほうに軸足を移したい。北は日本に戻ってきます。そこで野望に満ちて発表に踏み切ったのが『日本改造法案大綱』だったのです。

表だった反響はほとんどありません。あまりに過激な計画だとうけとられたからです。なんといっても天皇に対して革新を迫っている。そんなことを提案するということ自体が大半の者には承服できなかったし、伏せ字や出版規制による削除も多すぎた。それを補って熟読したのはごく一部の青年将校だけでした。

それにしても日本の改造のために天皇を動かすとは、どうしてそんなことを思いついたのでしょうか。明治維新に「玉《ぎょく》」を取りあった前例があるじゃないかというのなら、ではそうやって取りあって君臨してもらった天皇に、あなたこそ進化しなさいとは、なんと不遜《ふそん》な計画を発想したのでしょうか。いったいそんな発想はどこから出てきたのか。

密教的天皇と顕教的天皇

もともと日本には幕末維新を通して、互いに異なる二つの天皇論が意識的にコントロールされていたのです。

ひとつは吉田松陰に代表される精神派（社稷派《しゃしょく》）とでもいうもので、民族民権の根拠として天皇を中心とした組み立てをしたいという考えかたです。西郷隆盛がこちらに属します。もうひとつは横井小楠《しょうなん》に代表される合理派（近代派）で、天皇を〝制限君主〟として立憲君主制のもとに近代国家を組み立てたいという考えかたです。この用語は松本健一流です。

明治政府は表向きは後者の路線でつくられました。しかしその実、大久保利通や伊藤博文はあきらかにこのことを知っていて、明治型の立憲君主の体制を手順よく整えた。また自由民権運動をへて大日本帝国憲法にいたる過程では、天皇を精神的にも合理的にも積極的に活用するという両義的体制の確立に向かっていたのです。

大久保や伊藤には、天皇がたんなる「天皇制という機関」のシンボルにすぎないことは重々承知のことでした。にもかかわらず、このことを公言することは絶対にしてはならぬものだというふうにした。これはいわば密教的天皇主義です。

一方、政府や軍部の下部組織や国民に対しては、天皇が絶対服従をもたらす崇敬の対象でなければならないことを絶対的な公言によって伝えていくべきだと見ていました。公言とは勅語などを幅広く利用することです。また、各地を巡幸して天皇が臣民に姿を見せることとです。これはさしずめ顕教的天皇主義とでもいうものでした。

私は第8章で陽明学を少々とりあげ、そこに「新民」が「親民」とされたこと、また日本的陽明学が明治になって復活したことをのべておきましたが、天皇と日本的陽明学が結びついたのは、一部の近代陽明学派には密教的天皇こそ顕教的天皇として君臨するべきだという思想があったからでした。

しかし現実には、二つの天皇像は別々に機能していたのです。それが大日本帝国というものでした。とくに日露戦争前後からは、密教的な絶対秘密と顕教的な絶対公言によって両義的な天皇の活用度をはかっていくという作戦があからさまに広まっていった。明治政府からすれば、こうした事態は巧みに誘導できていると思われていたのです。誘導の紐《ひも》はこっそり一部の覇権者が握っていればよいと確信していたからです。

しかし、その紐は意外なところで綻《ほころ》びます。手品のネタが割れる。それがいわゆる「統帥権干犯問題《とうすいけんかんぱん》」の露呈です。あとでお話ししますが、紐を握っているマジシャンの手が見えてしまったのです。が、それはまだ先の昭和五年の話です。

つづく大正の時代は覇権者も国民も知識人もメディアも、病弱な大正天皇についてあからさまに何かを言うなどということは伏せられていました。天皇を名指しするなどということは、それがどんな内容であれ社会的タブーでした。だいたい明治の終わりに大逆事件が発生して、天皇にまつわるすべての言動がチェックされることになった。不穏な言動は片っぱしから不敬罪になった。治安維持法が猛威をふるうのです。こうして密教的天皇と顕教的天皇は大日本帝国の神格のヴェールに包まれたまま、大正社会を通過しようとしていた……はずでした。

ところが、そこに立ち現れたのが北一輝だったのです。北は持ち前の鋭い洞察力をもって、密教的天皇と顕教的天皇のどこを突けば、その事態に亀裂《きれつ》を入れられるかをたちまち見抜いてしまいます。それが「天皇こそ進化するべきである」という不遜な改造計画に集約されたのです。

北一輝の変貌

北の戒厳令下による天皇進化革命の背景に見えるものとは、ざっと以上のようなものです。まさに明治維新から明治憲法までの、日本国家の安易な仕掛けを見破ったものでした。

それだけではない。島崎藤村はそこに「或るおおもと」の欠如を指摘しましたが、北はその「或るおおもと」の代わりに、そこに社会国家主義をしこたま入れこんだ。これは数々の社会主義文献や孫文の革命論なども参考にしたもので、きわめて過激なものです。

しかしながら天皇を名指しすることすらできなかった時代、北の著作の肝心のところが伏せ字になっていたように、北の計画は大日本帝国体制のどんな部品にもその起爆装置の端末を差し込めなかったのです。これでは誰もその内容がわからない。どこに参画していいかもわからない。むろん計画のどんな一部も、なんら実行に移されません。

北の原文を謄写版《とうしゃばん》刷りにして回し読み、その中身をある程度検討したのは、大川周明《しゅうめい》・満川亀太郎《みつかわかめたろう》らが大正八年におこした猶存社《ゆうぞんしゃ》のメンバーと、そこから分かれた西田税《みつぎ》や安岡正篤《まさひろ》が加わった行地社《こうちしゃ》のメンバーたちくらいです。もっともその動きも北と大川が大正十二年に決別すると下火になっていく。

ふりかえってみると、結局、この計画はのちの二・二六事件の青年将校たちの胸中に火をつけただけでした。たとえば磯部浅一《あさいち》は『日本改造法案大綱』の伏せ字をすべて実字にした書きこみをつくり、同志に読ませていました。それでもはたして真意を読みとったかどうか。磯部は二・二六事件の直後に、こう綴《つづ》っています。「日本には天皇陛下はおられるのか。おられないのか。私にはこの疑問がどうしても解けません」。

これはあきらかに、日本には進化するほどの天皇がいるんだという観念（あるいは理念？）にもとづいた告白です。だからこそ青年将校たちは、そのような天皇を悪用する「君側《くんそく》の奸《かん》」（重臣たち）を除去することに走ったのです。それが軍部クーデターの意義となったのです。しかしながらかれらがいくら天皇の勝手な活用に群がる「君側の奸」を打ち払ってみても、天皇は姿をあらわさなかったわけでした。密教的天皇は顕教的天皇にならなかったのです。

北のシナリオはついにどこにも起爆力を示せませんでした。それどころか天皇は青年将校の決起に激怒した。磯部が「日本には天皇陛下はおられるのか。おられないのか」と呻吟《しんぎん》したのは、そこでした。

二・二六まで話をとばしすぎましたが、北一輝の日本改造計画は二・二六で死んだのです。それまでも、その後も、どこにも採用されなかったのです。一顧《いっこ》だにされなかったのです。

むしろ仮想の天皇が進化したかのように見えることをやってのけたのは、昭和史をたどるかぎりは、青年将校らの皇道派ではなく、東条英機らの統制派とよばれた幕僚将校の連中だったということになります。もっと穿《うが》っていえば、天皇の密教性と顕教性をたくみに操ったのは、あるいは日本占領の指導者マッカーサーだったかもしれません。マッカーサーこそ、日本全土に戒厳令と同様の状況をつくりだしたのです。そうだとしたら北一輝にして、まったく改造計画実行の担い手を読み違えたことになります。

実は、その北自身も変貌していきました。変貌は得意です。二・二六のときもまったく動かなかった北ですが、それ以前に日本が昭和に突入していったころ、すでに北は別の価値観に自身の軸を転位させていたのです。それは法華経の世界観によって日本を変えるというものでした。後期の北一輝は、「仏」が天皇の上に立ち、そこから「天皇の軍隊」に命令をくだす新たな構図に夢中になっていたのです。

北一輝の変貌。法華主義への傾倒。これは何なのでしょうか。日本改造にましてわかりにくいことです。

法華経はインドにも西域にも中国にも朝鮮にもひろがった経典ですが、その解釈をめぐっては日本がきわめて独自性をもちました。法華経を激しい国家改革と国家安寧の議論のテキストにしたのは、『立正安国論』を書いた日本の日蓮だけなのです。またその日蓮に学ぼうとした者たちの構想にあらわれたものだけなのです。

その日蓮主義が明治日本のなかで、きわめて激越な行動的日蓮主義として、政治や革命の只中《ただなか》に登場してきたのです。北一輝もそこに参入していった一人です。ほかに石原莞爾《かんじ》も強烈な日蓮主義になっています。五・一五事件のトリガーとなった血盟団事件の首謀者の井上日召《にっしょう》も、江川桜堂《おうどう》の「死なう団」も過激な日蓮主義でした。

寺内大吉さんの『化城《けじょう》の昭和史』では、田中智学《ちがく》が「侵略的宗門」のスローガンを掲げて「国柱会《こくちゅうかい》」を結成し、宗教的軍事主義と皇道ファシズムを説いたとき、行動的日蓮主義の運動が決定的になったといいます。宮沢賢治すら国柱会の門を叩《たた》いた一人でした。

その田中智学の三男に里見岸雄がいて、『日蓮主義の新研究』を著します。なかなか魂魄溢《こんぱくあふ》れる著作ですが、インドに発した法華経世界の教義からはずいぶん逸脱しています。石原莞爾もベルリンでの武官時代に里見と親しく交わって、法華経の世界に入っていきました。井上日召が「血盟団」を結成して「一人一殺」のテロリズムを標榜《ひょうぼう》したのはその直後のことで、そしてこのとき北一輝が変貌したのです。

ここには、いまだにその実態がほとんどつきとめられていない、もうひとつの昭和史の暗闇があります。詳しくは先にあげた『化城の昭和史』や大谷栄一さんの『近代日本の日蓮主義運動』を読まれるといいと思います。しかし、その内実に分け入るのは容易ではありません。日本にはまだこのような隠された動向がひそんでいることにたじたじになるかもしれません。

もっとも、以下にのべる満州事変の前後の事情によって日本がどのようになっていったかは、そうした日蓮主義を通過せずとも、石原莞爾の表沙汰《おもてざた》を知るだけでも理解しうることがあるでしょう。少々、生々しい話に戻ります。

統帥権干犯問題

あがた森魚《もりお》の『赤色エレジー』に「昭和余年は春の宵」という歌詞があります。その昭和余年とは昭和三年と四年と五年のことをいいます。いったい何が「春の宵」だったのでしょうか。春の宵に昭和の輪舞《ロンド》が狂っていったということです。

昭和三年（一九二八）の六月四日、奉天付近にさしかかった列車が爆破されました。満州軍閥の親玉の張作霖《ちょうさくりん》が爆殺されたのです。関東軍参謀の河本大作《こうもとだいさく》らの謀略によるものでした。この事件はしばらく「満州某重大事件」として伏せられます。伏せられたこと自体に、このあとの昭和史のすべての問題が集約されます。

事件は関東軍が単独でおこしたことでありながら、それが公表されれば日本はたちまち苦境に追いこまれかねません。それで関東軍は自分たちがやったことすら伏せたのですが、内閣にも軍部の指導者にもしばらく真相がわからなかった。あらぬ噂ばかりがとんでいる。昭和天皇も心配しました。二七歳の天皇です。そこで元老の西園寺《さいおんじ》公望《きんもち》が田中義一《ぎいち》首相をよびつけて、事態の真相を究明して報告しろと言う。

ところが半年たっても何の報告もない。そのうち犯行は河本大作らによるもので、しかも後ろ盾が陸軍に何人かいたらしいということになってきた。陸軍も牛耳る田中義一としてはこれでは真相を報告できません。やっと翌年の昭和四年の初夏になって、田中は昭和天皇に「この一件はなんとか闇に葬りたい」と報告した。これで天皇が怒ります。闇に葬るとは何事か、さっそく辞めなさいと言ったといいます。

これを聞いた内大臣の牧野伸顕《のぶあき》と西園寺と侍従長の鈴木貫太郎《かんたろう》が驚いた。天皇にそこまで言わしめたのだから、それだけでも胸がつぶれる。さっそく鳩首《きゅうしゅ》をそろえて対策を練り、すったもんだのすえやはり田中に引責辞職をさせるしかないという結論になった。田中はやむなく真相報告と辞職願いを天皇に上奏しようとしていたところ、ここで西園寺が前言をひるがえしたのです。「天皇がみずから首相の進退を決めるという恰好《かっこう》がおもてに出るのは前代未聞のことになる」というのが理由です。

牧野たちは西園寺の前言取り消しにまたまたびっくりし、結局、事態は田中内閣の総辞職でケリがつきます。しかし、ここに「天皇が政治に口を出した」という事実が残ってしまったのです。

張作霖爆殺事件は国内だけに伏せられたままになり、これをきっかけに、軍部の一部には天皇側近の重臣たちが天皇にちゃんとしたことを言わないから事態が混乱するのだという空気が生まれます。

これが天皇側近の重臣を「君側《くんそく》の奸《かん》」とよぶようになった由来です。天皇はのちの『昭和天皇独白録』に、「この事件あって以来、私は内閣の上奏する所のものはたとえ自分が反対の意見を持っていても裁可を与える事に決心した」と語っています。

これらは陸軍におこったことでした。一方、海軍にも問題がおこります。昭和五年は前年の十月にウォール街で株式市場が大暴落し、世界中が未曾有《みぞう》の大不況に陥っていた年です。世界は第一次世界大戦につづいて大試練をうけている。当然、軍備など拡張できるはずがない。そこで一月にロンドンで軍縮会議がひらかれた。海洋艦艇に関する軍縮です。

詳しいことは省略しますが、海軍の財部彪《たからべたけし》大臣らはこの会議に巡洋艦や駆逐艦や潜水艦の対英米比率を設定して臨むのですが、交渉ははかどらない。やむなく浜口雄幸《おさち》内閣も妥協案で手を打つことを天皇に報告します。ところが翌日、加藤寛治《ひろはる》海軍軍令部長が天皇に面通りして、軍令部はこの妥協案に反対であることを申し上げておきたいと言ってしまう。軍令部というのは海軍全体の指揮権をもつ統帥部門です。

ロンドンでの調印が刻々迫っていました。そこへ調印日の前日になっていったんは妥協案を受け入れた軍令部が調印反対を再び言い出した。おりから国会では特別議会が始まり、野党の犬養毅《いぬかいつよし》や鳩山一郎が今回のことをとりあげて、「天皇の統帥権を輔弼する軍令部の反対意見を押し切って政府が軍縮条約を締結したのは、統帥権の干犯《かんぱん》である」という演説をぶったのです。

軍令部もこれに勢いをえて、これは統帥権の干犯だという演説を各所でやりはじめました。兵力量の決定は天皇の大権にありながら、海軍大臣が輔弼するとされていたので、この政府攻撃はそれまでの統帥権の考え方を拡大解釈しゆがめるものでした。これこそ司馬遼太郎《しばりようたろう》さんが〝魔法の杖〟とよんだ「統帥権干犯問題」です。この〝魔法の杖〟に気がついたのは、誰あろう北一輝だと言われています。

満州事変に突入していく

天皇の指揮権を外から動かす〝魔法の杖〟が動きはじめた直後、昭和六年を迎えます。満州事変がおこったのです。いや、作為的におこしたのです。

その作戦シナリオは関東軍作戦主任参謀の石原莞爾、関東軍高級参謀の板垣征四郎《いたがきせいしろう》、関東軍司令官の本庄繁《ほんじようしげる》のたった三人が、三人だけで書いたものでした。ほかには実行部隊の今田新太郎分隊長などが計画を知っていたらしいのですが、けれどもそれで、すべての運命が決まったのです。

こうして紆余《うよ》曲折はあったのですが、昭和三年十月に石原莞爾は河本大作のあとをうけて関東軍の作戦参謀になった。石原は永田鉄山《てつざん》と並び称されていた天才的軍人でした。石原は旅順に赴任すると、次から次へと作戦構想を文書にしていきます。昭和四年七月には「国運転回の根本国策たる満蒙問題解決案」を書いて、中国との貿易で日本の国力を強化することを、つづいて「関東軍満蒙領有計画」では、満蒙を日本の領土にして日本・朝鮮・中国の三民族の自由競争を徹底させるために、当面は満州を軍政下において治安を維持することを、それぞれ提案した。このときはこの三民族に満州・蒙古の二族を加えた「五族協和」という構想はまだ出ていません。

しかし反応はない。業を煮やした石原はさらに昭和六年五月に「満蒙問題私見」を書き、日米戦争は避けられないだろうから一刻も早く満州を領有しておかなければならないと強く主張した。

これでさすがに腰をあげた参謀本部が六月に「満蒙問題解決方策大綱」をつくります。これは石原案のように満州をいきなり植民地にするのはとうてい無理だから、いったん親日政権をつくって皇帝をおき、一応は独立国のかたちをとったうえで、それから領有していくという折衷案です。

石原はこれに猛然と反対します。生ぬるいというのです。当時、奉天の総領事をしていた吉田茂も「対満蒙政策私見」を書いているのですが、吉田も日中貿易の活性こそ事態をよくするという意見をのべて、石原の昭和四年七月案に賛同していました。当時のマスメディアの大半も満蒙計画には浪漫をもって応じています。

そんな六月、中村震太郎《しんたろう》大尉がスパイ容疑で中国軍に殺害されるという事件、つづいて七月、満州で中国農民と朝鮮農民が衝突する万宝山《まんぽうさん》事件がおきた。これで国民感情は赤い夕陽の満州を日本の延長とみなす気分になっていくのです。そんな八月、豪気の大将として人気のあった本庄繁が関東軍司令官に着任します。やんやの喝采《かっさい》でした。だいたいこのへんで関東軍が単独行動をおこすというシナリオはできあがったようです。決行の日時だけが動いていました。

九月十八日、奉天郊外の柳条湖《りゅうじょうこ》付近の鉄道が爆破されます。直後、朝鮮滞在軍が林《はやし》銑十郎《せんじゅうろう》司令官の独断で鴨緑江《おうりょくこう》を越境していった。満州事変です。この時点で、すべての歯車がとまらなくなったのです。あとは泥沼のような日中戦争の開始でした。十月には錦州《きんしゅう》を爆撃し、十一月にはチチハルを攻略します。

これをもはや「日本の失敗」の露呈とはいえません。むしろ失敗を回復したいがために敢行した過誤だったのです。

石原莞爾の日米最終戦論

一言、二言だけ、補足しておきます。満州事変は石原莞爾の〝弁解〟によると、日本が満蒙を領有することが中国革命の純化と日米関係の一新につながるという判断によるものでした。

石原は明治四四年に孫文が武昌《ぶしょう》で辛亥《しんがい》革命の狼煙《のろし》をあげたときに、朝鮮の守備隊にいて兵卒たちとともに近くの小山にのぼって万歳三唱を叫んでいます。それほどに中国には関心をもっていたという石原自身の解説です。しかし孫文の革命はやがて袁世凱との妥協に変わり、いっこうに革命成就の気配にならない。その状況がだらだら続いていた。そこへ日本から二十一ヵ条の突き付けがある。石原はこの要求の撤廃を日本がすることが必要だと速断した。それが日中関係と日米関係を同時に好転させる唯一のチャンスだと見たのです。

対支二十一ヵ条の要求の撤廃を主張したのは、石原だけではありません。ほかにも吉野作造《さくぞう》、北一輝、石橋湛山、中野正剛《せいごう》が反対しています。吉野は日本が帝国主義陣営に参画するなら縄張り争いには参加するべきではないという立場から、北はそれによって中国革命が進捗《しんちょく》するだろうという立場から、石橋は自由資本主義の市場として中国を見るべきだという立場からの、それぞれの主張です。しかし石原は、そこに日米戦争を回避する可能性もあると踏んでいたのです。

石原は日米戦争必至論者のように思われていますが、必ずしもそうとは言えません。アメリカと戦って勝ち目があるなどとは見ていなかった。よほどうまく立ち回らないと、日米戦争を回避することが不可能になると推理していたのです。

石原の『世界最終戦論』を読むと、日米最終戦争という意味は次のようなことだったとわかります。

第一次世界大戦後に列強は次の戦争を準備する。いろいろの組み合わせで小競り合いがおこるだろうが、最後はソ連・アメリカ・日本が残る。この期間、日本はなんとか戦わずにじっと待機していれば、いつかはトーナメントに勝ち残った米ソがついに戦って、これはおそらくアメリカが勝つことになるだろう。そこで最終戦争は日米決戦になるにちがいない、おおむね、そういうヨミなのです。

けれども、日本は二十一ヵ条を多少の変更のまま押し切ってしまいました。これで日中関係が一気に悪化した。そこへもってきて、さきほど書いておいたように日本はアメリカに譲歩した。これはアメリカの仮想敵国シナリオがまんまと発動したことを意味します。すでに「日本の失敗」が現実化しつつあったのです。そう、石原は判断して、この失敗を取り戻すには関東軍が満蒙を領有してみせるしかないという計画に走ったのです。

満州事変のあと、昭和日本は翌年の一年だけで上海事変、満州建国、血盟団事件、五・一五事件をつづけざまにおこします。それからはリットン調査団に満州撤退の勧告をうけると、国際連盟を脱退して世界から孤立していきます。以降は奈落《ならく》での狂言のような事態を演じるしかなくなっていきました。

おそらくこんな展開は北一輝にも石原莞爾にも想像できなかったことでしょう。司馬遼太郎は日本はすっかり「異胎《いたい》の国」になったと名付けました。シナリオは次々に裏切られ、統制派が軍部を掌握して一億総火の玉となっていくまで、およそリーダーなき戦争の舞台に吸い寄せられていくのです。

そんななか、いささか奇異に映るのは、やはり北一輝と石原莞爾の二人ともが法華経の世界に投じていたということでしょう。血盟団の井上日召が日蓮主義者で、その背景にいた田中智学が熱狂的な法華革命論者であったこととあわせて、昭和史の裏面を暗くも妖《あや》しくも、また複雑にも感じさせるところです。

それでは、ほかに「日本という方法」は模索されていなかったのでしょうか。そんなことはないはずです。

第13章　失われた面影を求めて

「渡」と「瀬戸際」

春風の花を散らすと見る夢は　さめても胸の騒ぐなりけり

西行です。私はこの歌が好きで何かにつけては持ち出しているのですが、ここには実体としての光景は何もありません。桜に風が吹いたら散るだろうという思いが、その思いを感じるだけで胸騒ぎがするのです。それが西行には「夢」か「現《うつつ》」かの揺動さえ交じっています。

昭和日本の幾多の失敗を「二度と繰り返さないあやまち」と呼ぶのはかんたんな反省です。それを対外的に謝罪することも難しいことではありません。賠償金を払うのもかんたんです。そんなことは経済大国を標榜《ひょうぼう》したり、ジャパン・アズ・ナンバーワンに乗っかったりするのとまったく同様に、安易なことですらあるでしょう。前章にのべたばかりのことですが、失敗といったってそこにはさまざまな「一途《いちず》」と「多様」が交錯したはずです。どんなときも歴史的現在にとりくむ事態は、複雑で、制御しにくいものだったはずです。

私は「日本という方法」がわかりやすいほうがいいなどとは思いません。めんどうな手続きや微妙なルールがあったほうがかえっていいだろうと思っています。いやしくも日本は国家であり海流であり、ブナであり少年少女たちであり、記憶でありニュースであり、制度であって面影です。それが安直に進むわけはなく、どんなことにも迷いが生じるはずなのです。

それならどんなことにだって、醒《さ》めても胸が騒ぐのは当たり前。むしろ醒めもせず、夢もなく、胸騒ぎもなくなってしまうことのほうが危険です。

第11章に清沢満之と西田幾多郎を例にしておいたように、「日本という方法」を哲学や思想に仕上げることはたやすいことではありません。そうしようと思えば思うほど、清沢も西田も自身の打擲《ちょうちゃく》に何度も向かわなければならなかったのです。日本から思想や哲学を紡ぎ出すのは並大抵のことではないのです。

しかし「方法」とはそういうものです。日本が万葉仮名と日本文字としての仮名を作り出し、それを文芸や国語の一角に確立するのには数百年がかかっているのです。

宣長は『古事記』の一頁目を読み解くためだけでも三年がかかった。全部の解読には三十余年をかけた。そのためにあえて「漢意《からごころ》」を破棄した。中国が嫌いだったわけではありません。

方法こそが内実です。私はそのような意味で「方法」という言葉を使ってきたのですが、これを内実を動かすことが方法だと勘違いしてもらっては困るのです。また、職能によって方法が決まってくるとか、主題と方法には必ず合理があると思ってもらっても困る。物理学を専攻しているから科学者で、神様がたまらなく好きだから国粋主義で、海外資金のファンドマネージャーだからグローバル主義者だなんて、そういう見方をしているうちは方法は何ももたらしません。

これから私は四人の近現代日本人に登場してもらい、その四人がどのように「日本という方法」に触知したかということを案内したいと思っています。その四人は必ずしも日本を賛美しているわけではありません。むしろ困った日本と闘ったといったほうがいい。しかし、そういう人物の闘いには必ずや「日本という方法」が胸騒ぎのように出入りするのです。

宮本武蔵の『五輪書《ごりんのしょ》』に拍子《ひょうし》の話が何度も出てきます。そこに「さかゆる拍子・おとろふ拍子・あたる拍子・そむく拍子」とあります。

武蔵は、このような拍子の意味に、自分が相手との闘いをするうちに気づいたようです。どのように気づいたかというと、自分が真剣で構え、相手とともに動いていて「渡《わたり》」をこすたびに少しずつ気がついた。相手との拍子を読まなければならなくなり、そのたびに自分が「渡《わたり》」を越したか越さないかということを実感するうちに会得したのです。

武蔵のいう「渡《わたり》」とは瀬戸際のようなもので、川や海を漕ぐときに越える瀬戸のことをさしています。そこを過ぎるかどうかが「渡」です。剣に生死を懸けようとすると、その「渡」をまちがうわけにはいかない。そこで「渡」というものを瀬戸にさしかかるたびに観察した。そのときに出入りした拍子を呼吸の動作で実感していたら、「さかゆる拍子・おとろふ拍子・あたる拍子・そむく拍子」があったというのです。

以下に案内する話も、この「渡」と「瀬戸」で「日本という方法」を実感してもらうためのものです。

私が案内する四人は、野口雨情《うじよう》と金子光晴《みつはる》、および九鬼周造《くきしゆうぞう》と司馬遼太郎です。二人が詩人で、二人が哲学者と作家ですが、そういう職能はここでは問題ではありません。この四人が見た昭和日本の面影を通しながら、これまで語ってきたことを本来と将来のあいだに据えて、ささやかなメッセージとしてみます。

詩人の抵抗

最初に金子光晴をとりあげます。金子は『絶望の精神史』および『日本人の悲劇』という注目すべき自伝的な日本論のなかで、「日本人のもっている、つじつまの合わない言動の、その源」を考えました。そのことを日本が高度成長期に浮かれていた七十歳のときにふりかえったのです。

金子は明治二八年（一八九五）の生まれですから、北村透谷が自殺した翌年の生まれです。生まれてまもなく口減らしのために養子に出されました。ついで暁星中学に入り、銀座竹川町の教会で洗礼をうけ、できるだけ現実離れをしようとするのですが、キリスト教の道徳観に嫌気《いやけ》がさして家出してしまいます。青春期を明治末から大正前半におくります。

そして実感したことは、明治は「髭《ひげ》」の時代だったということです。天皇も政治家も巡査も先生も作家も、みんなが「髭」を自慢していた。金子は誰もが虚勢をはっているように見えたと書いています。

次の大正は「病《やまい》」の時代でした。大正天皇が病弱であり、知識人が欧米文化に香水を嗅《か》がされる病気に罹《かか》っていた。白樺派は本物のアートなど見ないでひたすらその美に跪《ひざまず》いていて、民本主義はどうみても英米へのお追従《ついしょう》にしか感じない。金子はヨーロッパの「石と鉄の文明の深さ」に敬意を払いつつも、日本人はヨーロッパ人になることは不可能なのだから、それに拮抗《きっこう》するには日本の「紙と竹と土の文化の美しさ」を持ち出すべきだろうと思います。

明治・大正の日本が金子に何か大事なことを感じさせたかというと、もはやなにもかもが辻褄《つじつま》があわないようになっていた。「大正を生きた僕には、もう、帰ろうにも帰れない滅びた世界」となっていると見えるのです。金子は、そこから自分の絶望が始まったというふうに書きます。

それでも金子は「不遜にも西洋の模倣でない、新しい日本の芸術をこの身をもって作り出してみることが、必ずしも不可能ではない」と思うように努力します。岩野泡鳴・泉鏡花・永井荷風《かふう》の三人がわずかに金子の心を慰めた。しかし、金子がこれ以上、辻褄のあわない日本を凝視するには限界がありました。日本の瀬戸が感じられないのだから、「渡《わたり》」がないのです。そこで金子はひとつの決断をするのです。それは自分を「エトランゼ」と思い切る。いったん自分を異邦人とみなすということでした。金子は自分を瀬戸際化したのです。

自分を異邦人とするのは、かんたんにいえば「日本人の本来と将来にこだわらない自分」をいったん設定するということです。そのほうが、外の目で日本が見えてくるんではないか。金子は日本人を愛し、その日本人の本来を考えたくて、こういうことをしたのでした。

それは明治以前の日本に縄文性と弥生性があり、荒魂《あらたま》と和魂《にぎたま》があり、漢詩と和歌があり、黄金と侘《わ》びがあり、雅《みや》びと鄙《ひな》びがあったというようなことを思い出してみればいい。それらは対比的であり、ときに矛盾はしていても、みごとに対同《ついどう》していたのです。それらは辻褄はあっていたのです。清沢満之のいう二項同体と西田幾多郎のいう絶対矛盾的自己同一がおこっていた。

けれども大正・昭和の日本には辻褄があわないことが多すぎた。セザンヌと琳派《りんぱ》など並べられもしない。社会主義と日本主義も組み合わせられない（北一輝はそれをしましたが）。おまけに朝鮮や満州には強引に日本の神社を開設している。アワセもカサネもあったものじゃない。私も前章に帝冠様式という建築から「てりむくり」が排除されたということを書きました。そのとたん日本はファシズムの道を邁進《まいしん》することになったとも書いておきました。「てりむくり」は「紙と竹と土の家」同様に忘れ去られてしまっていたのです。

悲しい存在を見つめる

次は、野口雨情です。金子光晴より十三歳ほど年上の雨情が、若いころに内村鑑三の「東京独立雑誌」を熱心に読んでいたことはよく知られています。内村はこの雑誌を通して、無教会主義や日本的キリスト教の模索をしながら明治の青年を鼓舞し、その魂魄《こんぱく》に勇気を与え、「二つのJ」に股裂《またさ》きにあった日本人への魂の自覚を呼びかけていました。

そこには内村が欠かさず言っていたことがありました。それは「孤児」や「棄民《きみん》」や「離脱者」に象徴的に託された「悲しいものとしての存在」に対して、格別の気持ちを与えようとしていたことです。たんに同情したのではない。そうではなくて、「悲しい存在」が起爆性をもっていると内村は訴えていた。次の言葉にはその思想が言い尽くされています。

父母に棄《す》てられたる子は、家を支ゆる柱石となり、
国人に棄てられたる民は、国を救ふの愛国者となり、
教会に棄てられたる信者は、信仰復活の動力となる。

棄てられた者が新たな原動力にはなれまいかと言っているのです。ボーイフレンドや恋人に捨てられたというのではない。父母に棄てられ、国人に棄てられ、教会に棄てられる。その者をもって家を支え、その者をもって国を救い、その者をもってこそ

信仰を蘇《よみがえ》らせたい。内村は、そう言っていたのです。金子光晴は自分をあえて異邦人にしましたが、内村はそのように棄却の立場をもつことには、何か本質的な意味があると言おうとしていたのです。ここに、雨情がその後に「はぐれた子」の心情によって何かを訴えようとした感覚の起源があらわれます。

日本の童謡は世界で類例のない子供を対象とした表現運動でした。大正期前半に始まって一挙に広がり、戦争の足音とともに消えていったものです。最初の童謡は大正七年（一九一八）に西条八十《さいじょうやそ》が「赤い鳥」に発表した『かなりや』（以下、カナリヤと表記）でした。成田為三《ためぞう》が曲をつけた。

西条自身が『現代童謡講話』に書いているところによると、この詞は、少年時代に番町《ばんちょう》教会の天井にひとつだけ消えていた電球を思い出して書いたということです。よく知られていると思いますが、こういう詞です。

唄を忘れた金糸雀は　後の山に棄てましょか
いえ　いえ　それはなりませぬ
　唄を忘れた金糸雀は　背戸《せど》の小藪に埋《い》けましょか
　いえ　いえ　それはなりませぬ
唄を忘れた金糸雀は　柳の鞭でぶちましょか

いえ　いえ　それはかわいそう
　唄を忘れた金糸雀は　象牙の船に銀の櫂《かい》
　月夜の海に浮べれば　忘れた唄をおもいだす

　この年は、大正デモクラシーの旗手となった吉野作造が「黎明会」を結成し、有島《ありしま》武郎《たけお》が自分の子に贈った『小さき者へ』を、島崎藤村が『新生』を書いた年で、年末からは竹久夢二《たけひさゆめじ》のやるせない『宵待草《よいまちぐさ》』が大流行しています。金子には「病い」に見えた時代です。

　童謡運動をおこしたのは鈴木三重吉《みえきち》と三木露風《みきろふう》でした。漱石に私淑して小説を書いていた鈴木は、自分の子が生まれたのをきっかけに子供の心に食いこむような歌が日本にないと思い、児童雑誌「赤い鳥」を創刊します。露風に相談して踏ん切りがついたのです。『かなりや』はその創刊の年の大正七年十一月号に載ります。はじめて楽譜も一緒に載った。その前号には北原白秋《はくしゅう》の『雨』(雨がふります・雨がふる)が入っています。

　大正時代は十把一からげに大正デモクラシー時代と総称されてはいるものの、明治末年に石川啄木《たくぼく》が言い残したように「時代閉塞の現状」という病気に罹ったままのようなところがありました。つまりは日露戦争に勝った日本が満蒙を「生命線」とせざるをえなかった時代。日米が互いに互いを仮想敵国とみなし、先をばかり急ぐようになった時代です。

大逆事件の直後ということもあって、社会主義の黎明《れいめい》にめざめようとした青年たちも、その憤懣《ふんまん》をどこにぶつけていいのか、かなり鬱屈《うっくつ》していましたし、とくに子供たちの学習現場には「教育勅語」が縛りをかけていた。明治四三年に制定された尋常《じんじょう》小学唱歌は上からの修身教育の方針が投影されていて、ありきたりな「よい子主義」に毒されていたのです。

そこへ立ち上がったのが「赤い鳥」でした。鈴木三重吉は青年詩人たちの心を動かし、その呼びかけはたちまち燎原《りょうげん》の火のごとく広まって「金の船」「童話」「小学男生」「少女倶楽部」といった幼童雑誌の創刊にも火をつけました。まさに時ならぬ表現運動でした。大正文化のなかで最も挑戦的で創造的な活動だといえるでしょう。「赤い鳥」は昭和四年まで続きます。

私はその童謡第一号が「唄を忘れたカナリヤ」だったということに象徴的な意義を感じます。カナリヤは歌を忘れてしまったのですが、でもいつかは思い出すにちがいないだろうから、そのカナリヤを捨てようとした、いや棄ててみたという歌です。カナリヤがいったん棄てられるという瀬戸際をもったことが、この歌が秘める根本面目《めんぼく》なのです。

野口雨情は西条八十より少しだけ遅れて童謡運動に参加してきた詩人です。最初は本居長世《もとおりながよ》とのコンビで『七つの子』『十五夜お月さん』『赤い靴』『青い眼の人形』『俵《たわら》はごろごろ』などを発表します。作曲家の本居長世は宣長の第六代の家系にあたります。

雨情については無政府主義との関係などいろいろ話したいことが多いのですが、ここではこれらの童謡が、いま、一般的に想定できる童謡とはあることが決定的に違っていたということだけを指摘しておきたいと思います。歌詞をちょっと思い浮かべてくださ い。こうなっています。

雨情は、たとえばカラスは「なぜ啼《な》くの」と唄い出したのです。啼いているのは可愛い七つの子をもっている親のカラスです。けれども「なぜ啼くの」かは「山の古巣」に行ってみなければわからない。赤い靴をはいてた女の子は「異人さんに連れられ」たのです。そのまま横浜の埠頭《ふとう》から外国に行ってしまったらしく、いまだに行方不明です。それで最後の四番は、「赤い靴　見るたび　考える　異人さんに逢うたび考える」というふうになります。「考える」なんて童謡の歌詞としては異様です。いったい赤い靴をはいていた女の子の消息不明をもって、雨情は何を訴えたのでしょうか。

青い眼の人形も困ったものです。アメリカ生まれのセルロイド人形ですが、この人形は迷子になるかもしれず、おまけに「わたしは言葉がわからない」。だいたい「日本の港へついたとき　いっぱい涙をうかべてた」のですから、すでに最初から何かの宿命を背負っているようなのです。

いったい、こんな童謡があっていいのかというほどの、これは何かが欠けていたり、何かが失われていたり、何かがうまくいっていないという子供のための歌でした。

お家がどんどん遠くなる

雨情はその後は今度は中山晋平《しんぺい》と組んで、『雨降りお月さん』『あの町この町』『しゃぼん玉』などの名曲を次々につくった。いずれもすばらしい歌、いまでもかわいらしく歌われている。

しかしこれらの詞もまた、とんでもない。お嫁にゆくときは「ひとりで傘《からかさ》さしてゆく」のであって、傘がないと「シャラシャラシャンシャン鈴つけた、お馬にゆられて濡れてゆく」というのですから、飾った花嫁を賑《にぎ》やかに祝っているような歌詞ではまったくありません。子供や花嫁だって瀬戸を渡っていくことがあるという童謡です。

蕗谷《ふきや》虹児《こうじ》という画家が同じころ（大正十二年）に『花嫁人形』という歌をつくりますが、そこにも「金襴緞子《きんらんどんす》の帯しめながら　花嫁御寮《ごりょう》はなぜ泣くのだろ」「泣けば鹿《か》の子《こ》の

たもとがぬれる　涙で鹿の子の赤い紅《べに》にじむ」と責めていた。
雨情はさらに告げます。あの町もこの町も日が暮れると「お家《うち》がだんだん遠くなる」のです。だから「今きたこの道、帰りゃんせ」。子供にとっての町は遠くへ行けば帰れなくなるところでもあるのです。また、あんなにファンタジックなしゃぼん玉も、屋根まで飛んで、そこで「こわれて消え」る。それだけではない。「しゃぼん玉消えた　飛ばずに消えた」でもあって、「生まれてすぐに　こわれて消えた」でもあるのです。いったい生まれてすぐに消えたり、飛ばないしゃぼん玉を歌うとは何事でしょう。

　これらの童謡は異常なことばかりを歌おうとしているのかといえば、むろんそうではないと思います。どんなことも安全ではないし、予定通りとはかぎらないし、見た目ではないこともおこるし、有為転変があるのだということを告げているのです。それらはまさに子供に向かって「無常」を突きつけているのです。いや、大人にも突きつけた。

　子供に道徳を説いているのではない。教育したいのでもない。雨情は道徳教育では伝わりっこないことを、もっと根底において見せたのです。世界も社会も家族も、町も人形もしゃぼん玉も壊れやすいものなのだということ、それらはすでに壊れていることもあるし、壊れたからといってそのことに感情をもてなくなってはもっと何かを失うだろうということを、告発していたのです。

かつて私はこのような「壊れやすさ」の問題を集中的に考えたくて、『フラジャイル』（ちくま学芸文庫）という本を書きました。フラジャイルとは「壊れもの注意！」という郵送用のタグにくっついている警告です。その本で私がのべたかったことは、「葛藤《かっとう》」や「欠如」や「負」「喪失」こそ存在の思想の発条《ばね》になるということです。また、多くの文化の表現がそこから生じてきたということです。そのことをさまざまな歴史や出来事や作品を通して伝えてみた。

しかし、その後、雨情のことを考えるようになってあらためて気がつかされたことがありました。それは雨情はつねに「はぐれる」とか「取り返しのつかないこと」という消息に研ぎ澄ました目を注いでいたということです。つまり「欠如」や「喪失」には、それ以前に何かを見失う、あるいは何かを見失わせることが先行しているのです。ああ、これは雨情こそが瀬戸を渡りつづけているじゃないか。私はそう思うと居ても立ってもいられなかったものです。

今日の日本ではこんなふうに「はぐれること」や「取り返しのつかないこと」など、わざわざ童謡に書く者はいないでしょう。ましてそれを子供に歌わせたいと思う親もいないのではないか。なにしろ子供たちがちょっとでも傷ついたり見失われれば、いじめや誘拐や殺害や性的犯罪だということになってしまっているのです。

教育勅語の時代よりも、さらに何かが決定的に悪化していると言わざるをえないでしょう。いまや子供が親に復讐《ふくしゅう》をし、親もまた子供を殺したくなっているのです。

むろん当時の雨情にも不安があったにちがいありません。それでも雨情には断乎たる「日本という方法」を見せる決意をもっていた。こんなふうに書いています。「ほんとうの日本国民をつくりまするには、どうしても日本国民の魂、日本の国の土の匂ひに立脚した郷土童謡の力によらねばなりません」。

「異質性」への憧れ

次に、失われつつあった日本の面影を求めたもう一人の人物を紹介したいと思います。九鬼周造です。まず九鬼という哲学者に運命的な転換がおこったときのことを話しておきます。

大正十一年（一九二二）、関東大震災の前年、九鬼周造はハイデルベルク大学に留学して、リッケルトら新カント派に師事する一方、フッサールの現象学にも学びます。ところが九鬼は、その哲学があまりに「同一性」を確信しすぎていることに苛立《いらだ》ってしまうのです。同一性とはユダヤ・キリスト教社会においては神との同一性を求めることであり、その神の下僕《しもべ》として自己を確認することです。

九鬼はこれでは自分の安定のための哲学しか学べないと感じ、フランスへ飛んで、そのころはまだ学生だったサルトルを家庭教師にしてフランス語を習います。それから「生の飛躍《エラン・ヴィタル》」で名高い哲学者のベルクソンをたずねると、そこで直観的な純粋持続の可能性こそが思索を深めるものだということを忽然《こつぜん》と了解した。これは第11章でのべた西田幾多郎の「純粋経験」につながります。また「絶対自由意志」につながっている。

こうして九鬼はしだいに「異質性」の重要性に向かうようになります。互いに異なるものどうしが出会って感得するもの、その契機としての異質性を動かす哲学に関心をもつのです。また、フランス人が自分たちの文化風土にひそむ感覚、たとえば「シック」といった感覚を非常に大事にしていることを知り、日本人の自分が日本の感覚を哲学していなかったことに愕然《がくぜん》とするのです。

これが九鬼の転換の開始でした。なぜ九鬼にこのような「同一性」から「異質性」への転換がおこっていったのか、その背景を見ておきます。

もともと九鬼は裕福な芝《しば》の家に生まれて、江戸の花柳界《かりゅうかい》や俗曲によく遊んだ青少年期をおくっています。日露戦争期に一高に入って天野貞祐《あまのていゆう》・岩下壮一《いわしたそういち》・和辻哲郎《わつじてつろう》・谷崎潤一郎と知り合い、最初は植物学をめざしていたのですが、東京帝大の哲学科に入ってキリスト教の洗礼をうけてからは、新たに「物心相互の関係」ということを考えていた。これは卒業論文のタイトルにもなっています。

このように自適の青春を謳歌《おうか》しているように見える九鬼ですが、そこには、ある問題がつきまとっていた。周造の父は九鬼水軍の流れをくむ九鬼隆一《りゅういち》。近代日本の最初の文部官僚であって、最初の駐米特命全権公使です。フェノロサと岡倉天心の東京美術学校の開設を強く後押したことでも有名です。

お母さんは祇園《ぎおん》出身の星崎初子（はつ・波津）。その初子が九鬼隆一のアメリカ滞在中に身ごもります。隆一は同行していた若い天心に付き添わせて、日本で出産できるようにはからうのですが、アメリカから横浜までの船旅はあまりに長く、二人は好意を抱きあった。日本に戻った初子は周造を生むのですが、これが天心とのスキャンダルとして広まり、天心はつくったばかりの東京美術学校の校長の座を追われるという事件に発展しました。

それがため天心は孤立しながらも奮起して、若い横山大観や菱田春草《ひしだしゅんそう》たちと日本美術院をおこします。一方、この事件によって九鬼夫婦は別居してしまいます。九鬼周造はこういうスキャンダルの渦中で生まれたわけでした。ひょっとしたら自分が天心の子ではなかったかという疑念も去りません。そんな瀬戸際そのものから生まれてきたのです。

ハイデルベルク大学からフランスに向かい、そこで「シック」と出会った九鬼は、ふたたびドイツに戻ってハイデガーをしばしば訪れるようになります。そして同一性と異質性ということを本格的に哲学します。

そのドイツでの九鬼がしきりに考えたことは、「寂しさ」とか「恋しさ」の本来とは何かというものでした。九鬼によると、この「寂しさ」とは他者との同一性が得られないという感覚で、「恋しさ」は対象の欠如によって生まれる根源的なものへの思慕なのです。九鬼はこれらの感情や感覚は「失って知る異質性」への憧《あこが》れを孕《はら》んでいると考えます。

ここで九鬼は震撼《しんかん》として気がついた。これはひょっとして東洋哲学の根底にある「無」や日本仏教や日本美学の底流に流れる「無常」ということではないのか。もしそうだとしたら、自分は東西の哲学の橋梁《きょうりょう》を求めて、何かを考え続けるべきではないのか。そのことに気がついた。いわば「数寄」の根源にまで降りていくべきではないかと考えたのです。

九鬼は「無」や「無常」が、何かを失ってそこに芽生えるものであって、そこに何か欠けているものがあることによって卒然《そつぜん》と成立することに思いいたったのでした。パリでこんな歌を詠み、そして日本に帰ってきます。歌沢《うたざわ》（端唄《はうた》の一種）を偲《しの》んだ一首。

まさに面影を追っています。

「うす墨《ずみ》」のかの節回し如何なりけん　東より来て年経たるかな

ヨーロッパから帰ってきた九鬼は、天野貞祐や西田幾多郎の勧めで京都帝国大学で教鞭《きょうべん》をとるようになり、しばらくすると一気に『「いき」の構造』を著します。昭和五年のこと、日本がまさに満州事変に突入する寸前のときでした。こんな国家危急の時期に、なぜ九鬼は「いき」（粋）をめぐった論考に没頭したのでしょうか。

九鬼は金子光晴とはちょうど逆に、ヨーロッパ思想に不満をもって日本に戻ってきた哲学者でした。それゆえ日本人が日本の可能性を早々と諦《あきら》めてしまったことに警鐘を鳴らしたかった。九鬼は軍靴《ぐんか》の響きが高まり、戦争が拡大するにつれかえって沈思するようになるのです。

それでも気持ちは静かにならない。九鬼もいよいよ瀬戸を渡ります。祇園の置屋《おきや》からそのまま人力車に乗って大学に通ってみるのです。これは「渡」にしては稚戯《ちぎ》に類することでしょうか。そうかもしれないけれど、九鬼にとってはこれが自分で考えている方法そのものが生み出した抵抗だったのです。そのころまさに「同一性と異質性」の問題が深まります。

人間という存在は、すでに何かを失ってこの世界に生をうけているという本質をもっている。ひょっとすると日本人にはこの「被投性《ひとうせい》」が本来的にあって、それが何がしかの偶然をともなって「いき」になっているのではないかと考え始めたのです。被投性はハイデガーの用語です。

私はこの晩年の九鬼の考えかたには、これまで私が話してきたことに共通するものをはっきり感じます。そこには「日本という方法」を懸命に編集しようとしている目を感じるのです。そこに九鬼の「さかゆる拍子・おとろふ拍子・あたる拍子・そむく拍子」を感じるのです。

可能が可能のままであったところ

九鬼は、日本あるいは日本人の本来には何かが当初に失われて出奔《しゅっぽん》したようなところがあると見た人です。けれども歴史というものは、そこから前へ向かって生きていかなければなりません。国というものだって、そうでしょう。そのためには何かに出会う必要がある。

出会ってどうするかといえば、恋をする。その恋は異質なものへの恋ということで、これまで話してきたことでいえば、日本文化が恋をした相手は漢字や仏像や唐物《からもの》などでした。またヨーロッパやアメリカでした。ロダンの彫刻や満州やジャコメッティでした。

しかしながら、その恋がそのまま持続できるとはかぎらない。そこで、その異質なものとの出会いを生かしながらも、そこからの変換を試みる。新たな編集を試みます。本書が前半でとりあげてきた例でいえば、仮名や神宮寺や連歌と茶の湯などはそのようにして生まれてきたものだったでしょう。そうなると今度は、その新たに生まれたスタイルやモードを洗練させることに努めます。あるいは当初の恋との別れを決意します。

九鬼によれば、まずもって日本文化にはどうしても「異質なものとの出会い」が必要だったということです。これは「海国」日本の宿命だったかもしれません。だったらまさに瀬戸を越えていくべきです。

次に、その異質との出会いを新たな文化装置のなかで鍛えていくと、そこから僅《わず》かながらも、独自にうつろいながら出てくるものが見えてくるときがあります。そこにスタイルやモードを見いだして洗練させていく。私が本書でのべてきた言葉でいえば、これは「数寄に徹する」ということになるでしょう。

しかし、しかしです。そこに茶の湯や浄瑠璃《じょうるり》や文人画として見いだされた上質の日本文化は、つねに「無」や「無常」とは表裏一体なものとなっているはずなのです。

水を感じたいからそこから水を抜く枯山水になっていることがあるのです。そこに当初からの「被投性」があり、それゆえ「失って知る異質性」との出会いの暗示があるのです。

これを不思議がってはいけない。その不思議こそが「日本という方法」の正体なのです。九鬼はそのように考えました。なぜ、九鬼にこのような見方ができたかといえば、先にも書いたように、九鬼にとっての最大の哲学の対象は「寂しさ」や「恋しさ」だったということが影響しているせいだと思います。すなわち、何かを失ってわかる本来の感覚というものです。

これは内村鑑三の「棄却」や西条八十の「唄を忘れたカナリヤ」や、野口雨情の「こわれて消えた」のあとにやってくるプロフィールそのものです。それはまた藤原定家の「花も紅葉もなかりけり」でした。まさに西行の醒めても胸の騒ぐなりけり、です。

以上が、九鬼周造のいう「偶然」であり、「いき」でした。それを九鬼の大好きな言葉でいえば、「可能が、可能の、そういうふうになるところ」ということになります。どこか本居宣長の思索がたどりつこうとした「日本という方法」が見せていたものに似てはいないでしょうか。

異胎の国の瀬戸

それでは最後の四人目の司馬遼太郎に登場してもらいます。司馬さんと書きたいところですが、呼び捨てにします。

司馬遼太郎は作家としては戦争を書きつづけた人でした。それはいいかえれば自分が軍服を着て同期生とともに中隊に属していたことを実人生のなかで徹底して引きずるということを、いっときも忘れようとはしなかった作家だったということです。中学時代がノモンハン事件です。そのためか、「別国ではない日本」とはいったいどこにあるのかということをずうっと追い求めていた作家でした。そういうことに徹しつづけた日本人だった。

司馬のいう「別国」とは、日本が本来を失っているときの日本のことです。本来の日本じゃない日本、それが別国です。では本来の日本はどこにあるのか。『街道をゆく』をはじめ、そのリサーチをいっときも欠かさない司馬だったのですが、それでも本来の日本に到達することは至難のようでした。そのせいか、最晩年の遺作『この国のかたち』にはそのことを求めた言葉がかなり色濃く綴《つづ》られました。そして、その途次に亡くなった。

その『この国のかたち』には、別国はしばしば「異胎の国」というふうに名付けられています。本来の母体ではない異胎。そのような異胎から日本の次子が鬼っ子のごとく生まれ出てしまった。それが自分の青春以前から続いていた出来事だったことに、まるで責任をとろうとしているかのような口ぶりで、司馬は異胎の原因と経過と結末の探索にもうひとつのエネルギーを注いだようでした。

司馬の見るところ、異胎の原因と経過と結末の全プロセスは、かの「統帥権干犯問題」に集約されていたのです。

司馬遼太郎は『翔ぶが如く』で西南戦争を、『坂の上の雲』で日露戦争を、『殉死』で明治天皇と乃木希典《のぎまれすけ》を丹念に描き、明治を舞台にした小説をそれで打ち止めにしています。

その一方、時代順に並べるなら中江藤樹・熊沢蕃山・山鹿素行に始まって、大石良雄《よしお》・大塩平八郎・吉田松陰・河井継之助《つぐのすけ》らのプロフィールを描いて、日本陽明学の系譜に立つ人物を次々に物語の核に据えていきました。これはおそらく司馬が幕末維新の全体を「国家改造の実験」だったとみなしていたからで、そこを見れば司馬が書きたかったテーマに合点がつきます。

骨の髄まで坂本龍馬と西郷隆盛と河井継之助が好きだったらしい司馬は、誰が何と言おうと龍馬の「船中八策《せんちゅうはっさく》」に日本国家改造の青写真を見ていました。また、龍馬以外の誰一人としてこのような青写真をもっていなかったと言いきりました。「船中八策」とは、①大政奉還、②上下二院制・万機公論、③人材登用、④条約改正、⑤憲法制定、⑥海軍拡張、⑦親兵設置、⑧金銀物価法、の八策です。

龍馬が八策を思いついたのは、徳川社会の改革をめざした陽明学徒が日本づくりに身を粉にしたからだったと司馬は考えていたようです。そこで龍馬を下敷きに、幕末維新の仕付け糸を陽明学で引き抜くという芸当をやりつづけたのでしょう。そうでなくとも、司馬文学は本人の弁によれば「その行為が美しいかどうかだけ、それだけを考えてつめていく」というものでした。

これはまさに陽明学そのものです。しかしながら、司馬には陽明学とはまったく逆のところがありました。それは小説の書きかたとエッセイの綴りかたによくあらわれている。

司馬は「核心は書かない」「糸巻きのように周りのことを徹底して書く」、そして「最後に空虚なものが残る」という作法に徹していたのです。この司馬メソッドは私が注目しているところです。私も「日本という方法」を案内するには、そのような書きかたが一番いいだろうと思っているのです。とくに核心と空虚を残すという方法です。

以下は、その言いっぷりの私なりの超要約です。多くの司馬文章から私が勝手に編集したものです。司馬遼太郎の言いっぷりをちょっとでも感じてもらったら、おなぐさみ。

司馬遼太郎の言いっぷり

あらためてふりかえってみると、明治維新というのは一言でいうのなら、日本を植民地にするまいという攘夷《じょうい》運動と、まったく同じ意図による開国運動が切り結ぶように交じったところでおこった大きな変化です。

それまでの日本はまるっきり丸腰のような無防備国家でした。海防力がなく、シーレーンに鈍感でした。それでも無防備ですんだのは世界が遠洋航海を産業化できないでいたからにすぎず、その態勢が整ってからの列強は一気にその爪をアジアに到達させつつありました。それがのっぴきならないところまで逼迫《ひっぱく》したのがアヘン戦争です。これでアジアの孤高が破られました。次は日本の番です。

そこですったもんだの勤王佐幕《きんのうさばく》の争いをへたのち、日本は尊皇と攘夷を両方実現するにはどうするかという難問を抱え、これにへこたれて攘夷を捨てたのです。それゆえ明治政府は列強に伍《ご》する大日本帝国を構築することになりますが、それには天皇に憲法上の頂点に立っていただく。ついでその下に徴兵制をしいて「天皇の軍隊」をつくり、一方で産業革命に匹敵する工業と経済力をつける。それには植民地獲得も辞さないという方針をたてたわけです。

こうして大日本帝国憲法が制定されるのですが、そもそもこの憲法は三権が分立しているという意味では、十分に近代憲法になりえているものでした。軍の統帥権は形式的ながらも、三権とともに国家の頂点に立つ天皇がもっています。もし明治日本をそのままずっと踏襲したいなら、このままでよかったのです。ところが大正末期から昭和初期にかけて統帥権が三権を超越するという陸軍の解釈が浮上した。

軍の解釈によると、統帥権の基本には「帷幄上奏権《いあくじょうそうけん》」というものがあって、天皇の統帥権の輔弼《ほひつ》者である軍の統帥機関（陸軍は参謀本部で、海軍は軍令部）が、内閣に関係なく統帥事項を単独で上奏できる。まことに巧妙な理屈です。帷幄とは『韓非子《かんぴし》』にも出てくる野戦用テントのことです。この帷幄上奏権に加えて、明治憲法においても天皇は「無答責《むとうせき》」にありましたから、これで軍部は勝手に戦争に邁進できた。なぜ、そんなことができたのか。実はこれには前哨戦《ぜんしょうせん》がありました。

さかのぼって江戸幕府体制下の日本は、大名同盟の盟主としての将軍が統括する政治社会システムがいきわたっていたわけですから、統帥権は将軍がもっていた。けれども幕末に外国と砲撃を交えたのは長州藩や薩摩藩でしたから、たとえば薩英戦争には将軍は出ていません。

この軍事統括権が江戸時代最後に執行されたのは、長州征討です。もっとも幕府はこのとき代理をおいた。総大将を尾張徳川の慶勝《よしかつ》にした。これははなはだ曖昧《あいまい》な設定でした。続く戊《ぼ》辰《しん》戦争のときは、すでに慶喜《よしのぶ》が早々に大政奉還をしていたために、日本という一国の統帥権がどこにあるのかが、またまた曖昧になった。そして幕府は倒壊、そのまま維新への突入です。この突入は王政復古のかたちをとったのですから、トップには幼少の天皇が立ちました。

こうしてできあがった明治政権は軍隊をもっていません。軍隊をもっていない革命政権は、世界史上、例がない。そこで、薩長土の三藩があわせて一万の藩兵を自主的に提供した。この三藩の抜け目なさこそ、明治政府を幕末だけでなく維新後も三藩がリードできた理由です。

これで一部の藩兵は御親兵となりましたが、次の廃藩置県の断行には他藩がどれほど反発するかはわからない。イギリス公使パークスは「きっと大変な流血を見るだろう」と予想した。が、廃藩置県は予想外にあっけないほどにスムーズにはこんだのです。これを見た近衛《このえ》都督《ととく》の山県有朋《やまがたありとも》は、徴兵制によって一気に国軍をつくる計画に着手します。

国民皆兵とはいえ、その実態は農民や庶民でした。桐野《きりの》利秋《としあき》は「いったい山県は、土百姓を集めて人形の軍隊をつくるつもりなのか」と揶揄《やゆ》したものでした。山県は、自分の不評を察知して西郷隆盛に職を譲り、とりあえず西郷が陸軍大将として近衛兵を統括しました。山県のほうはこれを官僚としてコントロールする立場にたったのです。こうして鎮台《ちんだい》（のちの師団）が用意され、徴兵制が確立したのです。

ところが、ここで意外なことがおこります。西郷が下野《げや》をしてしまったのです。陸軍大将のままでした。軍事統帥という点からみればこれはまことに奇妙なこと、ますます統帥権は曖昧になってきた。しかもこの変則事態を誰もが調整できないまま、大久保・木戸《きど》・山県たちと西郷とが対立した。

対立は解消できません。どちらかが抹殺されるしかない状況です。これが明治十年の西南戦争となります。この内戦は「陸軍大将西郷の私兵」と「徴兵された国軍」との衝突、という異様な恰好《かっこう》になりました。

以上のような事態の進捗《しんちょく》のうえに、明治憲法が出来上がったわけです。そのときは西郷・大久保・木戸は死んでいて、主役は伊藤博文たちに移っていました。憲法には、但し書きのように天皇の統帥権が書きこまれたのですが、「天皇の軍隊」がどこで牛耳られるのかという点はあいかわらずはっきりしていなかったのです。

加えて、ここにもうひとつ奇妙なものが登場しました。西周《にしあまね》が起草し、井上毅《こわし》が検証した「軍人勅諭」でした。フランスのお雇い外国人ボアソナードから、「これでは法体系とまぎらわしくなるではないか」と注意をうけた内容でした。そこには、天皇が軍務教育方針の全体を統帥していたのです。こうして「統帥と統帥権の混乱」が深まっていったのです。この曖昧で奇妙な問題が昭和の統帥権干犯問題にまで続きます。かくして日本は異胎《いたい》の国になっていったのです……。

「真水」のある日本に

司馬史観というのは明治国家づくりが頂点です。それに命を差し出した者たちが、司馬世界の登場人物なのです。だから、明治国家をずたずたにした出来事には容赦ないメスがふるわれます。逆にいえば、そのようにして明治は崩壊していったので、その核心はぽっかり「空《うつ》」になっている。その「空」をそれでも何で埋められるかと探しつづけたのが、司馬の晩年だったのです。

しかし司馬が求めた「この国のかたち」には、その「空」に当たる答えはなかったように思います。あえていうならば、その「空」を西郷隆盛が引き取ったといえるでしょう。

それでも『この国のかたち』を通読してみると、そこにはやはり日本の本来として大事にしていた司馬独得の見方が随所に滲《にじ》み出しています。とりわけ神祇《じんぎ》的なるものや神奈備《かんなび》的なるものを重視して、これを「真水《まみず》」とみなしていることが目立っています。とくに第五巻では「神道」という項目が七回ぶんも続いて、全巻のなかでも一番多くのページをさいている。

司馬が感じていた「真水」とは何か。司馬自身の言葉によると古神道的なもの、神祇そのものであるようなものでした。教義などはもっていない神道のことです。国家神道とは似ても似つかない、古い時代から伝わってきた神道です。その一角を清らかにしておけば、いつのまにかそこに神が影向《ようごう》するという、そういう動向のことです。「おとづれ」のあるところ、「明《あか》き心」が澄むということでしょう。

司馬はそのような「真水《まみず》」の代表的な場所として、伊勢の滝原《たきはら》をあげています。伊勢神宮から三〇キロほど離れたところにある神域です。伊勢神宮をそっくり小型にしたようなところで、二十年ごとの遷宮もおこなわれています。この滝原については、学者たちもあまり研究してこなかったし、神道関係者も議論してこなかったところです。つまり、言挙げされたことがあまりないところです。

本居宣長ふうにいえば、こういう場所こそが日本の神奈備《かんなび》であり、真水なのだと司馬は見ていたようです。ここでは若水《わかみず》の「若」という文字が象徴しているように、年が改まるごとにたえず何かが若返っているのです。時間がとまっているのではなく、自然とともに大きく循環し、そのたびに新たなものがあらたまっているのです。若水とは、日本中の多くのお祭りや祭礼がそうなのですが、神官やその年の頭屋《とうや》が祭りの朝の午前三時ころに汲《く》む神聖な水のことです。

司馬が「異胎」とまったく逆の本来の日本を感じるところとは、このような若水を何度ものめる日本なのでしょう。そこが「おもかげの国」のイメージだったのでしょう。けれども司馬もそのことについての言挙げはついにしませんでした。それが明治国家の「空」を埋めるものとも言わなかった。そういうものは「斎《いっき》」でありさえすればいいと、そう考えていたのかもしれません。

いや、きっとそうだったにちがいない。司馬遼太郎はそう思って死ぬ間際まで、つねに日本の「斎《いっき》」や「稜威《いつ》」の正体や日本の「或るおおもと」を考えつづけていたはずです。それにしても真水を彷彿《ほうふつ》とさせる日本の面影は、やはり糸巻きの周辺で語るしかないようなものでした。

さあ、これで私の話はおしまいです。紀貫之の方法、茶の湯の方法、国学の方法、北一輝の方法、九鬼周造の方法など、いろいろ言及しました。

ずいぶん暗示的な示しかたもしてみましたが、それが本書の意図を世に伝えのこすための私の編集方法だったと思ってください。日本自身が日本を実感するための方法だと思ってください。キーワードやキーメソッドの根っこは第1章からこの章におよんだ途次に植えつづけたつもりです。いつ、どのへんに、松葉牡丹《まつばぼたん》のような小さな花を見えるかは決められませんが、しかしどんな花をつけようとも、日本は今後も「方法の国」になるべきなのです。

では、芭蕉の一句を示して結びます。この章の冒頭にあげた西行の一首とともに、この一首一句のあいだに面影が移ろって出入りしているのだという思いが感じられる一句です。小さな花は、このように見いだせるのです。

よく見ればなずな花咲く垣根かな

あとがき

本書は二〇〇四年六月から七月にかけて、NHK人間講座で八回にわたって放映された『おもかげの国・うつろいの国』のときのテキストと語りをもとにしています。第8章と第12章を新たに書き加え、そこかしこを加筆訂正削除しましたが、初期の構成はほとんど変えていません。放映時は「日本の編集文化を考える」というサブタイトルでした。そのため、本書においても日本を編集的に見るという視点を踏襲しています。

NHKブックスにするにあたっては編集部の鵜飼泰宏さんと相談して、表題を『日本という方法』としました。日本が「方法の国」であってほしいと思っているからです。「日本の方法」ではなく、あくまで「方法の日本」というところが眼目です。

そんなこと、同じだろうと思ってもらっては困ります。たとえば「映画の都市」と「都市の映画」、「仮説の作業」と「作業の仮説」はちがいますし、「数学の方法」と「方法の数学」はあきらかにちがうのです。私は、古代アジア社会から日本が自立したときすでに、東アジア的方法から日本が生まれてきたと見ているのです。第2章にその経緯の一端をやや詳しめに書いておきました。その方法の記憶こそ母なる日本だと見ているからです。そうであるなら現在なお、日本が日本であろうとするためにも、方法そのものに日本が見えるようにしたほうがいいということです。

方法は主題ではありませんが、主題を包摂する数々の可能性をもっています。たとえば茶碗《ちゃわん》の持ちかた、測定のしくみ、板書の書きっぷり、交渉のやりかた、刺し身の切り口、摺《す》り足の運びには、茶や料理や能の、技術や教育や外交の本質があらわれることがあるのです。いや、以前も現在も、そのようなところにこそ、日本が日本自身を編集してきた特色が静かに発露しているのだと思われます。それが私が語ってみたかった「日本という方法」です。

近代以降、日本はグローバル・ジャパンをめざして二つの方法を共存させてきました。柔道のようにオリンピックに通用するルールを採り入れた方法、大相撲のようにドメスティックなルールを守ってきた方法、この二つです。重量制や判定制を導入した柔道は世界に広がり、土俵も行司も変えなかった相撲は外国人のチャンピオンをつくりました。どちらもグローバルになったけれど、その意味が示している「埒《らち》」は異なります。しかしだからこそ、どちらかだけに熱中するより、この両方をさらに深化させるべきでしょう。本文にも書いたように、二項対立ではなく、二項同体という方法があるのです。

日本の面影は、いまださまよっているかもしれません。けれども、さまよわない面影なんてありません。大切なことは「おもかげ」や「うつろい」を主題ばかりで埋めつくさないことです。グローバル資本主義にまみれた主題では新たな展望が見えてこないときこそ、いったん腰を落として、近くの空き地や草むらから、蝶《ちょう》が羽ばたくか、蟬《せみ》が啼《な》くかを見るべきです。

文庫のための本人解説

方法文化の披露のために

本書の主張を一言でいえば、日本は「主題の国」ではなく、たぶん「方法の国」なのだろうということにあります。そう考えたほうがいいだろう、そうしないと、いつまでも「日本の語り方」が浮上しないのではないか。日本の歴史観も涵養《かんよう》できないのじゃないか。そんな私なりのかつてからの危惧《きぐ》が、こういう言いかたを強調させたのです。

私が高校で教えられた世界史は第一次世界大戦とウィルソンによる国際連盟の提唱のところで、日本史は明治の自由民権運動と条約改正と昭和恐慌のところで、了《おわ》っていました。あとでわかったことですが、この教えかたは欧米型の民主主義史観にどっぷり依拠していたものでした。いちゃもんが付けにくい主題を高らかに掲げたヨーロッパ型の史観です。

その後、私は日本人の多様な表現方法に関心をもつようになり、和歌や俳諧《はいかい》、能や三味線音楽、陶芸や山水画、遊芸やポップカルチャーの数々に惹《ひ》かれ、これらには「日本」という表現においてかなり共通する方法がひそんでいることを確信します。

たとえば、以下のように。空海から白隠《はくいん》におよぶ即身観、世阿弥の「せぬ隙《ひま》」や武満徹の「測れる沈黙」、心敬《しんけい》の「冷えさび」や杉本博司の「苔のむすまで」、慈円の「顕れるものと隠れるもの」という見方と土方巽《ひじかたたつみ》の舞踏、利休・宗旦《そうたん》の侘茶《わびちゃ》と田中一光の無印良品、柳生宗矩《やぎゅうむねのり》の武道とイチローの打法、光悦《こうえつ》・乾山《けんざん》から半泥子《はんでいし》・樂吉左衛門にいたる陶芸センス、定家・宗祇《そうぎ》・芭蕉・蕪村・晶子・啄木・山頭火《さんとうか》・誓子《せいし》・久女《じょ》・寺山修司・俵万智の句歌、山東京伝の洒脱《しゃだつ》から山下洋輔のピアノまで、三浦梅園の「反観合一」の条理学や西田の「絶対矛盾的自己同一」や松本隆の「微熱少年」、本居宣長の「やまとごころ」と泉鏡花と十文字美信《じゅうもんじびしん》の写真と『シン・ゴジラ』、「あはれ・あっぱれ」と清沢満之《きよざわまんし》の「二項同体」、幸田露伴から平田雅哉におよぶ職人感覚、和泉式部の「はかなさ」や九鬼周造の「いき」の哲学、石川淳の文学観と志ん生の落語、寺田寅彦・和辻哲郎・岡潔・白洲正子・石牟礼道子の随筆、衣冠束帯・小袖・イッセイ・川久保玲・ヨウジのファッション、清元延寿太夫や市丸や美空ひばりや桑田佳祐の日本語の歌い方、北斎・暁斎《きょうさい》・手塚治虫・萩尾望都・大友克洋のマンガなどなどに、斬新《ざんしん》な方法の発露と連携を感じたのです。

ところが、こうした方法文化の成果が日本人の歴史観に充分に混じって語られてはこなかったのです。ばらばらのままになっている。これはまずいと思ったのです。私が「方法」というときは、たいていポール・ヴァレリーが示した「方法的制覇」という見方を念頭においているのですが、それも取り出せなくなってしまう。ここはなんとかして「日本という方法」で歴史観と文化観をめぐるカサネ・アワセをしなければならないと思ったのです。

もとより、どんな国の歴史にも民族の日々にも方法は躍如しています。日本だけが方法に長《た》けていたわけではありません。いろいろな方法が小麦やワインをつくらせ、衣類や道具になり、文法を構成し、宗教施設を設けさせ、景観を整え、流行をつくり、テクノロジーやコモディティを発達させました。

けれどもふりかえってみると、いつのまにかその多くがキリスト教や科学体系や議会主義や資本主義のルールとして束ねられ、主題の中に吸収され、それによって国家や組織の運営の理念とルールが普遍化されてきたことに驚かされます。最初のうちはともかく、いったん毛織物や時計や蒸気機関や兵器やコンピュータといった体系ができあがっていくと、主題を維持するための統一基準を生み出すほうに向かいます。やがて主題はグローバル・スタンダードとデフォルトのためのスローガンとなり、方法はそのための手段にすぎないとみなされる。多くの方法文化は個性の開花で片付けられ、結局は主題が前面に出てくるのです。

近代になって一番大きくなった主題は「進歩・戦争・資本・民主」です。これらは「勝ち負け自由」という価値観でかためられ、かつ「勝ち」と「負け」とが巧みに分かれるように仕組まれました。この価値観にもとづく仕組みでは、戦争がおこせて、市場で自由競争できるようになることが、一番の進歩なのです。また、先行した勝ち組が遅れてきた国にすこぶる有利な通商をでき、物資や基準を提供することが、みんなのための進歩なのです。

これらのことは十九世紀半ばまでに、ほぼ完璧《かんぺき》に確立されます。その準備はフランス革命とアメリカ独立とナポレオン帝政によって用意され、それにもとづいて世界中にネーションステート（国民国家）が誕生しました。この時期以降、競争の先頭を切った列強たちはいちはやく植民地を確保して、覇者としての権利を次々に発動しました。そのなかで、わかりやすい例が、イギリスによる中国に対するアヘン戦争とアメリカによる日本への開港要請でした。

十九世紀後半、こうした列強の勢いに負けまいとして立ち上がったのが明治維新をおこした日本です。富国強兵と殖産興業を旗印に、近代日本は果敢に追いつけ追い越せの「勝ち負け自由」の競争に名乗りをあげ、日清《にっしん》・日露の戦争に勝ち、そのまま列強の一員になる予定でした。ところがどっこい、そうはならなかったのです。

日本は韓国併合をなしとげ、満州国をつくり、ノモンハン事件をおこし、アジアに向かって「東亜新秩序」や「大東亜共栄圏」を謳《うた》うのですが、この主題は列強が認めません。日本は太平洋戦争と日中戦争に突入し、敗退していきます。多くの言葉や表現力が失われました。

そのあと敗戦国となった日本は連合国に占領され、日米安保と米軍基地の傘のもと、アメリカ主導の民主国として教導されます。そして高度成長を実現し、ふたたび自由資本主義市場の競争の担い手となったのでしたが、それでどうなったのかといえば、維新日本の「追いつけ追い越せ」の旗印に主題を戻し、民主主義とグローバル資本主義の中での成長と進歩を連呼する国になったのです。かくして、欧米に合わせた主題ばかりを掲げて、みずから培ってきた多様な方法を浮上させられなくなりました。このままで、いいのでしょうか。

アメリカの従属国になっているとは言いません。日本にはいまも多くの方法文化が息づいている。けれども、それが日本の歴史観と結びついていないのなら、それは根無し草と言わざるをえません。二一世紀日本が民主憲法のもとでグローバル資本主義の適度な一員になっていくのだとしても、そろそろ「日本という方法」を歴史観に組み込んでいく必要があるだろうと思います。定家も石川淳もヨウジも歴史を孕《はら》んだ方法なのです。

言い忘れましたが、以上のことはファドをもつポルトガル、パンソリの朝鮮半島、サーガの北欧諸国にも、つまりはどんなエスニックステート（民族国）にもあてはまることです。

二〇二〇年、本書は新型コロナウイルスのパンデミックが進むなかで文庫化を迎えました。三密、ソーシャル・ディスタンス、自粛、リモートなどの掛け声が目立つ日本ですが、このような疫病の流行は日本社会がずうっと経験してきたもの、かつてはタタリ神とかモノ神と怖れられていました。そのため「見えない疫神」は日本的風土にもとづいた想像力をかきたて、さまざまな異形《いぎょう》や異譚をもたらしたものです。そうした歴史からみると、今日のコロナ禍に見舞われた日本社会はいささか単一化したままになっているように感じます。本書がささやかなきっかけになって、フラジャイルな日本列島に新たな「方法」の試みが進捗《しんちょく》することを期待したいと思っています。

二〇二〇年八月

松岡正剛

本書は二〇〇六年九月に日本放送出版協会より刊行された『日本という方法　おもかげ・うつろいの文化』を改題し加筆修正したものです。

日本《にほん》という方法《ほうほう》

おもかげの国《くに》・うつろいの国《くに》

松岡正剛《まつおかせいごう》

令和2年 9月25日　初版発行
令和6年 11月25日　5版発行

発行者●山下直久

発行●株式会社KADOKAWA
〒102-8177　東京都千代田区富士見2-13-3
電話　0570-002-301（ナビダイヤル）

角川文庫 22351

印刷所●株式会社KADOKAWA
製本所●株式会社KADOKAWA

表紙画●和田三造

●お問い合わせ
https://www.kadokawa.co.jp/（「お問い合わせ」へお進みください）
※内容によっては、お答えできない場合があります。
※サポートは日本国内のみとさせていただきます。
※Japanese text only

ISBN 978-4-04-400613-6　C0195

JASRAC 出 2006740-405

◆◇◇

角川文庫発刊に際して

角川源義

第二次世界大戦の敗北は、軍事力の敗北であった以上に、私たちの若い文化力の敗退であった。私たちの文化が戦争に対して如何に無力であり、単なるあだ花に過ぎなかったかを、私たちは身を以て体験し痛感した。西洋近代文化の摂取にとって、明治以後八十年の歳月は決して短かすぎたとは言えない。にもかかわらず、近代文化の伝統を確立し、自由な批判と柔軟な良識に富む文化層として自らを形成することに私たちは失敗して来た。そしてこれは、各層への文化の普及滲透を任務とする出版人の責任でもあった。

一九四五年以来、私たちは再び振出しに戻り、第一歩から踏み出すことを余儀なくされた。これは大きな不幸ではあるが、反面、これまでの混沌・未熟・歪曲の中にあった我が国の文化に秩序と確たる基礎を齎らすためには絶好の機会でもある。角川書店は、このような祖国の文化的危機にあたり、微力をも顧みず再建の礎石たるべき抱負と決意とをもって出発したが、ここに創立以来の念願を果すべく角川文庫を発刊する。これまで刊行されたあらゆる全集叢書文庫類の長所と短所とを検討し、古今東西の不朽の典籍を、良心的編集のもとに、廉価に、そして書架にふさわしい美本として、多くのひとびとに提供しようとする。しかし私たちは徒らに百科全書的な知識のジレッタントを作ることを目的とせず、あくまで祖国の文化に秩序と再建への道を示し、この文庫を角川書店の栄ある事業として、今後永久に継続発展せしめ、学芸と教養との殿堂として大成せんことを期したい。多くの読書子の愛情ある忠言と支持とによって、この希望と抱負とを完遂せしめられんことを願う。

一九四九年五月三日